高等教育改革发展专题观察报告 2019

中国高等教育学会 组编

北京理工大学出版社
BEIJING INSTITUTE OF TECHNOLOGY PRESS

版权专有　侵权必究

图书在版编目（CIP）数据

高等教育改革发展专题观察报告. 2019/中国高等教育学会组编. —北京：北京理工大学出版社，2020.11

ISBN 978-7-5682-9243-6

Ⅰ. ①高… Ⅱ. ①中… Ⅲ. ①高等教育–教育改革–研究报告–中国–2019 Ⅳ. ①G649.21

中国版本图书馆 CIP 数据核字（2020）第 222987 号

出版发行 / 北京理工大学出版社有限责任公司

社　　址 / 北京市海淀区中关村南大街 5 号

邮　　编 / 100081

电　　话 /（010）68914775（总编室）

　　　　　（010）82562903（教材售后服务热线）

　　　　　（010）68948351（其他图书服务热线）

网　　址 / http：//www.bitpress.com.cn

经　　销 / 全国各地新华书店

印　　刷 / 保定市中画美凯印刷有限公司

开　　本 / 787 毫米 × 1092 毫米　1/16

印　　张 / 14　　　　　　　　　　　　　责任编辑 / 刘　派

字　　数 / 335 千字　　　　　　　　　　文案编辑 / 李丁一

版　　次 / 2020 年 11 月第 1 版　2020 年 11 月第 1 次印刷　　责任校对 / 周瑞红

定　　价 / 78.00 元　　　　　　　　　　责任印制 / 李志强

图书出现印装质量问题，请拨打售后服务热线，本社负责调换

编委名单

主　　　编：姜恩来

执行主编：郝清杰　高晓杰

编　　委：苏长和　李陈华　李海红　宋维明

　　　　　张国才　张朝意　陆国栋　庞海芍

　　　　　胡　炜　贾巍巍　夏晓虹　郭　立

　　　　　郭福春　黄百炼　曾　嵘　蓝晓霞

　　　　　滕祥东　薛　智

编　　辑：周　庆　于洪洪

加快推进大学治理体系现代化

（代序）

中国高等教育学会会长

杜玉波

作为我国国民教育体系的重要组成部分，高等教育经过新中国成立70多年特别是改革开放40多年来的实践探索，形成了具有鲜明中国特色的制度体系，在构建服务全民终身学习的教育体系中具有不可替代的重要地位，在全面贯彻党的教育方针、建设学习型社会中发挥着不容忽视的重要作用。这一高等教育制度体系，既有着十分丰富的实践内涵，又有着非常鲜明的中国特色，同时具有全新的世界意义。立足高等教育由大众化阶段向普及化阶段跨越的新起点，面对社会主义现代化强国建设的新需要，我们必须从以下五个方面加快推进大学治理体系现代化。

一、完善以立德树人为根本的一体化育人体系

——立德树人绝不仅仅停留在德育课程的讲授上，而是应该渗透到智育、体育、美育和劳动教育中

今天的大学，从人才培养、科学研究、社会服务，延伸到文化传承创新和国际交流合作，承载着越来越多的使命和责任。但究其根本，立德树人仍然是教育的根本任务，是高校的立身之本，是办好中国特色高水平大学的核心理念，是检验学校一切工作的根本标准。有效落实这个根本任务，需要我们坚决贯彻全员、全程、全方位育人的思想理念，构建纵向衔接和横向配合相统一、校内教育和校外培养相协同的一体化育人体系。

在大学阶段贯彻落实立德树人根本任务，应该解决大中小学德育教育衔接不紧密的突出问题。从实际情况来看，虽然大中小学的德育在传授内容上呈现步步高的趋势，但在实践层面上却难以达到层层深的效果，必须有效解决知识传授与行为实践相背离的矛盾。与中小学相比，大学生的思维方式、认知范式

和交际行为都具有一系列新特点，特别是在世界观人生观价值观塑造方面，呈现出思想观念多元化、价值追求个性化、人生理想务实化等鲜明特征。对于在基础教育阶段接受的思想品德教育，当代大学生大多有一个独立思考、评判选择、内在转化、自觉践行的过程。这就需要树立系统思维，科学把握各个阶段学生成长的认知规律，建立既与中小学德育相衔接，又真正适合大学生成长特点的一体化育人体系，从而使中小学的德育教育在大学阶段得到巩固和完善，真正内化为大学生的思想品德和行为规范。

在大学阶段贯彻落实立德树人根本任务，应该解决思想政治教育中"五育"割裂化的突出问题。我们要清醒认识到，立德树人绝不仅仅停留在德育课程的讲授上，而是应该渗透到智育、体育、美育和劳动教育诸多方面中。要明确所有教师都承担着立德树人的根本任务，把德育的要求贯穿到智育、体育、美育和劳动教育之中，加强学校德智体美劳教育的整体性和系统性。大力构建以课程育人、科研育人、实践育人、文化育人、网络育人、心理育人、管理育人、服务育人、资助育人、组织育人等为依托，德智体美劳"五育"并举，形成强大育人合力的立德树人落实机制。

在大学阶段贯彻落实立德树人根本任务，应该解决长期存在的学校教育与家庭教育、社会教育不协同的突出问题。当代的大学，已经不再是传统意义上的象牙塔。所以，在大学生的教育培养特别是思想品德养成过程中，大学不能再唱独角戏，应该统筹发挥学校、家庭和社会教育的育人资源。特别要高度重视家庭教育，这是学校教育和社会教育的基础，是每一个人教育的起点。同时，要高度重视社会教育，这是家庭教育、学校教育的必要延伸，是学生走向社会不可缺的历练过程。只有学校教育、家庭教育、社会教育不唱对台戏，同唱一台戏，才能相互协同，形成贯彻落实立德树人根本任务的强大合力。

二、夯实以服务需求为特色的学科专业体系

——压缩"平原"，多建"高峰"，避免赶速度、铺摊子、求规模

学科专业设置的特色是一所高校的最根本特色，学科专业建设水平是一所高校核心竞争力的集中体现。在高等教育整个体系中，各高校应该立足本校实际，紧紧围绕国家和社会需要，设置科学合理的学科专业体系，这是解决高等教育供给与需求这一结构性矛盾的迫切需求。

现阶段，我国高等教育存在供给与需求上突出的结构性矛盾：一方面是高校毕业生数量庞大，就业难问题长期困扰着我们；另一方面是人才供给远远满

足不了经济社会发展的迫切需求。在我国经济发展已经进入了新常态、产业结构正在发生重大调整的背景下，就业难与人才难得的矛盾更加突出。原因是多方面的，但是在高等教育规模急剧扩张过程中，一些高校过分关注规模数量发展，而忽视了学科专业、类型层次、内外部管理等结构的调整，影响了高等教育整体效能的发挥。所以，要扎根中国大地、坚持服务需求这一导向，把服务国家战略和区域经济社会发展作为学科专业设置调整的前提条件，把落实国家标准作为学科专业建设的底线要求，确保学科专业自身发展的"小逻辑"服从于经济社会发展的"大逻辑"。

坚持有所为有所不为、有选择性地设置和发展学科专业，是学科专业体系建设的基本原则。当前，我国的高等教育结构类型在发生着重大的变化，已经从相对单一的结构向多元多样化办学结构转变。但是，这种转变不是说学科专业越多越好，越全越好。学科专业不在多、不在全，而在特、在强。关键要建设好与本校办学定位和办学特色相匹配的学科专业群，压缩"平原"，多建"高峰"，避免赶速度、铺摊子、求规模。尤其要把学校传统的优势学科专业做强，把国家战略急需的学科专业做精，把新兴交叉融合的学科专业做实。一些高校选择学科专业的时候往往忽视这些问题，简单与其他学校的学科专业进行对比，认为论文发表量高的学科专业就是优势，忽视了学科专业和学校的特色定位。

实际上，"特色+优势+一流"，才是真正的一流，才是持久的一流。在具体操作上，要不断强化学科专业高点，培育学科专业重点，扶持学科专业增长点。既要克服"唯学科专业论"的倾向，也要克服"撒芝麻盐"的倾向，把有限的资源统筹利用好，好钢用在刀刃上，形成学科专业发展优势带动、多元发展、交融并存的良好态势。另外，要针对高校学科专业上的盲目布点、重复设置，"多而散"的功利性现象，必须痛下决心建立预警机制，把就业状况反馈到人才培养环节上来，引导高校科学合理设置学科专业，统筹好学科专业的存量升级、增量优化、余量消减工作。

三、形成以协调发展为目标的分类办学体系

——不能盲目攀高，一味追求学术型、综合型，要形成梯度、对接需求，要从"金字塔"转向"五指山"

在我国的高等教育领域，既有研究型大学，又有应用型大学，还有职业技术型院校。我们的各级各类高校要在不同地区、层次、领域内办出特色，形成

各自的办学理念和风格，把多样化、有特色、服务需求作为高校发展的战略选择，实现高校的错位发展、内涵式发展，形成与经济社会发展相协调的格局。

在学校层次类型上，不能盲目攀高，一味追求学术型、综合型，要形成梯度、对接需求。要从"金字塔"转向"五指山"，既要发展高水平研究型大学，也要发展应用型大学，不同层次的高校都要追求卓越、办出特色，实现高校差异化发展。本科教育要培养适量的基础性、学术型人才，但更重要的是加大力度培养多规格、多样化的应用型、复合型人才。研究生教育要以培养高层次创新型人才为重点，培养结构从以学术学位为主向学术学位与专业学位协调发展转变。高等职业教育以培养高素质的技能型人才为重点，走校企结合、产教融合、突出实战和应用的办学路子。近年来，教育部强调，特色学校不能变为综合学校，专科高职学校不能升为普通本科学校，职教体系学校不能转为普教体系学校。现在，职业学校不能再像以前那样，随着办学层次的提升，转入普教体系发展，而是保留职业学校名称特色，保持职业教育属性和发展定位，积极探索本科职业教育改革发展新路径。

同时，要通过推动一批地方本科院校向应用型高校转型发展，使普通高等教育与职业高等教育的人才培养比例更为合理。通过加快"双一流"建设，形成高层次高水平的学术人才培养体系。特别是，要针对不同类型层次高校的办学特点和资源需求，形成分类评价的体系标准和管理政策，建立不同类型高校的经费投入、人事管理、质量评估、监测评价制度，逐步构建起与我国经济社会发展相适应的分类办学体系。

四、构建以质量贡献为导向的教育评价体系

——学校过于追求排名是一种学术短视的功利行为，世界上名声赫赫的大学，没有哪一所是通过排名排出来的

评价是一个必须解决的老大难问题。习近平总书记强调，坚决克服唯分数、唯升学、唯文凭、唯论文、唯帽子的顽瘴痼疾，从根本上解决教育评价指挥棒问题。这就要求我们，要认真践行重师德师风、重真才实学、重质量贡献的价值导向，构建以质量贡献为导向的教育评价体系。这样一种教育评价体系，应重点把握好四个方面：

一是培养一流人才，把人才培养质量作为首要标准。一所大学办得好不好，主要是看培养的学生优秀不优秀。大学应该培养符合社会需要的高素质专门人才和拔尖创新人才，在其中涌现出引领社会发展的能工巧匠、学术大师、

兴业英才、治国人才。

二是产出一流成果，把对国家的贡献度和国内外公认度作为重要考量。服务国家经济社会发展是大学的使命。大学的成果应该表现为破解世界科技前沿难题、满足国家重大战略需求、回答解决区域行业重大理论和现实问题等多种形式。

三是发挥一流影响，把形成的重大影响力作为最高评价。大学的影响源自大学文化的沉淀和积累，表现为对高等教育现代化趋势的引领。要以长远的眼光、历史的视野，审视一所大学对国家、民族所作的贡献，以及对推动人类文明进步所产生的影响。

四是办好一流本科，把一流本科教育作为立校之基。提高人才培养质量，基础在本科。没有高质量的本科，办好大学就缺乏根基。大学的本科教育应该在领导精力、师资力量、资源投入等方面具备充足的保障。在办学质量的评价条件中，要加大本科教育的指标权重，使本科教育和人才培养真正成为大学的底色和第一使命。

需要强调的是，在构建中国特色教育评价体系时，可以借鉴参考国外一些通行的做法，在可比领域和具有显示度的指标上，加快进入世界一流行列或前列，赢得国际的认可和尊重。但是，我国的大学有其自身发展的规律和特色，绝不能被国外的排名指标牵着鼻子走，更不能简单套用、完全依赖。建设"双一流"，不能唯国际排名论英雄、论成败，关键是要解决好国家和民族面临的时代问题，这是我国大学不可回避、不可推卸的历史责任。学校过于追求排名是一种学术短视的功利行为，不符合学校发展和学科建设的普遍规律。世界上名声赫赫的大学，都是因为优秀人才培养和卓越学术成果积淀而得到公认的，没有哪一所是通过排名排出来的。

五、坚持以党的领导为统领的内部治理体系

——形成"党委领导、校长负责、教授治学、民主管理"的治理格局，释放办学活力，激发办学动力

建设具有中国特色、世界水平的高等教育，要构建以党委领导下的校长负责制为核心，以职能部门和专业院系为依托，以学术委员会、教代会、理事会等为支撑的现代化大学内部治理体系。坚持和完善这个治理体系，才能形成"党委领导、校长负责、教授治学、民主管理"的治理格局，释放办学活力，激发办学动力，不断提升高校办学治校的治理能力。

首先，要坚持和完善党委领导下的校长负责制，增强政治引领力。在大学内部治理体系中，坚持党委领导下的校长负责制这个根本制度，就是党委重在谋划和决策，履行把方向、管大局、做决策、抓班子、带队伍、保落实的职责，统一领导学校工作；校长重在实施和管理，全面负责教学、科研和其他行政管理工作，依法行使职权。在这一体制运行过程中，要特别注意把握好"集体领导、科学决策、分工负责"这三个关键点。

其次，要充分发挥职能部门、各个院系和基层党组织的作用，形成高效、协调、顺畅的运行机制。注重激发院系"中场发动机"作用，把党的教育方针和重大战略部署，落实到院系的各项工作中来。充分发挥学校各职能部门联动的工作优势，始终围绕学校的中心任务特别是人才培养这个核心，坚持不懈提升管理水平和服务质量。要不断加强基层党组织建设，坚持围绕中心抓党建、抓好党建促发展的原则，为提升人才培养质量提供强有力的支撑。

最后，要学习借鉴国内外办学治校先进经验，把学校的学术组织和群团组织作用发挥好，创造良好的办学生态环境。实现行政权力与学术权力既相对分离，又相互促进，形成相得益彰的良好工作机制。既充分发挥学术委员会在学科建设、学术评价、学术发展和学风建设等事项中的作用，真正做到"学术的事，多听教授的""上课的事，多听老师和学生的"；又要充分发挥工会、教代会、学代会在学校民主管理和监督中的作用，调动广大师生参与学校改革发展的积极性，推进学校决策的科学化和民主化；还要充分发挥理事会或董事会在参与讨论学校发展规划、经费筹措和社会服务等方面的作用，建立健全社会支持和监督学校发展的长效机制。

刊发于《光明日报》2020年4月7日13版

目 录

第一编 人才培养与队伍建设

第一章 把握规模结构变革 促进工程教育人才培养 ……………………… 3
    一、我国高等工程教育的结构 ………………………………………………… 3
    二、工程科技人才培养模式结构化案例比较研究 …………………………… 6
    三、优化我国高等工程教育结构的政策建议 ………………………………… 15

第二章 抢抓机遇采取有效措施 加快国际组织人才培养 ……………… 17
    一、中国籍雇员在国际组织中的任职情况 …………………………………… 17
    二、国内高校国际组织人才培养的情况和主要措施 ………………………… 19
    三、国内高校国际组织人才培养的主要问题 ………………………………… 23
    四、国内高校国际组织人才培养的对策建议 ………………………………… 25

第三章 拥抱数字经济时代 培养复合型高素质会计人才 ……………… 28
    一、数字经济时代对高等财经院校人才培养的要求 ………………………… 28
    二、高等财经院校人才培养现状与存在问题 ………………………………… 31
    三、高等财经院校人才能力框架体系构建 …………………………………… 33
    四、高等财经院校教育改革方向与教育政策建议 …………………………… 35

第四章 创新人才培养模式 助力商科教育转型发展 …………………… 39
    一、国内外高校商科人才培养模式现状 ……………………………………… 39
    二、新时代商科人才培养的主要问题 ………………………………………… 42
    三、新时代背景下商科人才培养的新模式 …………………………………… 43
    四、创新模式总结与对策 ……………………………………………………… 45

第二编 学科与课程建设

第五章 推进通识课程改革 发展大学素质教育 ………………………… 51

一、教育现代化理念下对通识教育改革的思考 …………………… 51
　　二、大学通识选修课程组织管理现状与分析 …………………… 52
　　三、大学通识选修课程组织管理案例分析与模式成因 ………… 59
　　四、研究结论与政策建议 ………………………………………… 63

第六章　建设中国特色高水平专业群　引领高等职业教育优质发展 …… 66
　　一、中国特色高水平专业群建设立项的基本情况 ……………… 66
　　二、中国特色高水平专业群建设的具体实践 …………………… 69
　　三、中国特色高水平专业群建设的实施路径 …………………… 72

第七章　面向生态文明建设战略　探索新林科实践新路径 …………… 76
　　一、林科高等教育发展的突出问题 ……………………………… 76
　　二、生态文明建设新需求呼唤新林科建设 ……………………… 77
　　三、新农科背景下的新林科建设实践案例 ……………………… 80
　　四、面向未来的新林科发展路径 ………………………………… 83

第八章　加强高校外语学科建设　培养"一路一带"急需人才 ………… 87
　　一、高校外语学科发展的嬗变和现状 …………………………… 87
　　二、"一带一路"倡议下高校外语学科建设的新问题和原因剖析 … 90
　　三、对外语学科发展的建议 ……………………………………… 92

第九章　服务人民健康事业　发展智慧医学教育 ……………………… 97
　　一、智慧医学教育的目的和意义 ………………………………… 97
　　二、智慧医学教育的实践 ………………………………………… 101
　　三、智慧医学教育发展中的热点和难点问题 …………………… 107
　　四、发展智慧医学教育的对策建议 ……………………………… 108

第十章　服务扩招百万计划　加速高职数字化课程建设 ……………… 111
　　一、高职教育多样化生源对数字化课程需求分析 ……………… 111
　　二、高职教育数字化课程发展内涵分析 ………………………… 112
　　三、高职院校数字化课程资源建设的现状、问题与趋势 ……… 114
　　四、推进高职数字化课程建设的对策建议 ……………………… 118

第三编　学生与教师发展

第十一章　加强高校职工队伍建设　构建职工职业发展体系 ………… 125
　　一、高校职工职业发展的现状特点 ……………………………… 125
　　二、高校职工职业发展存在的问题 ……………………………… 127

三、高校职工职业发展问题的原因分析 …………………………………………… 129
四、推动新时期高校职工职业发展的对策建议 …………………………………… 130

第十二章　聚焦师德评价主体　提升高校师德建设实效 …………………… 134
一、高校师德评价现状观察：聚焦多元评价主体 ………………………………… 134
二、高校师德评价案例观察：评价主体多元视角 ………………………………… 137
三、发挥高校师德评价主体作用政策建议 ………………………………………… 140

第十三章　加强高校辅导员队伍建设　提高专业素养和职业能力 ………… 143
一、全国高校辅导员队伍建设发展基本状况 ……………………………………… 143
二、加强高校辅导员队伍建设的举措和成效 ……………………………………… 145
三、辅导员拔尖骨干人才培养路径探析：典型做法及优秀辅导员案例 ………… 147
四、当前高校辅导员队伍建设发展中存在的问题 ………………………………… 154
五、政策建议 ………………………………………………………………………… 156

第四编　学校发展与管理改进

第十四章　构建高校资助育人体系　做好学生精准资助工作 ……………… 161
一、问题的提出 ……………………………………………………………………… 161
二、典型案例推介及案例分析 ……………………………………………………… 162
三、当前高校学生资助育人工作的热点及难点问题 ……………………………… 166
四、构建新时代高校学生资助育人工作体系的对策和建议 ……………………… 168

第十五章　推动特殊教育改革　促进残疾人高等教育院校发展 …………… 171
一、问题的提出 ……………………………………………………………………… 171
二、我国残疾人高等教育院校的发展现状、问题与原因分析 …………………… 172
三、促进残疾人高等教育院校发展改革的政策建议 ……………………………… 177

第十六章　汇聚校友创新创业资源　推动校友工作深入开展 ……………… 180
一、近两年我国高校校友工作取得的新成绩 ……………………………………… 180
二、我国大学校友工作典型案例 …………………………………………………… 181
三、近两年我国大学校友工作面临的新问题 ……………………………………… 184
四、新时期我国大学校友工作改进路径 …………………………………………… 185

第十七章　压紧压实意识形态工作责任　牢牢把握高校意识形态主导权
……………………………………………………………………………………… 190
一、高校意识形态工作面临的形势与背景 ………………………………………… 190
二、当前高校意识形态工作责任制落实状况 ……………………………………… 191

三、高校意识形态工作存在的问题及原因分析 ………………………………… 194
四、加强高校意识形态工作的对策和思考 …………………………………… 195

第十八章　发挥高校卫生保健机构作用　满足师生员工基本医疗需求
　　（以江苏省高等院校为例）……………………………………………… 199
一、问题的提出 …………………………………………………………………… 199
二、高校卫生保健机构现状调查及问题分析 …………………………………… 200
三、对策与建议 …………………………………………………………………… 202

后记 …………………………………………………………………………………… 209

第一编
人才培养与队伍建设

第一章

把握规模结构变革
促进工程教育人才培养

——工程教育专业委员会专题报告

2010年,《国家中长期教育改革和发展规划纲要（2010—2020年）》明确指出要"不断优化高等教育结构,优化学科专业、类型、层次结构,促进多学科交叉和融合。重点扩大应用型、复合型、技能型人才培养规模"。本报告立足于国内工程教育领域发展环境的变化,通过国内高等工程教育领域的典型案例分析,着重研究我国工程教育结构再造的背景和现实意义。

一、我国高等工程教育的结构

（一）我国工程教育结构发展现状

高等工程教育结构,是指高等工程教育系统内各要素之间的比例关系及其作用方式。我国高等工程教育已经初步形成了独特的层次结构、类型结构与学科结构。中国高等工程教育系统主要包括：ISCED 5 级的专科层次职业教育；ISCED 6 级的普通本科教育和本科层次职业教育；ISCED 7 级的学术硕士及专业硕士教育；ISCED 8 级的学术博士及专业博士教育。

不同层次及类型的教育之联通关系如图 1-1 所示。图 1-1 左侧的学术教育体系和图 1-1 右侧的职业教育体系较为独立,在各自体系轨道上发展惯性大。图 1-1 右侧的职业教育体系中,进入专科层次职业教育的学生,仅有 5%~10% 可以通过专升本衔接机制升至本科层次教育（主要为应用型本科教育）,且几乎没有机会再进入研究生教育。从 ISCED5 级到 ISCED8 级,层层筛选,仅少数人才可步步上行至金字塔顶端。高等工程教育结构从宏观上反映了一个国家的教育政策、教育倾向及教育价值观,既是国家和政府调控教育发展的重要途径,也是人们理解、评价一个国家教育发展水平的重要标准。

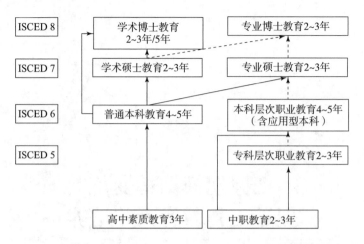

图 1-1 《国际教育标准分类法》(2011) 框架下的中国工程教育结构

(二) 总量结构

总量结构主要指教育系统内专科生、本科生、研究生的招收、在学及授予学位人数的总量分布。工程教育的总量结构集中反映了一国社会经济发展对工程科技人才数量的基本要求,充分展现了一国可资利用的工程科技人才的规模数量,实现从资源驱动向创新驱动转换。工程科技人力资源是关键。只有总量结构与 GDP 水平、产业结构相适应,才能实现为工业化、信息化建设创造良好的内部环境,并有助于一国在"第四次工业革命"的浪潮中赢得先机,最终有效地推动经济发展与社会进步,增强科技竞争力。可以说,对于工程教育结构而言,总量结构是尤为重要并且需要首先加以考虑和把握的。我国工程科技人才总量如图 1-2 所示,采用 2004—2016 年工科毕业生数据。

图 1-2 2004—2016 年我国工科毕业生总量

我国的工科毕业生数量优势明显,但优势主要在于 ISCED 5 级、ISCED 6 级,层级越高优势越不明显。2012 年中国的工科毕业生总数、工科毕业生占毕业生总数的比重:在 ISCED 5~8 级,共有工科毕业生 259.05 万人,工科毕业生占全国毕业生总数的比重为 38%。工科毕业生总数的优势主要来源于 ISCED 5 级和 ISCED 6 级(见表 1-1)。

表1-1 2004年、2016年我国工科毕业生总量结构

项目	ISCED 5~8级	ISCED 5级	ISCED 6级	ISCED 7级	ISCED 8级
2004年工科毕业生人数/万人	86.83	36.97	44.25	4.80	0.81
2016年工科毕业生人数/万人	284.89	142.53	122.67	17.78	1.91
平均增长率/%	10.8	13.0	8.9	12.0	7.8

2004—2016年，ISCED 5~8级工科毕业生总量从86.83万人稳步增加至284.89万人，整体平均增长率10.8%，增长最快的为ISCED 5级，最慢的是ICSED 8级。

（三）层次结构

层次结构主要指教育系统内专科生、本科生、研究生的招收、在学及授予学位人数的结构分布。我国工程教育层次结构的总体特征如下：

我国中职层次工科毕业生从2004年的128.75万人快速上升至2010年的322.30万人，再快速下降至2016年的206.83万人。这主要是由于2010年国家根据我国中等职业学校办学目标、水平、升学情况与就业情况，决定缩减其体量。专科层次工科毕业生从2004年的36.97万人升至2011年的148.52万人，随后基本保持在140余万人的水平。本科层次工科毕业生从2004年的44.25万人稳步增长至2016年的122.67万人。硕士层次工科毕业生从2004年的4.80万人缓慢增长至2016年的17.78万人。博士工科毕业生从2004年的0.81万人增至2016年的1.91万人，增幅最小（见图1-3）。总体来讲，近年来，中职收缩、专科稳定、本科增幅较大、硕博士略有增长。

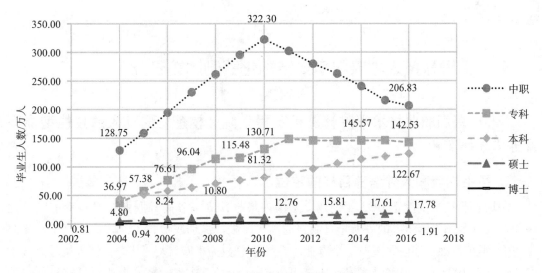

图1-3 2004—2016年我国各层次工科毕业生人数

2004—2016年，我国工科毕业生层次结构呈"金字塔形"，专科层次占比上升，本科层次占比下降。

第一，自2005年起，ISCED 5级工科毕业生占比 > ISCED 6级工科毕业生占比 >

ISCED 7 级工科毕业生占比＞ISCED 8 级工科毕业生占比。ISCED 6 级工科毕业生占比始终大于 ISCED 5 级工科毕业生占比，形成"金字塔形"结构。

第二，2016 年，我国中职毕业生占当年工科毕业生总数的 42%，专科毕业生占 29%，本科毕业生占 24%，硕士毕业生占 4%，博士毕业生占比为 1%（见表 1-2）。

表 1-2　2016 年我国五个层次工科毕业生人数占比

层次	教育水平	五个层次工科毕业生人数占比/%
ISCED 4 级	中职教育	42
ISCED 5 级	专科层次职业教育	29
ISCED 6 级	普通本科教育和本科层次职业教育	24
ISCED 7 级	学术硕士及专业硕士教育	4
ISCED 8 级	学术博士及专业博士教育	1

若在工科毕业生总数中不计算中职毕业生，则专科毕业生占比为 50%，本科毕业生占比为 43%，硕士毕业生占比为 6%，博士毕业生占比为 1%（见表 1-3）。

表 1-3　2016 年我国四个层次工科毕业生人数占比

层级	教育水平	五个层次工科毕业生人数占比/%
ISCED 5 级	专科层次职业教育	50
ISCED 6 级	普通本科教育和本科层次职业教育	43
ISCED 7 级	学术硕士及专业硕士教育	6
ISCED 8 级	学术博士及专业博士教育	1

二、工程科技人才培养模式结构化案例比较研究

（一）深圳职业技术学院计算机工程学院：校企协同育人的技能型高职高专人才培养

1. 招生现状和人才培养目标的定位

深圳职业技术学院于 1993 年创建，是国内最早独立举办高等职业技术教育的院校之一，是政府全额投资举办的一所全日制普通高等院校。深圳职业技术学院计算机工程学院于 2011 年 6 月独立建院，现有 3 个专业，在校生总数为 1 779 人。其中，计算机应用技术专业成立于 1994 年；软件技术专业成立于 2002 年，是广东省示范性专业；计算机信息管理专业成立于 2006 年，是广东省重点专业。学院从 2012 年开始与深圳大学联合培养计算机科学与技术四年制应用型本科专业，在校学生 185 人。

深圳职业技术学院计算机工程学院计算机应用技术专业的培养目标是与微软、Intel、ARM 等国际公司课程合作，引入美国计算机协会证书认证，培养开发、生产、管理、销

售、服务等一线所需的，具备嵌入式系统技术开发能力、计算机硬件技术应用能力、计算机系统管理能力、低层软件技术开发能力及良好工程技术应用能力的复合式创新型高素质高技能人才。

学院注重学生创新能力培养，通过资助学生科技创新创业工作室，为学生参加各级各类技能大赛和课外科技创新活动提供必要的技术指导和经费支持。学院为学生的实践学习提供了良好的环境，现有设施完善、功能齐全的4个专业技术实训分室11个实训单元，以及面向全校服务的计算机公共基础实训室与计算机应用软件实训室70个实训单元。

2. 人才培养模式和课程体系构建

深圳职业技术学院计算机工程学院计算机应用技术专业的主干课程包括模拟/数字电子技术、Intel 32/64 计算机技术、C 语言程序设计、C++/VC++编程、微控制器应用、印制电路板设计与制作、焊接工艺实训、微机组装与维护、嵌入式系统技术、Windows CE 嵌入式操作系统、DSP 嵌入式系统集成、嵌入式编程技术、计算机接口技术、计算机网络技术、USB 系统体系、SOPC（系统集成芯片）技术、智能手持设备（手机）开发综合实训等。

深圳职业技术学院计算机工程学院现有专任教师83人，是一支拥有现代教育理念、专业水平高、创新能力强、结构合理、掌握前沿科学技术和现代教育技术的"双师型"教师队伍。其中，正高职称8人，副高职称49人；博士11人，硕士66人。学院成功申报深圳市科技创新委软件质量与系统安全检测公共技术服务平台（项目经费300万元）和深圳市经贸信息委深圳创建电子商务示范城市专业人才培养支撑平台（项目经费80万元）。其中公共服务平台将作为学院协同创新和协同育人的有效支撑，专业人才培养支撑平台将作为学院实施管理干部和师资队伍建设载体，支持教师提升专业理论和实践技能。具体做法如下。

（1）在课程体系设置与专业认证方面积极与企业合作。深圳职业技术学院计算机工程学院计算机应用技术专业与微软、Intel、ARM 等国际公司课程合作，引入美国计算机协会证书认证，与 Oracle、IBM、CIW、EMC、Vmware、ARM、微软、Intel、思科、Red Hat 等国际知名企业建立校企战略合作。

（2）在课程体系架构上侧重实践模块。作为培养高级应用型人才的地方性高校，该校注重实践教学模块，在实践课程学分和实践设计模块上都形成了较为完整的体系。

（3）师资队伍积极"引进来"和"走出去"。深圳职业技术学院计算机工程学院的师资力量是掌握前沿科学技术和现代教育技术的"双师型"教师队伍，可以将生产实践中的前沿热点和课堂中的理论知识很好结合起来，真正培养工科学生的工程实践能力，将偏离的"科学范式"拉回到"工程范式"中。

3. 人才产出现状

深圳职业技术学院计算机工程学院计算机应用技术专业毕业生在大中小高科技企业、制造企业、银行及机关事业单位从事计算机系统管理、智能设备生产、嵌入式产品开发等技术工作，任职岗位主要有嵌入式开发工程师、手持产品开发工程师、底层软件程序员、单片机开发工程师、计算机及系统网络管理工程师、计算机硬件调试维护检测工程师、网站网页设计程序员、电子硬件板图设计工程师、智能电子产品生产工程师、销售工程师、售后服务工程师、项目管理人员、生产管理人员等。

4. 案例小结

科学技术进步和信息技术的发展，促使社会生产和生活方式不断变化，当今职场呈现出包括劳动工具知识含量增加、职业活动日益智能化的特点，因此，以培养职业技能工科学生为目标的高等职业技术学院也要相应地作出改革。从深圳职业技术学院的案例上来看，在专科层次人才培养上面，要首先明确培养目标和人才培养定位，以技术技能型人才为培养标准，则需要在教授理论知识的同时注重实践动手能力的培养，强调真实场景中的现实情境参与，以整个项目为依托，让学生参与到生产流程的全部环节，从而锻炼未来职业发展过程中所需要的职业技能（见图1-4）。

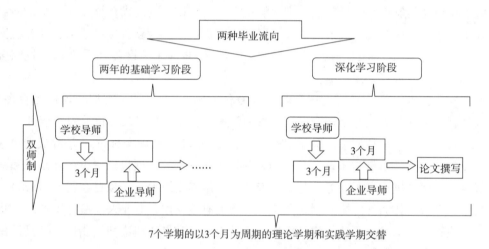

图1-4　校企协同育人的技术型高职高专人才培养模式

因此，我国高职高专院校的工程人才培养模式可以参考以下几点。

（1）积极与本地企业实现产教融合。职业劳动所需要的劳动者素质要求逐渐提升，需要学校和企业携手合作，共同完成现代职业教育为生产一线培养高素质劳动者和技能型人才的任务，因此，走校企合作之路成为现代职业教育发展的必然选择。

（2）大力规划和引入"双师型"教师队伍。深圳职业技术学院计算机工程学院坚持以提高学生的实践操作能力为培养目标，采用"双师型"教师队伍结构，依据企业实际需求及时更新课程体系，无论是在满足企业和社会需求，还是在提高学生实践能力和综合素质方面，对于培养学生的工作和实践能力都比传统的纯理论教学更有优势。

（3）多种职业规划，满足学生的多样化需求。人才产出上，可设置两种毕业流向：学生可以根据自己的需要和兴趣，选择学习两年的基础知识后以助理的方式毕业并直接就业；也可以继续深化学习一年，并获得等同于该校普通本科学历的学历证书。这两种举措增加了人才的多样性，可以更好地满足企业的不同需求，细化学科培养的层次结构，同时也给了学生更多的选择机会，完善了教育培养体系。

(二)成都信息工程大学:产教融合育人的应用型本科人才培养

1. 招生现状和人才培养目标的定位

成都信息工程大学是四川省和中国气象局共建、四川省重点发展的省属普通本科院校。该校现有 17 个学院,53 个本科专业,7 个国家级特色专业和 12 个省级特色专业,2 个国家级综合改革试点专业和 7 个省级综合改革试点专业;有 5 个省级重点学科,8 个硕士学位授权一级学科,3 个硕士专业学位授权类别,42 个硕士学位授权点;省部级重点实验室 12 个。

全校总在校生中,工学专业本科生占 45.28%(见表 1-4),是以工科为优势和重点培养应用技术人才的高校。

表 1-4 成都信息工程大学各学科占比情况

学科	各学科占比/%
工学	45.28
管理学	26.42
理学	13.21
文学	5.66
经济学	5.66
法学	1.89
艺术学	1.89

2016—2017 年,该校有全日制在校生 21 832 人,其中本科生 20 716 人,本科生占全日制在校生总数的比例为 94.9%。2016—2017 学年,该校有 52 个本科专业招生。2017 年,该校有 43 个本科专业进入一批次招生,一批次招生计划数占全校招生总数的 90%。2017 年,学校毕业生人数为 4 496 人,其中计算机学院毕业生人数为 266 人。

成都信息工程大学计算机专业创建于 1995 年,1998 年成立计算机系,2008 年改名计算机学院。计算机学院立足服务国家战略需求和行业企业需求,致力于四川省经济建设和社会发展需要,面向信息技术应用领域,培养有计算机应用技术及数字媒体技术专长的工程技术人才;努力将学院建成在信息化软件系统开发、基于计算机系统的软/硬件开发人才培养方面有特色,在全国省属高校具有影响和示范作用的高素质应用型计算机工程技术人才培养基地。培养人文素质、工程知识、业务能力协调发展,能够满足行业和社会需要的高素质应用型工程技术人才。预期学生毕业 5 年左右能达到下列目标:

(1)能综合运用计算机专业知识多视角分析解决相关行业的工程问题,能够承担复杂软件系统的分析、设计、开发和测试工作(应用方向),或能够承担或参与嵌入式系统底层软件和应用软件的分析、设计、开发、运行维护工作(工程方向)。

(2)有良好的修养与职业道德水准,具有社会责任感和敬业精神。

(3)具有较强的沟通与组织能力、较强的工程项目管理能力,能在团队中能发挥良好

（4）具备自主学习能力并对终身学习有正确认识，能够跟踪计算机专业的前沿技术，能够通过终身学习持续更新自己的知识和技能。

（5）工作能力和工作业绩能得到所在单位或组织的认可，已成长为业务骨干。

依据 CDIO 理念、数学大纲和标准设计知识、能力、素质培养的"三位一体"人才培养方案，计算机学院改变了过去以知识传授为主要目标制订人才培养计划和教学大纲的传统模式，转变为以各种知识传授为载体，以能力与素质培养为主要目标的新模式。紧紧围绕未来工程师的职业素质、专门技术、社会意识和创新精神，计算机学院以工程设计为导向，以应用系统、功能模块、基本单元为主线，以学生个性化发展为核心，精心设计知识、能力、素质培养的一体化培养方案，打破仅用一个标准、一种方法来衡量学生成才的旧模式。计算机学院结合自身的特色，建立了自然分层、因材施教的个性化人才培养方案，根据学生自身的基础和爱好进行分层培养，实现个性化发展，注重综合素质培养并与 CDIO 进行有机结合，提出了实施 CDIO 的"三位一体"培养方案的全套培养大纲。

2. 人才培养模式和课程体系构建

成都信息工程大学实施了以专业建设为主线的教育教学一体化改革，重点是面向全体学生，促进学生全面发展，着力提高学生勇于探索的创新精神和善于解决问题的实践能力。课程模块由公共基础必修课与选修课、学科基础课、专业课、实践教学环节、创新创业教育五个部分组成。公共基础必修课包含思政课、英语与体育课、数理基础课、计算机基础课等。实践教学环节由军事理论及训练、形势与政策（社会调查）、工程实践、专业实习、毕业实习、毕业论文（设计）等课程构成，主要分为课程实践和综合实践两大部分。

成都信息工程大学现有专任教师 1 200 余人，其中博士 424 人，高级职称 540 人，有全国"百千万人才工程"入选者、国家有突出贡献中青年专家、享受国务院政府特殊津贴专家、四川省学术和技术带头人、四川省突出贡献的优秀专家、四川省"千人计划"入选者等 80 余人次。学校有 1 个国家级教学团队、5 个省级教学团队、7 名省级优秀教师、6 名省级教学名师。近两届获国家级教学成果奖 2 项，省级教学成果奖 27 项，聘有 100 余名院士、长江学者等高层次专家为学校兼职教授。本校教师 20 人担任校外兼职博士生导师。

成都信息工程大学以 CDIO 工程教育理念为指导，全面改革理论和专业实验教学模式，充分发挥实验教学在学生能力培养中的作用，以学生能力培养为导向，进行学生自主型实验教学，将学生能力培养落实到具体实验环节。

3. 人才产出现状

2017 年，成都信息工程大学毕业生在行业选择方面，以信息传输、软件和信息技术服务和先进制造业为主，占毕业生总数的 40%；在职业选择方面，多从事工程技术方面的工作，占据毕业生职业类别的 23.90%，从事技术方面的毕业生占据将近 50%，具体职业类别如表 1-5 所示。

表 1-5　成都信息工程大学 2017 届毕业生主要职业类别统计（前八位）

职业类别	比率/%
工程技术人员	23.90
工程领域非技术岗位人员	21.65
其他专业技术人员	19.00
办事人员和有关人员	9.02
商业和服务业人员	6.17
经济业务人员	5.45
金融业务人员	4.30
军人	2.80

4. 案例小结

从成都信息工程大学计算机学院的案例看，在应用型本科层次人才培养方面，首先要明确培养目标和人才培养定位，以应用技术型人才为培养标准，在教授理论知识的同时注重实践动手能力的培养。可以采用基于项目的学习、基于问题的学习、CDIO 工程教育培养理念和翻转课堂等方式将理论和实践融合起来，在实践操作的过程中学习理论，避免纸上谈兵，同时调动学生学习的兴趣，可以提高人才培养的质量，以满足产业和社会的需求。理念创新的应用型本科人才培养模式如图 1-5 所示。

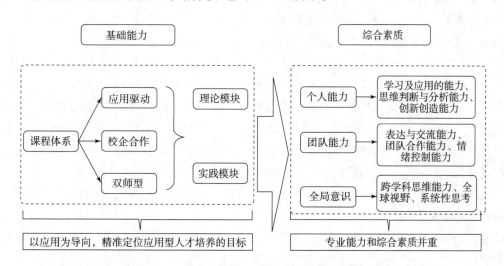

图 1-5　理念创新的应用型本科人才培养模式

因此，我国应用型本科工程技术人才培养应遵循以下原则。

（1）以应用为导向，精准定位应用型人才培养的目标。

①在课程体系上，以应用驱动为目标，围绕地方经济社会发展战略，主动瞄准产业转型升级需要；完善学科结构，凝练学科方向，加强学科与地方产业的互动，实现学科链与

地方产业链的有效对接。在课程设置上，要根据不同的发展方向设置分层分类的课程体系，逐步提升学生的知识和能力。

②积极和企业展开深度合作，强化专业实践技能。设计不同类型的实践技能模块，如校内和校外的课程实践及综合实践，通过长期和短期的企业合作协议与企业开展深度合作，为学生争取更加真实化的实践场景，构建课内课外实践相结合的素质教育平台。

③合理的"双师型"教师比例才能保障应用型本科人才培养的质量。实行双导师制，可以更好地提高学生实践能力和综合素质。

(2) 注重基础课程，强化专业能力和综合素质。

①应用技术类大学不同于专科的职业教育，要在掌握具体技能的基础上有一定的理论基础。成都信息工程大学在课程设置上，将课程模块分为公共基础必修课与选修课、学科基础课、专业课、实践教学环节、创新创业教育五个部分。

②注重学生综合素质的提升。除了基本的职业技能教育以及科学理论教育，应用技术类大学还要注重学生在各种软技能等综合素质方面的提升，包括整体性和系统性的思维方式、沟通交流能力、观点表达能力、学习能力、工程师伦理等综合素质，可以采取鼓励学生参与技能创新比赛等方式，促进学生更全面发展。

(三) 浙江大学电气工程学院：科教融合育人的创新型本科人才培养

1. 招生现状和人才培养目标的定位

浙江大学电气工程学院始建于1920年，时称电机工程科，是我国创建最早的电机系（科）之一。学院涵盖电气工程、控制科学与工程两个一级学科。学院共有电气工程、控制科学与工程（与控制科学与工程学院共享）两个学科博士后科研流动站，具有电气工程一级学科博士学位授予权和控制理论与控制工程二级学科博士学位授予权以及7个二级学科硕士学位授予权，拥有电气工程及其自动化、自动化、电子信息工程3个本科专业。

浙江大学电气工程学院本科生阶段培养具有电力电子技术、微电子技术、信息电子技术、集成电路设计、计算机软件与硬件等宽广的基本理论和基本知识，能从事电力电子、集成电路与系统、电子系统设计及其自动化、信息电子技术与系统、计算机科学与技术等相关领域的科学研究、科技开发、产品设计、生产技术和管理等工作的具有知识创新能力的厚基础、宽口径、复合型高级工程技术和管理人才。

硕士与博士阶段以培养工程研究型人才为目标。该阶段以设置研究密集型计划培养学术界和工业界的下一代领导者。

在能力结构方面，培养学生具以下能力：工程知识分析能力；问题分析能力；设计/开发解决方案能力；研究能力；使用现代工具能力；工程与社会适应能力；环境和可持续发展能力；个人和团队责任发挥能力；沟通能力；项目管理能力；终身学习能力。

2. 人才培养模式和课程体系构建

浙江大学电气工程学院师资队伍实力雄厚、结构合理、发展迅速，有中国工程院院士、中国科学院院士以及英国皇家工程院院士等一大批学术骨干；优秀青年教师队伍增长迅猛，"青年973首席计划"入选者、"青年千人计划"入选者、优秀青年基金获得者等数量显著上升。学院现有教职工 176 名,其中正高级职称 49 人,教师中博士学位人员占比 86%。学院还聘请了 30 余位院士、著名专家学者担任兼职教授、讲座教授、客座教授,充实师资队伍。

浙江大学电气工程学院电气工程专业培养具有扎实的自然科学基础知识、良好的人文社会科学、管理科学基础和外语综合能力,从事电力系统和电机系统的运行与控制、研制开发、试验分析、自动控制、信息处理、电力电子技术、机电一体化、经济管理和计算机应用等工作,与国际接轨并具有知识创新能力的宽口径、复合型高级工程技术人才和管理人才;培养具有求是创新精神和国际视野的高素质创新人才和未来领导者。浙江大学电气工程学院课程目标是培养复合型高级工程技术与管理人才,专业课程设置如表 1-6 所示。

表 1-6 浙江大学电气工程学院课程体系构成

课程种类		开设课程	学分数量	占比/%	开设学期
通识教育课程	思政类	形势与政策、思想道德修养与法律基础等	16	22	一年级起
	军体类	军训、体育、军事理论等	8.5	5	一、二、三、四年级
	外语类	大学英语、英语水平测试等	7	4	一年级、二年级
	计算机类	Python 程序设计、Java 程序设计 C 程序设计基础等	3	2	一年级 2 个学期
	自然科学通识类	微积分、线性代数、大学物理等	23	13	一年级、二年级 3 个学期
	创新创业类	略	1.5	1	一年级起
	通识选修类	略	10.5	6	一年级起
专业课程	学科基础课程	工程图学、常微分工程、工程训练等	29	17	一年级、二年级
	专业必修课程	计算方法、信号分析与处理、电机学、控制理论等	21	12	二年级、三年级
	专业模块课程	发电厂电气工程、电力系统稳态分析、高电压技术等	10	6	三年级
	专业选修课程	专业限选课和其他课程选择	10.5	6	四年级
	实践教学环节	认识实习、电工电子实习、电机工程实践、专业实习、企业实习等	8	5	一年级(短期)、二年级(短期)、三年级(短期)
	毕业论文	毕业实习与设计、毕业论文	12	7	四年级春夏冬学期

续表

课程种类		开设课程	学分数量	学分占比/%	开设学期
个性课程	个性课程学分是学校为学生设置的自主发展学分	在电磁场数值计算2.5、计算机网络与通信2.5、科学创新方法论及实践1.5、电力电子技术Ⅱ2.0、通信原理2.5课程中选择	6	3	三年级
第二课堂	第二课堂	创新创业	4	2	一年级起
第三课堂	第三课堂	校企协同	2	1	一年级起
第四课堂	第四课堂	国际交流	2	1	一年级起
合计			174	100	

3. 人才产出现状

浙江大学电气工程学学院英才辈出，截至 2017 年年底，授予学士学位 19 313 人，授予硕士学位 5 219 人，授予博士学位 870 人，出站博士后 156 人。目前在校本科生 1 457 名，硕士研究生 1 259 名（其中工程硕士研究生 645 名），博士研究生 367 名，在站博士后 40 名。曾在学院学习或工作过的两院院士共计 22 名。浙江大学电气工程学学院的就业领域广泛，能够从事工业与工程技术领域、电气领域的工作及相关的企业与管理单位，学生就业前景非常好。

4. 案例小结

从浙江大学电气工程学院的案例上看，其可借鉴之处如下。

（1）宽口径，重基础。浙江大学电气工程学院在培养过程中，宽口径特征十分明显，学生不仅有机会在第一年学习之后转换专业、选择第二专业，转化专业后也可以全面学习工程基础知识以及涉及工程各个领域的知识；同时，在本科教育中，每一年的学习体量比较均匀，涉及面从第一年、第二年的"广"渐转向第三年、第四年的"专"。如机械工程方面，涉及力学、热力学、气体动力学等方面的课程，到了第三年、第四年，技术选修课、专业选修课逐渐增多，逐渐在理论课程的基础上拓展体验类课程。

（2）积极推进主题式课程的开设，在主题式课程中完成学科集成、实践与创新。浙江大学开设跨学科系统集成设计挑战课程，这些课程围绕某一具体主题开展，要求来自不同专业的学生组成跨学科研究团队，在实践中探索解决问题的创新方案，集中体现了集成性、创造性和实践性。

（3）课程设置模块化且具有阶段性。浙江大学电气工程学院的课程体系非常注重基本知识的传授以及方法原理的教授。本科教育主要是教授学生具体的专业课程内容，旨在帮助毕业生能够在专业领域成才。其课程内容并不局限于当前的热点，更多的是教授理论、基础概念以及在未来能够应用的方法。

三、优化我国高等工程教育结构的政策建议

2017 年 1 月，国务院印发的《国家教育事业发展"十三五"规划》指出我国"人才培养的类型、层次和学科专业结构与社会需求不够契合"，要"着力优化教育结构"。为响应国家政策要求，紧跟国际工程教育发展新趋势，深入解决我国工程教育"供给侧"结构问题，切实提升我国工程科技人才培养质量，本报告提出以下政策性建议。

（一）形成与我国建设现代化工业强国目标相匹配的总量结构与质量保障机制

2016 年，我国高等教育毛入学率达到 42.7%，但距《国家教育事业发展"十三五"规划》明确提出的"2020 年，高等教育毛入学率达到 50%"仍有一定差距。因此，保持工程教育总量规模的增长态势符合国家宏观调控的要求和《中国制造 2025》强国建设的需要。在"增量"的同时亦要做好"提质"工作，牢固树立"学生中心、产出导向、持续改进"的质量保障理念，把"把教材建设、教师素质、体系融合、基地建设"作为关键问题解决好。建议教育部门制定并试行"本转专"和"分流淘汰"方案，贯彻"严进严出"的教育理念；高校要全面梳理各门课程的教学内容，淘汰"水课"、打造"金课"，合理提升学业挑战度、增加课程难度、拓展课程深度，切实提高课程教学质量。

（二）提高高等工程教育结构的层次重心，实现由"金字塔形"向"纺锤形"的渐进性过渡

随着我国传统产业升级、高技术产业和新兴产业快速发展，产业界对高层次研发人才和应用人才有较大需求。因此，我国未来层次结构调整的总体方向为"提高层次重心，严守低位质量关"。

第一，我国应积极提高操作型人才学历层次，适当控制专科占比，扩宽专升本通道，重点发展应用型本科，建议在 2035 年逐步实现 ISCED 5 级（专科层次）和 ISCED 6 级（本科层次）占比基本持平。

第二，我国 ISCED 7 级（硕士层次）、ISCED 8 级（博士生层次）工科毕业生占比仍然显著低于美国和德国等发达国家，建议到 2035 年，逐步将我国 ISCED 7 级占比从 2016 年的 6% 提升至 12%~15%，ISCED 8 级占比从 2016 年的 1% 提升至 3%，以有效支撑创新驱动发展战略与中国全球产业价值链攀升。建议适度扩大面向行业产业的专业博士学位和专业硕士学位的培养规模，提高优秀应届本科毕业生直接攻读博士学位的比例，扩大专业硕士学位研究生的专业范围。

（三）加快高等学校分类管理步伐，引导高校准确定位、分类发展

针对当前高校普遍存在的定位不清、盲目攀比、贪大图全、层次错位、特色不明的状况，必须进一步促进工科院校的层次和职能分化，使各个层次上的高校准确定位，明确人才培养目标和服务对象，办出特色和质量。建议由教育部颁布《中国高等工程院校分类标

准》，根据人才培养类型、学科专业设置，将中国工程院校划分为职业型、研究型和应用型高校。其中，职业型高校应以培养技术员或技术专家为主要任务；研究型高校主要进行学术型的本科生和研究生教育，培养胜任基础科学研究工作的工程科学家；应用型高校主要进行应用型的本科生和研究生教育，以培养应用型工程师为目标导向。

（四）立足"校企协同"与"政产学研"有机融合，加快培养应用型和技术技能型人才

一是构建以技术体系为依据的课程内容体系，充分关注行业趋势、技术进步、市场需求，强调理论的应用性、技术的先进性。

二是变革教育教学方法，推动探究式教学、互动式教学、基于项目和问题的教学（PBL）、CDIO等先进教学方法，强调"做中学、做中研、做中创"，突出项目教学和企业实习环节。

三是要以"政府搭台、企业支持、高校对接、共建共享"为理念完善外部网络，联合业界共建育人平台、共组教学团队、共享设备资源、共用实训基地。

（五）遵循市场规律，面向战略性新兴产业和工程基础科学前沿方向，持续优化调整形成中国特色的"新工科"（含新兴工科和转型工科）教育教学体系

动态优化我国高等工程教育科类结构，稳定交通运输类、轻工纺织食品类、能源动力类、地矿类等学科传统工科规模，加快实现这些学科的专业化、智能化和绿色化改造；同时，要前沿部署量子计算、脑科学、拓扑绝缘体、界面高温超导、新材料等新学科，在会聚科学和学科融合理念指导下逐步实现"理+工""工+工""工+医""工+农"等新兴学科群、专业群蓬勃发展；推进实现大学学科组织的变革，鼓励、支持和引导现代产业学院和未来技术学院的发展。

附：工程教育专业委员会简介

工程教育专业委员会成立于1991年5月，是由高等学校、工程教育研究机构、企业和科研机构、其他组织和团体以及个人组成的全国性学术团体，从事高等工程教育的理论与实际问题研究，促进高等工程教育的改革和发展。专委会现任理事长为邹晓东教授，秘书长为陆国栋教授。专委会秘书处办公地址设在浙江大学。

第二章

抢抓机遇采取有效措施
加快国际组织人才培养

——国际政治研究专业委员会专题报告

　　随着中国国际地位的提升，在国际组织任职的中国籍国际公务员人数，尤其是中、高级专业人员数量与中国大国地位不相称的矛盾凸显。这不利于在国际舞台上拓展中国声音、中国理念和中国方案，也不利于国际组织平衡地反映多元立场和知识，限制了其全球治理功能的发挥。2010年，中共中央、国务院印发的《国家中长期教育改革和发展规划纲要（2010—2020年）》提出要"培养大批具有国际视野、通晓国际规则、能够参与国际事务与国际竞争的国际化人才"。习近平总书记指出，中国"需要一大批熟悉党和国家方针政策、了解我国国情、具有全球视野、熟练运用外语、通晓国际规则、精通国际谈判的专业人才"。2017年，教育部《关于促进普通高校毕业生到国际组织实习工作的通知》中明确指出："各地各高校要切实增强紧迫感和责任感，抢抓机遇，采取有效措施，把培养推送高校学生到国际组织实习任职工作提高到一个新水平。"国内高校积极响应党和国家的号召，进行了一系列探索，为我国国际组织人才培养事业打开了局面。但是，既有的国际组织人才培养工作在战略规划、学科建设、对学生实习和实践的支持体系等方面还存在不足。我们需要加强国际组织人才培养体系的建设，使已经初具规模的各地实践更具协调性、战略性和针对性。

一、中国籍雇员在国际组织中的任职情况

（一）中国在国际组织中任职的国际公务员概况

　　中国已经成为世界上大多数国际组织的重要成员。中国是联合国安理会常任理事国，中国联合国会费分摊比例为12.005%，仅次于美国位列第二位。中国也是诸多联合国专门

机构的重要出资国。中国在世界银行和国际货币基金组织中的投票权都位列第三。中国还是几个新兴国际组织（如金砖国家新开发银行、亚洲基础设施投资银行）的创始成员。

近年来，随着中国地位的提升，国际组织中的中国籍高官数量有所增长。联合国15个专门机构中的4个（联合国粮食及农业组织、国际民航组织、国际电信联盟、联合国工业发展组织）由中国籍官员领导。许多中国籍官员担任了国际组织（如世界银行、世界贸易组织、国际货币基金组织）行政首长的副手。但是，这些官员只是国际组织实践活动的一个层面。在多数情况下，行政首长之外的高级管理人员和中层专业人员对政策文件的起草有关键影响，他们的知识和理念也塑造了国际组织的文化，而这一层面的中国籍雇员数量严重不足。

以联合国秘书处为例，2015—2018年，中国在联合国秘书处的职员数量逐渐上升。2018年已有546人任职，相比2015年的476人，数量有较大幅度增加。但是，横向比较来看，中国籍职员数仍远无法匹配中国的大国地位。2018年，联合国共有37 505名雇员，中国占比1.46%。共有21个国家的雇员数超过中国。此外，中国籍的高级雇员数仍较少。2018年，中国在联合国中任职的司级和副司级官员分别只有7人和5人，专业人员（P级）有217人，虽高于许多发展中国家，但仍低于加拿大、法国、英国、美国等国。

中国在其他国际组织中的雇员数也明显不足。根据联合国系统人力资源报告显示，截至2018年，有50名以上中国籍雇员的国际组织仅有联合国秘书处、联合国粮农组织、联合国儿童基金会和世界卫生组织。美国"退群"后，中国已经是联合国教科文组织的第一大出资国，但中国在该组织中的职员数仅为40人，低于印度、巴西、日本等国。

（二）中国国际公务员入职时面临的主要困难及原因

诸多因素影响了中国国际公务员的数量和职级。在技术层面，由于历史原因，中国积极参与国际组织活动较晚，这使得既有国际组织在选人、用人方面已经形成了路径依赖。比如，许多国际组织青睐欧美籍（或有欧美高校教育背景的非欧美籍）候选人。此外，国际组织职员更替较慢且内部流动占很大比例，中国籍雇员入职前需要办理相对复杂的签证手续，这些技术性因素都不利于中国籍雇员在国际组织任职。

在人员能力层面，我国高校毕业生的能力和知识与国际组织的要求仍存在一定差距。[①]

第一，语言能力不足，英语和法语是联合国秘书处的工作语言，也是联合国系统招聘的重要条件。除了外语系学生，我国其他专业的学生一般不会接受第二外语教育，这一问题直到近些年才逐步得到解决。

第二，中国籍雇员的专业背景不一定契合国际组织需求。一直以来，外语和国际关系学生是涉外工作申请的主力。但是，许多国际组织并不需要这两个专业的学生。例如：联合国环境规划署招聘要求的专业背景为工程、技术、环境科学、公共政策；国际货币基金组织则需要有经济学、统计学、数学、商业等学科背景的人员。可见，如果专业技术职位申请人只有国际关系或语言方面的学位，就不能胜任相关工作。

---

① 下文引用的国际组织招聘条件由研究团队在各国际组织人力资源网站上查询获得，反映的是2020年仍有效的最新招聘信息。

第三,从事国际组织工作的经验不足。多数国际组织要求专业人员岗位的候选人有2~15年的工作经验(取决于岗位级别),对高级管理职位候选人的工作经验要求达10年以上。此外,一些国际组织强调有在偏远或艰苦的工作环境中工作的经验者优先。这些都是中国学生所欠缺的。

第四,中国籍雇员在国际组织中还要克服跨文化交流的障碍,应对团队协作的挑战,以及通过高难度的入职和晋升考试。

二、国内高校国际组织人才培养的情况和主要措施

本报告选取了21所有代表性的国内高校开展调研。① 这些高校都从学校层面对国际组织人才培养工作给予重视和支持。一些高校的校领导亲自参与到人才培养具体工作中,另一些高校则通过建立校级领导小组、建立由学校主要职能部门参与的校级协调机制、出台校级工作方案等方式为人才培养工作提供支持。

(一)人才培养体系

1. 项目定位和结构

按照是否授予正式学位,国内高校国际组织人才培养模式可分为学位教育和非学位培训两种。21所高校中的14所高校已经开设或正在筹建明确,以培养国际组织人才为目标的本科、硕士和辅修学位项目。② 其中4个学位项目采用了中外双学位培养模式,即北京外国语大学的"1+1+1"中外联合培养硕士项目、上海财经大学的"2+1"中外联合培养硕士项目、四川外国语大学的"3+1"本硕连读项目和广东外语外贸大学的"3+1.5"本硕连读项目。其他学位项目则一般以交换生的形式进行国际合作。各学位项目都对学生进行严格选拔。本科项目多以转专业形式从新生中选拔。硕士项目则多采取夏令营形式招收保送生。许多学校对学生的专业成绩和外语能力都有严格要求。多数学校采取小班化教学,将学生规模控制在40人以下。有10所高校提供国际组织非学位培训项目(如暑期学校、训练营等)。一些提供正式学位项目的高校也同时提供非学位培训。相比正式学位教育,非学位培训一般会招收更多学生。

各高校为相关项目配置的牵头教学单位也不同:有9所高校以政治学和国际关系教学科研机构为牵头单位(如北京大学、复旦大学);有4所高校由外语学院主导(如浙江大学);有4所高校由其他教学单位(如国际贸易学院)牵头(如上海财经大学、对外经济贸易大学);有2所高校建立了独立的国际组织学院(如中国人民大学和北京外国语大学);还有一些高校由学校教务处或就业指导中心协调安排相关培训。

---

① 根据相关高校是否开展有明确国际组织人才培养目标的教育和培训活动,本报告选取了北京大学、中国人民大学、北京外国语大学、复旦大学、外交学院、吉林大学、北京语言大学、浙江大学、四川外国语大学、上海外国语大学、天津外国语大学、国际关系学院、上海财经大学、广东外语外贸大学、对外经济贸易大学、同济大学、清华大学、南京大学、中国海洋大学、大连理工大学、西北工业大学21所高校进行调研。这一样本可能并未涵盖全部有相关项目的国内高校,但反映了各种培养模式,因而具有一定的代表性。本部分的资料来自网络查询和邮件调研。

② 还有一些学校在既有专业中设置国际组织方向,这里没有统计在内。

在培养目标的设置方面，无论是学位还是非学位项目都本着务实精神，旨在培养专业复合型人才，学生的就业目标组织不仅包括国际组织，还包括涉外部委和机构、国际非政府组织、涉外企业、研究型机构等。

2. 课程设置

各高校为相关项目设置的课程体系体现出一些共同点。

第一，各高校普遍采用了"语言强化+专业知识+实践锻炼"的培养体系。

第二，大部分高校（有16所）明确将第二外语纳入培养方案，其中，法语和西班牙语受到青睐。

第三，在专业课程方面，各校都注重整合各院系的资源，为学生开设多元课程（主要是选修课）。目前国内高校开设的特色课程涉及国际贸易与金融、科技、能源与环境、人口、公共卫生、国际法、区域国别研究等多个领域。

第四，除了正式课程，各高校都积极邀请国际组织前官员和在国际组织工作的毕业生来校开展国际组织、全球治理、职业规划、模拟面试等方面的讲座和活动。

在具体专业课程设置方面，不同高校的侧重点有所不同。有12所高校的课程体系以国际关系类课程为主，辅以多元的选修课。这一课程体系的结构为："传统国际关系教学（向全球治理、国际组织方向倾斜）+议题模块（如国际经济与贸易、国际法等）+其他学科（如环境、农业等）选修课。"也有少数高校以非法学大类学科为中心建构课程体系，而以国际关系、国际组织类课程为辅。例如，大连理工大学和西北工业大学都强调相关培训的目的在于辅助技术类人才的国际化。对外经济贸易大学、广东外语外贸大学、上海财经大学等高校强调在培养过程中突出贸易、金融等专业特色。此外，还有一些高校相对平衡地提供几套课程方向供学生选择。例如，北京外国语大学设有国际政治、国际经济、国际法三个专业模块，上海外国语大学设有国际政治、国际发展、国际金融三个方向。

除了专业课程外，部分高校还开设跨文化交流课程、方法课程和实务性课程（比如国际文书写作、国际项目设计、辩论、谈判、礼仪等）。此外，大多数高校都强调实习和实践的重要性。有6所高校明确将"赴国际组织实习"作为必修项目。其他高校采取了模拟国际会议（尤其是模拟联合国）、比赛（如复旦大学的青年全球治理创新大赛和澜湄青创赛、外交学院的外事礼仪大赛）、志愿活动、参访等形式锻炼学生的实践能力。

3. 师资配备

国内高校在师资建设方面采用了两种模式。

第一种模式，基于实体机构，引进专门国际组织科研和教学人才，并搭配其他院系和校外师资。这种师资配置方式以北京大学为典型代表。作为承担国际组织人才培养工作的实体机构，北京大学国际关系学院的国际组织与国际公共政策系采用"3个1/3"的方式来组建师资队伍。其中，本系专职教师占1/3，本校其他院系师资占1/3，校外师资占1/3。国际组织与国际公共政策系的专职教师有8人（包括北京大学校长郝平），所有教师均有海内外名校博士学位。

第二种模式，以实体或虚体机构为平台，整合分布于不同院系的师资力量来担任国际组织人才培养机构的兼职教师，并搭配校外师资。这种师资配置方式更为普遍，多数高校并未增加新的专门师资，而是整合已有资源。即使北京外国语大学这样有国际组织学院实体的高校，也采取各院系教师兼职的模式组建师资队伍。北京外国语大学国际组织学院现任教师来自英语学院（10人）、法语言文化学院（9人）、国际关系学院（10人）、国际商学院（13人）、法学院（7人），这很好地契合其课程体系。当然，也有个别学校存在既有教师资源无法满足国际组织教学任务的情况。

除师资配置以外，各高校还不断创新教学和培养方式。

首先，21所高校都注重引进国际组织的现任、前任官员和退休大使参与教学。这些专家的参与方式主要是提供顾问指导或开设专题讲座。仅有少数高校（如北京大学）能够聘请这些前高官为学生定期开课。各高校聘请这些前高官的能力高度依赖高校的地位、资源和校友。

其次，少数高校创新导师制度。北京外国语大学为学生配备语言文化导师（英语、法语）、专业导师、国际组织实务导师3位导师。导师组针对学生特点进行专业化、个性化的联合指导。上海财经大学、对外经济贸易大学、南京大学也采取了类似的导师制。

最后，由于各高校都与一定数量的海外高校合作关系，学生们也能够通过交换项目或双学位项目享受海外师资。此外，北京大学还通过微专业项目为14所国内高校提供课程，这在一定程度上弥补了一些高校的师资缺陷。

（二）人才培养的质量

随着近年来资源投入力度的加大，一些国内高校相关项目已有越来越多的学生能够获得国际组织实习机会。一些高校也从2017年开始报告赴国际组织实习任职的学生数量。本研究以一些报告比较完整的高校为例。北京大学2017年、2018年、2019年分别有42人、84人、89人赴国际组织实习或任职；中国人民大学2017年、2018年、2019年分别有33人、30人、56人赴国际组织实习或任职；复旦大学2018年、2019年分别有28人、48人赴国际组织实习；北京外国语大学2018年、2019年分别有30人、27人赴国际组织实习或任职；外交学院2018年、2019年分别有23人、25人赴国际组织实习或任职。浙江大学2018年、2019年分别有42人、41人赴国际组织实习；上海外国语大学2017年、2018年分别有24人、20人赴国际组织实习；对外经济贸易大学2017年、2018年、2019年分别有10人、22人、40人赴国际组织实习。① 可见，各高校通过各种渠道，已经能够保证每年向国际组织派出一定数量的实习生，一些高校已经初步呈现实习人数稳定增长的趋势。需要注意的是，上述统计中包含了在境内国际组织实习的人数，因此，真正赴海外国际组织实习的学生人数要少于上述数字。

就业方面，国际组织对工作经验等方面的要求限制了各高校毕业生直接赴国际组织的就业。因此，多数高校并未报告有毕业生赴国际组织就业。少数高校有一些可喜成绩。例如，北京大学2018年有3名毕业生获得国际组织正式职位，2019年报告7人获得2年以

---

① 本部分资料来源为各校的毕业生就业质量报告。一些高校将实习和任职加总统计，但任职人数一般非常少。

上正式工作机会。中国人民大学 2019 年首次报告有 1 名学生获得国际组织全职工作机会。北京外国语大学 2017 年、2018 年分别报告 5 人、4 人在国际组织任职。外交学院 2018 年、2019 年各有 1 人在国际组织任职。

总的来说，各高校（尤其是综合性双一流高校）已经能够保证每年向国际组织推送相当数量的实习生。但是，各校毕业生获得国际组织正式职位的数量仍然非常少。即使是北京外国语大学这样从 2010 年就开展国际组织人才培养的高校，也无法保证每年都有毕业生在国际组织获得正式职位。需要指出的是，国际组织人才培养是长期工作，相关项目的毕业生多数不能直接进入国际组织工作，这也符合国际组织人才招聘制度的客观现实。一些高校相关项目毕业生工作或深造后进入国际组织的案例也说明，高校人才培养活动成功地为一些学生树立了国际组织工作的志向。

（三）人才推送渠道和支持体系

国际组织人才推送工作可以分为两个部分：一是实习推送；二是就业推送。

1. 实习推送

实习推送的主要目标是推荐学生赴国际组织进行一个学期到一年的相对正式的实习。由于国际组织对实习生一般持欢迎态度，且其一般不为实习生提供经费，实习推送相对容易操作，一些渠道已经成功搭建。

首先，国家留学基金委员会（CSC）与 15 个国际组织签有合作项目，这为国内学生赴国际组织实习提供了机会和经费支持。

其次，各高校还自主与国际组织签订合作协议。据不完全统计，21 所高校中，共有 13 所高校与国际组织签有实习生输送协议，涉及的国际组织超过 13 家。[①] 最后，除了高校直接与国际组织合作，各高校也积极利用海外合作院校（如日内瓦国际关系及发展高等学院）的资源。学生可在赴海外交换或攻读双学位期间就地在国际组织实习，实习渠道由外方院校提供。

除了机制化的人才推送，各高校还采取多种形式为学生与国际组织牵线搭桥。多所高校（如北京大学、中国人民大学、复旦大学）建立了国际组织实习信息发布平台。例如，复旦大学的"FDG2IO"微信平台及时发布实习和招聘信息，深受学生欢迎。许多学校（如浙江大学）定期举行国际组织实习项目宣讲会，或利用国际会议主办实习就业分论坛（如复旦大学在上海论坛设立分论坛），将国际组织引入校园与学生们面对面交流。此外，许多高校（如南京大学）都会定期举行国际组织参访活动。上述活动虽然不如协议推送能够保证实习机会的稳定供给，但也有利于学生与国际组织建立一定的联系。

除了建设实习推送渠道，各高校也努力为学生实习提供资金和政策支持。在资金方面，各高校除积极利用 CSC 资助外，也积极自筹资金。例如，复旦大学的"荣昶学者"项目便得益于荣昶公益基金会的捐赠。同时，各学校还在学分认定、保研遴选、评奖评

---

① 包括联合国总部、欧盟、亚洲开发银行、世界银行、美洲开发银行、金砖国家新开发银行、世界贸易组织、联合国儿童基金会、联合国环境署、联合国开发计划署、国际劳工组织、世界粮农组织、联合国教科文组织等。

优、户口和档案暂存等方面出台了照顾赴国际组织实习的学生的政策。

2. 就业推送

在就业推送方面，高校的能力有限。比如，联合国系统的青年专业人员（JPO）推送是青年人进入联合国任职的重要渠道，但这需要政府的积极行动。目前CSC仅与4个国际组织签有JPO项目，数量还很少。目前来看，各高校毕业生到国际组织就业多依赖学成后的个人努力和机遇。一些学生在海外深造后利用所在院校资源加入国际组织，也有一些通过实习转化为就业。

三、国内高校国际组织人才培养的主要问题

国内高校国际组织人才培养工作起步较晚，现仍存在诸多问题。这里从战略布局、培养体系建设、实习实践三个方面进行讨论。

（一）缺乏国际组织人才培养的战略布局

当前我国的国际组织人才培养工作尚缺乏战略规划。虽然教育部已于2017年印发了《关于促进普通高校毕业生到国际组织实习工作的通知》，但该文件只涉及宏观战略和一些政策性指引，并不能为高校办学提供明确指导。因此，各高校往往根据自己的调研和现有资源来开展自下而上的教学改革试验。许多高校坦言无法确定其教学体系是否契合国际组织的需要。人才培养体系的重点在何处？应以哪些专业性人才为主攻方向？如何处理语言培训与专业课程的关系？应该以多大的力度和多少资源来进行就业推送？对这些问题，各校尚无明确答案。这种"摸着石头过河"的改革虽然有利于大胆创新，但试错式改革却可能造成一定的资源浪费。

由于缺乏高层级协调机制，各高校间缺乏分工合作，容易出现一些不符合学校比较优势的项目设计。比如，一些学校似乎并不适合以国际关系学科为基础建构人才培养项目。同质性项目设计进一步造成资源浪费。当前，一些高校已经开始探索合作机制。比如，复旦大学牵头成立了国际组织人才培养输送工作（上海）高校联盟，北京大学也于2019年底组织了国际组织人才培养论坛。但是，这些合作多限于经验交流，仍无法在各高校间形成系统性战略分工。

从更宏观的层次来说，国际组织人才培养是一个高度依赖政府支持的系统性工程。教育部文件虽然能够推动高校的行动，其并不足以给国际组织人才培养工作以必要的支持。例如，高校学生赴国际组织实习可能导致其错过毕业招聘。虽然人社部已经出台规定，解决了国际组织实习生的应届生身份问题。但是，这一规定是否能够在用人单位层面得到贯彻尚存在不确定性。一些学生可能因为实习而耽误了校招和公务员考试，这一客观困难减弱了学生实习的积极性。另外，国际组织人才推送工作并不仅仅是高校的责任，更是政府的责任。JPO项目的推送要依靠外交部的积极努力。比如，日本的外务省就设有专门针对JPO的培训和推送计划。显然，这一问题也需要多部委合作来解决。

（二）国际组织的人才培养体系受学科和专业分割的限制

如前文所述，国际组织对人才的要求主要体现在人才的综合素质和专业知识两方面。对于专业性国际组织，其所需要的专业知识往往不仅是国际关系，还涉及国际经济与贸易、国际发展学、国际社会（人口）政策、国际法、环境治理、计算机科学，甚至包括工农业技术等多学科。

多元化专业知识训练不足。纵观国内高校国际组织人才培养实践，语言培训已经得到了充分重视，但在专业知识层面，以国际关系学科和相关课程为核心的培养体系仍是主流。这就不可避免地存在部门切割、学科切割的问题。虽然许多项目允许学生在全校不同院系选课，但这种跨院系选课不成系统，难以使学生充分掌握某一学科领域的知识。比如，对于许多国际组织都关心的环境问题而言，仅仅通过一两门选修课的学习只能简单掌握入门知识，难以达到国际组织对专业的要求。同时，语言课、公共课、核心课和实践都要争抢学生的时间和精力，如果再在某些跨学科领域对学生增加修课要求，就必然大大增加学生负担。

当然，一些国内高校正在探索利用本校优势，建设以国际贸易、国际发展学、国际法等为中心的课程体系，但这种尝试仍相对较少。同时，这几个领域仍然不足以满足国际组织的需要。针对一些国际组织青睐的领域，如城市治理、环境治理、人口和难民问题、全球公共卫生、教育等，几乎没有高校专门在国际组织项目中开设专门模块。此外，国际发展学近年来得到了不少国内高校的重视，但相关知识积累和师资都十分不足，教学效果一般。

国内高校在知识体系（包括教材）建设方面进展相对较慢。一些学校宣传的教材编撰成果多是求职指南。由于课程体系基于各学科的"拼盘"，教材也往往来自各学科。许多非国际关系学科的教材缺乏国际感，内容无法与全球治理层面相衔接。更重要的是，各学科都还没有形成兼具中国特色和普适性的知识体系，这限制了我国人才就业推送对全球治理的贡献。

各高校尚未建构适合全球治理的思政课程体系。这一体系要求更平衡地处理家国情怀和天下情怀的关系，使学生能在坚持"四个自信"的前提下，站在人类命运共同体的高度参与国际组织活动。

实务类课程的供给仍不足。受师资的限制，各高校虽然都积极邀请国际组织前官员和中国的退休外交官来校讲座，但这些讲座毕竟时间短，且不成系统。中国严重缺少兼具国际组织工作经验和研究能力的师资。

（三）实习机会有待拓展

通过 CSC 和各高校的努力，国内学生赴国际组织实习的机会已经大大增加。但是，相关实习机会仍有进一步扩展的空间。与国外高校相比，我国赴国际组织实习的人数仍然偏少。

学生的实习活动至少有两点不足。

其一，实习机会的分布高度依赖高校的地位和资源。比如，综合性大学以其国内外声望，往往能够得到更多的 CSC 资助名额，签订更多的海外合作协议。一些理工科院校和级别稍低的院校则较少获得相关机会。同时，由于各高校签订相关实习推送协议时的重点在于满足国际组织项目学生的需求，本校其他专业的优秀学生很少能获得参与的机会。事实上，这些非法学大类专业的学生可能也非常契合国际组织对人才的需求。

其二，各高校尚未对另两类海外实践形式给予充分关注：在发展中国家的海外志愿活动和海外调研。国际组织非常看重学生在发展中国家的经历。对发展中国家社会、经济、政治状况的了解，在当地的田野调查经历，以及科研或创新项目的研究经历往往能为学生申请国际组织实习和工作增色不少。

四、国内高校国际组织人才培养的对策建议

（一）做好国际组织人才培养的中长期规划、优化支持体系

针对宏观战略缺位的问题，建议国务院层面出台《关于加强国际组织和全球治理人才教育的意见》，进而出台国家级战略规划。这一国家级规划可以有四个重点。

第一，从宏观上确定我国国际组织人才培养战略的重点，明确中期、长期人才培养目标。

第二，国家战略应协调多部委为国际组织人才培养梳理体制，打通体制上的堵点、难点、痛点，为参与相关项目的学生提供优惠政策。可由人社部向用人单位宣传国际组织实践经验的价值，并引导国家机关和企事业单位建立面向国际组织实习生的招聘渠道。这些制度性支持可以进一步打消学生赴国际组织实习、工作的后顾之忧，使其工作具备更多的灵活性，而不必受到毕业时间表的拘束。同时，受国际组织项目训练的学生进入国家部委工作后，有更大的可能性进一步转向国际组织工作。

第三，国家级战略应充分调动外交部门的积极性，协同 CSC 大力加强中国的"JPO 派遣计划"。

第四，国家级战略应建立一个协调机制，全面梳理各高校、科研机构、对外交流机构、CSC、中外合作办学机构等部门国际组织人才培养工作的进展，建立动态的信息收集、评估、指导机制。这一机制要及时推广好做法，对已有积极成果的高校加大支持力度，进而以信息（而非政府强制）为工具，引导各校根据自身学科优势设计人才培养体系，实现高校间分工。同时，该机制还应及时发现培养工作的缺陷，对相关高校提供必要的支持，必要时也可以停止相关项目。

需要注意的是，在对外和对内宣传过程中要牢牢掌握我国国际组织人才培养战略的话语权，谨防相关实践被污名化。在战略目标的设计和宣传上，要格外谨慎和明确。要强调：中国的国际组织人才培养战略旨在为全球治理输送有益的中国知识和高质量的中国人才，而并非输送狭隘的中国利益。只有保持中国籍国际公务员的适当中立，才能建构中国国际组织人才培养项目的信誉。事实上，只要在很多议题上能持有客观中立的观点，就已经能够维护中国的利益。

（二）加强国际组织的学科建设、教材建设和师资队伍建设

跨学科复合式人才培养是国际组织人才培养的关键。最理想的效果是学生同时具备语言能力、综合素质、国际问题分析能力和一个非国际关系专业领域的知识。若想达成这一目标，至少可以做五方面的努力。

第一，在课程体系的设置上，可在降低学生总课业负担的思路下，适当调整各学科课程比例，降低国际关系专业课程的数量，留出一定的空间来强化方法训练，并重点探索根据本校特长，设置一些专业性的课程模块，如城市治理、环境治理、人口和难民问题、粮食与农业、公共卫生、教育、发展学等。这些模块仍是利用其他院系的既有教学资源，但要由牵头机构和各学院共同设计，精选几门课程，做到比目前的选修课模式更加系统化。如有可能，最好将这些专业模块升级为辅修学位，以应对国际组织对学位的多元要求。当然，也可探索在研究生项目招生时有意识地招收来自多种学科的本科生。

第二，加强教材和教师队伍建设。提高培养体系的质量不仅要基于更科学的课程体系设计，更取决于教师队伍的跨学科教学能力、知识体系和科研水平。一方面，非国际关系学科教师具有更强的学科专业性，但他们的知识需要进行国际化，以使其能够与全球治理的国际化需求相衔接。这就需要不同院系进一步加强合作，共同开发相关课程。另一方面，国际关系学科教师需要进一步加强与国际组织、全球治理相关的教材、著作、论文撰写工作。归根结底，中国籍国际公务员的核心竞争力应该是中国知识体系，这一知识体系应既能够更好地解决发展中国家的发展、环境、人口等一系列治理问题，又超出国家界限，具有普适性。例如，能否真正扭转发展银行的治理方式，并不仅取决于国家意志，也不完全取决于新发展银行的设立，而是取决于我们能否建构起像芝加哥学派那样完整、有影响力的新的发展学知识体系。

第三，为保障上述综合性学科建设，可进一步加强校内资源整合，并拓展校际合作。在校际层面，也可探索校际课程共享，比如，鼓励学生前往民族类、农林类、医药类、工程类、经贸类高校修读相关课程。需将这些修读计划纳入前述的多模块培养方案，而非要求学生零散地选修课程。

第四，要进一步优化思政教育和突出实务、实践教育。可围绕人类命运共同体理念中的"和而不同"理念，引导学生平衡家国情怀和人类关怀，使学生既不唯西方，也不简单地持狭隘国家观念，这对增强中国国际组织人才的公信力非常重要。同时，各高校仍需大力引进有国际组织、跨国公司、海外智库等机构工作经验的教师作为常任教师，而非仅提供讲座和短期培训；也可推荐高校教师努力参与国际组织咨询甚至正式工作，从而实现"引进来"和"走出去"的结合。

第五，通过加强对国际组织的理论研究，加强对毕业生发展轨迹的跟踪调研，引入国际组织专家来动态评估人才培养体系的设计和时效，及时优化。

（三）拓宽实习渠道

可以至少从三个方面着手，进一步拓宽学生赴国际组织实习的渠道。

第一，整合CSC、各部委、各科研院所的资源，进一步加大向国际组织推送实习生的

力度。可鼓励各部委（如外交部、商务部、财政部、发改委、国务院发展研究中心等）及其下设研究机构利用其与国际组织沟通合作的渠道，新设一些实习选派项目，归入 CSC 平台开放申请。部委和事业单位的支持能够弥补 CSC 和一些高校与国际组织谈判能力的不足。

第二，充分利用总部设在中国的国际组织，如金砖国家新开发银行、亚投行等，加大向这些国际组织输送实习生的力度。

第三，各高校可进一步拓展人才推送方式。一些高校利用联合培养的形式，使学生得以利用外方院校的既有渠道进入国际组织实习，这一"借船出海"模式值得进一步推广。在选择外方合作院校时，应注意选择地理上与国际组织接近，或相关实习资源丰富的高校。

此外，赴发展中国家从事志愿者和田野调研活动应该得到充分重视，这是国际组织招聘时所看重的实践经历。哈佛大学就明确要求相关项目学生用一段时间赴发展中国家（非自己的母国）开展调研活动。国内高校中，复旦大学的青年全球治理创新设计大赛和澜湄青创赛都是兼具地区关怀和科研性质的活动。许多参加过这些活动的学生成功进入了国际组织。这类以发展中国家为落脚点，以议题解决为目标的活动在国内高校还较少，应该得到推广。

附：国际政治研究专业委员会简介

国际政治研究专业委员会成立于 2003 年 10 月，从事国际政治研究、学术交流、书刊编辑、咨询服务等业务。专业委员会与北京大学国际关系学院共同主办出版中国国际政治学科的核心期刊《国际政治研究》。专业委员会现任理事长为陈志敏教授，秘书长为苏长和教授。专委会秘书处为公地址设在复旦大学。

第三章

拥抱数字经济时代
培养复合型高素质会计人才

——高等财经教育分会专题报告

随着大数据、人工智能、移动互联、云计算、区块链等新一代信息技术的发展，各行业融合创新，全球已进入数字经济时代。以"数字经济"为新经济形态代表的新一轮科技革命和产业变革正在发生，各行各业都面临着升级转型，而会计作为重要的经济管理活动和信息系统，必然受到影响。传统的基础财会工作逐渐被智能机器人取代，会计人员定位由只懂核算的"账房先生"转变为懂业务、会管理、具有战略眼光的"价值创造者"，会计人才面临着转型培养与能力升级的多重机遇与挑战。高校是会计人才培养与职业能力塑造的重要阵地，面对会计行业改革，如何培养数字经济时代复合型、高素质会计人才，解决供需矛盾，是高校尤其是财经类院校的重要任务。《国家中长期教育改革和发展规划纲要（2010—2020年）》提出，要树立以提高质量为核心的教育发展观，深化教育改革，培养一批拔尖创新人才，提升学生的社会服务能力。高校应在构建"数字经济时代下的会计人才能力框架"的基础上，运用"数字经济"思维，不断明确人才培养目标，改革教学模式，实现产教深度融合，提高教学质量和水平，使学生的理论知识学习与岗位实践相结合，完善行业、产业和院校之间的关系链，实现区域经济与社会协调发展。

一、数字经济时代对高等财经院校人才培养的要求

（一）基本情况

财经类院校与综合型大学不同，它是以管理学和经济学为核心学科，学科类型较为集中，应用领域明确，学科优势明显，人才培养更加具有目标性。高等财经院校主要培养财经类人才所需具备的经济管理基础理论、专业知识和技能。包括系统化的基础知识及专业

知识；对专业的认知和知识的运用；所学专业的职业习惯；所处财经领域的职业意识。数字经济时代的来临给财经类院校的人才培养带来了严峻的挑战，财经院校应及时根据多样化的社会需求调整人才培养目标，优化人才培养方案、创新人才培养过程。

随着数字经济时代的到来，国内外信息技术的发展及管理信息化程度的不断提高，一些学者也对相应的会计人员能力进行了研究，分析了互联网给会计人才培养带来的机遇与挑战，指出在对会计高等教育人才培养目标定义的过程中缺乏与产业界和会计职业界的交流（杨政等，2012）。不论是"专才与通才"之辩或是"理论与实践"之争，均未突破传统职能的局限，无法与互联网新技术时代会计岗位需求的专业性、开放性以及战略性相匹配（刘慧凤和姜苏娱，2015）。同时强调，高素质会计人才正在经历核算会计—业务会计—战略会计的转型，培养目标的设定更应强调对人才视野的拓展以及战略角色的转型。我国会计高等教育旨在培养学识精通的专业型人才、视野开阔的创新型人才、适应市场需求的战略型人才（苑泽明等，2018）。

各财经类院校的管理科学专业培养目标也进行了相应的调整，均强调会计人才在具备扎实的管理学和经济学素养的同时，掌握数学、计算机科学、信息科学等定量分析方法，培养面向财经领域的专门人才。比如，哈尔滨工业大学（深圳）本科会计学专业在2020年的招生方向上做了创新调整，由上一年的会计与财务管理方向改转为大数据会计方向。专业培养侧重经济管理理论、数理基础、专业理论和方法，注重信息系统应用实践能力以及一定研究能力的训练，不仅强调学生要具备扎实的数理基础，合理的数学、自然科学和计算机专业知识结构，还要能够将自然科学与计算机知识和技能用于分析、解决经济管理问题；针对会计专业问题，能够使用现代经济管理和信息技术工具进行分析、预测与判断；在职业规范、个人和团队、沟通、终身学习方面也提出了相应要求。

总体来说，尽管当前在高校层面有部分高校已经采取措施重新认识人才培养的目标，改革现有的课程设置体系，各级部门也在制定具体的实施方案促进规划的落实。但目前，尚没有面向大数据时代新的管理实践情境，相关的研究也比较零散，并不系统，对数字经济时代会计人才能力以及人才培养模式的研究也未能与财经类院校的办学特点相结合，国家层面系统的关于会计专业课程设置体系的指导意见也尚未形成。

（二）需求分析

1. 市场需求

不同层级、不同规模市场以及各种类型的市场参与者形成了一个庞大的市场体系，它们之间互相关联、互相影响，渗透到人们生活的方方面面，当然也给会计职业不断带来光明的前景和巨大的冲击。一方面大型企业（集团企业）的发展受到全球化、国际间联动和竞争的影响，需要会计人才具有更高水平的国际视野；另一方面，民营经济特别是中小企业也是市场中不可缺少的力量，中小企业健康发展需要包括监管机构、各市场参与主体以及会计从业人员的共同参与。根据 YCY 会计行业观察提供的数据（见表 3-1），我国会计人员的市场供需存在严重的结构失衡问题，即高端人才供不应求，低端人才严重供大于求（张多蕾等，2019）。如何平衡会计人才供给，还需要更多的探索。

表 3-1 会计人员市场总体供需情况

选项	初级人才	中级人才	高级人才
人员严重供过于求/%	58.1	18.0	7.2
人员比较供过于求/%	34.1	18.0	4.0
人员持平/%	6.2	35.9	9.6
人员比较供不应求/%	1.6	26.6	38.4
人员严重供不应求/%		1.6	40.8

数据来源：YCY 会计行业观察。

2. 企业组织需求

企业组织从独资、合伙发展到大型跨国企业集团，组织结构及运营方式差别巨大，会计人员的定位正在从以核算为主转变为以管理为主。这不但为会计职业带来了挑战，也为会计人才培养提出了新的要求。企业内外部环境中存在着越来越多的不确定性因素，风险点的异动会影响企业的运营并要求会计人员作出合理应对甚至预判，对财务风险的管控也从财务端向业务端延伸。会计人员不但需要快速学习和更新会计知识，更需要深入理解业务内涵，提高信息需求规划能力、数据挖掘能力、信息集成和整合能力，才能跟上企业的发展。会计专业的学校教育和继续教育都需要考虑提供这方面的学习和实践。

3. 宏观环境需求

（1）经济环境。经济环境是影响会计发展的第一要素，通货膨胀、GDP 增速、产能过剩、供给侧改革等都会影响到企业经营，进而影响会计工作。经济全球化对会计标准提出了国际化要求，要求会计人员了解国际经济环境，熟悉汇率、利率等问题给企业带来的多方面影响。尤其是在"一带一路"等政策引导下，跨国并购大量出现，企业的经营目的不再是单纯地自主理财、谋求高收益，而是做好对企业的风险管控和增强运营效果。

面对新市场、新领域、新业务，要求会计人员熟悉国际通用的会计标准，熟悉各种估值方法，能够熟练运用各种融资方式，能够在国际市场上发现并抓住机会的同时降低经营风险。

（2）技术环境。借助计算机技术与网络技术的发展，财务共享服务在大型企业集团中逐渐普及；区块链技术的日益成熟将会改变传统的会计确认计量方式；云会计使得会计工作效率高、成本低，并且解决了移动做账难、财务协同和共享难度大的问题；德勤智能机器人中心正在为多家企事业单位提供财务自动化流程解决方案。

企业在自主核算的基础上，更加依赖供应商、客户、税务等信息流，对会计的实时预测、动态评价以及科学决策水平提出了更高的要求。大智移云给传统会计工作带来革命性的变化，会计职业的定位以及会计人才的培养需要上升到战略高度。

（3）制度环境。制度的发展是会计发展的重要影响因素，尤其是与会计相关的制度。为顺应国际趋同的发展大势，会计准则不断更新。在发布新会计准则的同时，财政部也发布了新的注册会计师审计准则体系。此后，规范企业风险管理和内部控制的相关制度也陆续出台。

除了会计相关制度之外，随着大数据、人工智能、区块链等尖端科技的应用范围越来越广泛、技术越来越成熟,国家政策对高校专业学科的建设是否结合高精尖技术越来越关注,相继出台了多个政策文件支持、推动教育变革(见表3-2)。新技术正改变着传统商科教育模式,以会计、财务管理、工商管理、市场营销、人力资源管理等专业为代表的传统商科,如何应对商业新伦理、新技术、新需求、新实践的挑战,培养适合时代需求的新商科人才,是当前"新商科"的重要命题(吕波,2019)。

表3-2 支持推动教育变革相关政策文件

发文时间	文件名称	发文机构	主要内容
2018年4月2日	高等学校人工智能创新行动计划	教育部	(1)推动学校教育教学变革;(2)推动智能教育应用示范,全面推进教育现代化
2018年9月17日	关于加快建设高水平本科教育全面提高人才培养能力的意见("新时代高教40条")	教育部	(1)实施一流专业建设"双万计划"以及动态调整专业结构;(2)重塑教育教学形态;(3)实施"六卓越一拔尖"计划2.0
2018年10月	教育部等六部门关于实施基础学科拔尖学生培养计划2.0的意见	教育部	(1)促进学科交叉、科教融合;(2)创新学习方式。以现代信息技术为支撑,创设线上线下、课内课外、虚拟与现实相结合的学习环境和机制,提高学习成效
2019年10月30日	教育部关于一流本科课程建设的实施意见	教育部	(1)教学内容体现前沿性与时代性,及时将学术研究、科技发展前沿成果引入课程;(2)淘汰"水课",立起课程建设新标杆;(3)改革方法,让课堂活起来
2020年1月21日	关于"双一流"建设高校促进学科融合加快人工智能领域研究生培养的若干意见	教育部、财政部、国家发改委	(1)完善人工智能领域学科布局;(2)设立产教融合创新平台;(3)加强课程体系建设;(4)开展多样化教学评价
2020年4月30日	高等学校区块链技术创新行动计划	教育部	(1)加强区块链与教育治理的联系;(2)有关高校要将区块链技术作为重要发展方向和核心技术自主创新的重要突破口;(3)深化产学研合作

可见,高等财经院校的改革既是高校本身学科建设进步的内生动力和内在需要,也是国家大环境、大政策、大背景下的外部原因和外在要求。

二、高等财经院校人才培养现状与存在问题

(一)财经人才能力框架缺失,人才培养目标不明确

培养目标是人才培养活动中最为关键的环节,对财经人才的培养过程具有导向作用。

培养目标是人才培养工作的出发点与落脚点，同时决定着人才培养的规格。数字经济时代是一个靠人才的知识、智慧和创新取胜的时代，不同行业对财经人才的特质有不同的要求，对财经人才的表现也提出了个性化的需求，不仅需要其具有专业的知识与技能，还要注重综合业务能力和创新能力，使其具备较高的专业素养。

目前，院校人才培养方案在制订过程中参与主体缺失或参与不足，缺乏对应的人才能力框架。大多数院校在制订人才培养方案时只能基于政府政策文件、企业用人标准来确定人才培养的目标，缺乏必要的信息化的手段和工具来挖掘当前人才市场的需求趋势；加之教育效果又有一定的滞后性，使得人才培养的层次、结构跟不上信息化背景下对人才需求的变化，导致所培养出的财经人才知识与特长不明显，人才的适应性不高，难以满足各行业的需求。

（二）教学模式缺乏创新，教学资源匮乏、内容落后

目前多媒体教学已经普及，很多院校还是采用老师讲和学生听的教学模式。部分院校的在线课程或者资源库（如音频、视频、动画等）由于内容滞后、更新频率较低、基础设施不完备等原因，导致课程及资源使用率过低，新的教学方式无法在实际工作中运用。另外，囿于经济发展水平和科学技术的限制，以往的教学内容中少有数据获取、数据爬虫、数据分析、业财融合、财务机器人等方面的内容，教学内容明显落后。

在实训教学方面，多数院校无法建立高仿真实训室，学生只能进行模拟实训，无法真实感受实务中的会计环境和业务流程，虽然近些年部分高校建立了财务共享中心或者会计工厂，但受益面也相对狭窄。

（三）产教融合发展遇到瓶颈，校企合作不深入

近年来，我国出台了一系列政策、措施鼓励和推动产教融合、校企合作，如现代学徒制、订单培养模式、"1+x"证书制度、24家产教融合型企业等，可以说国家在深化产教融合、校企合作方面集中发力、持续发力。但是，虽然国家制定了有关校企合作和工学结合的指导方针和原则，但并没有具体可操作的政策法规和实施规则可遵循，使得落实产教融合、校企合作困难重重。

首先，学校需求与企业需求不对称，导致院校和企业的合作不稳固。地方院校校企合作的主要形式是双方共建学生实习基地、顶岗实习、订单式培养等，企业在人才培养方案制订、专业发展规划制订等教学环节中发挥作用不大，教学计划的制订和企业对人才的需求标准存在着很大差距。仅按照学校的教学计划培养的人才只能是大众化的需求，远远不能满足企业的个性化的需要。

其次，校企合作无法制保障，政府在产教融合中作用空间不足，地方大多数企业对参与产教融合不积极，处于被动参与的状态，对承担教育责任方面认识不足。

（四）缺乏相应的质量监督机制

数字经济时代下财经院校人才培养目标的调整要求对原有的教学质量标准尤其是实践教学质量标准进行修订，同时利用新的技术手段建立相应的教学质量监督管理机制。

目前，许多高校对财经人才转型发展的质量标准宣传不够广泛，存在认识程度不够、不重视，执行过程不严格的现象。

在教学评价方面：对教育教学的评价过于主观，缺少量化指标，对教师教学的激励程度不够；对学生的评价，由于无法对学习行为进行动态跟踪导致形成性评价不够客观、公正；同时缺少合作企业的参与，导致人才质量与企业需求有差距。

在教学质量信息收集和反馈方面：缺乏统一的组织协调。信息收集整理需耗费大量人力物力，相关人员素质参差不齐，缺乏相应的教育学、计算机、统计学和数据分析能力，导致信息收集、评价到反馈时间跨度长，诊改不及时、不充分。

三、高等财经院校人才能力框架体系构建

（一）数字经济时代下财经人才能力框架构建逻辑

应对数字经济时代会计人才的新需求，急需对现有的会计人才培养体系进行改革。改革的总体思路是：面向信息时代国家与社会发展对会计专业人才的需要，形成教学目标；优化课程设置，编写特色教材，构建实践体系；建设高质量师资队伍；遵循教育规律，提升学生能力；建立具有在各类、各层次大学广泛推广应用价值的会计人才培养体系。

课程是人才培养的核心要素，而会计专业课程体系取决于会计人才的能力框架。数字经济时代的会计人才能力框架构建的目标是：提高数字经济时代会计人才的综合素质和能力，实现会计人才个人价值最大化，同时实现企业价值最大化。在数字经济时代，要求会计人才必须是具备较高的综合素质、较强的创新能力、较深的知识融合能力、较好的应用能力，是掌握多种技能的全面型人才。在进行会计人才能力框架构建时要考虑宏观环境变化的发展趋势，分析会计地位以及作用的变化；以会计信息需求为导向，基于科技进步趋势，充分考虑财务共享中心、业财融合、大数据分析、人工智能对会计的影响；从会计岗位智能出发，基于数字经济的商业模式，分析数字经济时代对会计人才的新要求。

除了人才培养体系，数字经济时代的会计人才能力框架构建还能为高等财经院校教育体制改革提供参考，包括课程的重构、教学模式的创新、教学质量评价机制的建立等内容，为会计专业教育与实务研究以及继续教育提供参考，帮助财会人员在企业价值创造及个人价值提升中发挥更大的作用。

（二）数字经济时代下财经人才能力框架

1. 会计人才能力框架的三个维度

数字经济时代下会计人才能力框架主要包括三个维度。

第一，职业道德与价值观。职业道德和价值观体现在会计人员履行的每一项职责、处理的每一件经济业务之中，是会计行业道德准则、道德情操与道德品质的总和，贯穿于会

计职业生涯的始末。

第二，专业知识与技能。会计工作的专业性很强，不仅要求会计人员熟练掌握会计核算与报告等原则、概念和工具方法，还需要具备预测、决策和控制等管理会计专业能力。

第三，通用知识与技能。通用知识与技能是使得专业知识和技能能够得到更好发挥的知识与技能，是会计从业人员专业知识和技能以外的各种知识和技能。

2. 总体框架

数字经济时代下会计人才的能力总体框架由职业道德与价值观、专业知识与技能、通用知识与技能三维度构成（见图3-1）。

◆职业道德与价值观	
◆专业知识与技能	◆通用知识与技能
○核算与报告	○数据管理与分析
○预测、决策与分析	○行为与自主学习
○监督与评价	○领导与商业技能

图3-1 会计人才的能力总体框架

（1）职业道德与价值观既是对会计人员在会计活动中的行为标准和要求，同时又是会计人员对社会所担负的道德责任与义务，包括遵纪守法、廉洁自律、保守秘密、诚实守信、爱岗敬业、公平公正、社会责任感以及终身学习等。

（2）专业知识与技能涵盖了企业财务活动，包括核算、监督、分析和控制在内容的全过程，主要涉及财务会计、管理会计、财务管理、税收和审计等。

专业知识与技能可以划分为三个部分：

①核算与报告。根据会计准则及相关法律规范对企业经营活动进行会计核算、编制内外部财务报告。

②预测、决策与分析。根据企业有关战略进行资金管理、利润管理、筹融资决策、完成企业预算编制、盈利能力预测。

③监督与评价。对企业一定经营期间的资产运营、经营业绩、员工努力程度等方面，对照企业既定的标准，结合市场、行业信息，进行定性及定量分析，并作出综合评价，以便对计划作出调整。

（3）通用知识与技能至少应该包括以下三个方面：

①数据管理与分析。能够利用互联网与信息技术、大数据技术，运用数理统计、数据分析等工具，挖掘数据背后的价值，找出数据之间的特征及关系。

②行为与自主学习。主要是指表达与沟通能力、应变能力、人际交往能力、团队协作与组织协调能力和自主学习能力等。大数据时代下，尤其要求会计人员具备较强的自主学习能力，根据需要探索和掌握数据检索、分析、资料收集等方法并进行实践，并对财会最新政策及前沿动态，不断学习、探索和研究以适应时代的需要。

③领导与商业技能。领导与商业技能中的"领导"指的是"领导力"，要求会计人员

不断提升管理职能,包括资源整合、团队组织与激励、业绩驱动、指导监督等,使会计人员在企业中发挥领导作用。商业技能是指新经济时代会计人才所需具备的战略规划、预测环境的变化趋势、提供战略成本建议的能力。

四、高等财经院校教育改革方向与教育政策建议

(一) 人才培养目标、规格及模式构建

数字经济时代对会计人才的职业能力、自身素质提出了更高的要求,院校的人才培养目标向复合化、多元化的方向发展。本科院校应当培养综合素质高、整体能力强、专业知识扎实、实践体验丰富、具有创新思维的管理会计人才。职业院校应该培养与我国社会主义现代化建设要求相适应,德、智、体、美全面发展,具有综合职业能力和良好的职业道德,在中小企业会计岗位及相关岗位一线工作的技术技能型专门人才。

在培养规格上,要强调跨界融合,突破传统专业设置和实践技能培养,将数字信息技术纳入培养目标,加大通用知识与技能的培养,培养学生的创新能力、诊改能力、数据分析能力、可持续发展能力,结合社会需求、兼顾职业道德。在培养模式上,通过产教融合、协同培养、利用财务共享等模式,培养出符合社会、组织和宏观环境需求,能够提升企业价值的管理型会计人才。

(二) 专业融合与重构,深度产教融合实践教学体系构建

1. 专业融合与重构

数字经济时代下,对会计岗位的综合性要求越来越高,多岗位融合成为普遍存在的想象。所以,会计专业应是以大数据智能化为基础、多学科融合的新型会计类专业。针对应用型本科院校,按照智能会计、成本与管理会计、财务管理和IT审计构建会计专业,形成企业资源配置、防范风险、决策支持和价值创造的完整体系;针对高职院校,可以从管理会计、税务会计、财务管理、会计信息管理四个方向考虑对会计专业的融合与重构(见图3-2)。

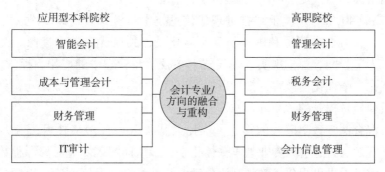

图3-2 会计专业/方向的融合与重构

按照会计人才能力框架构建的会计专业课程体系应该由不同的学科知识组合,分为三

大板块：全面综合素质课程板块、通用知识技能课程板块和专业知识技能课程板块。结合经济环境、商业逻辑以及企业发展与社会经济发展需求，以商业管理、会计、财务管理为主线条，跨门类、跨专业、跨学科开课。比如，与大数据智能化融合，开设人工智能导论、会计大数据基础、会计信息化、大数据分析、业财融合和智能财务共享等课程，解决数据分析工具、数据思维和数据基础的问题；开设基于大数据的商业智能分析、大数据财务决策、大数据供应链财务管理、IT审计等课程解决数据分析的问题等。在建立核心课程时要注意大智移云只是技术、工具，不能改变会计的逻辑，不是核心课。在建立通识课程时，要将管理会计师和管理者应具备的知识技能考虑进去。

2. 产教融合实践教学体系构建

会计学专业是应用专业，高度重视实践教学环节，实践教学课程包括实验、实训、认知实习、专业实习、社会实践及毕业论文（设计）。实践教学课程的设置，要求重点培养学生发现问题、分析问题和解决问题的综合能力，以及初步的科学研究能力。在构建实践教学体系时，应紧跟数字科技发展趋势以及企业人才实际需求，以学生为中心，分模块、分层次、分阶段构建深度产教融合的实践教学体系，让学生的理论水平与实践能力真正与企业用人需求密切匹配。

建议在会计实践教学课程中引入财务共享实践教学整体解决方案，构建财务共享中心分岗实践、财务共享中心全流程体验等教学平台，帮助学生在仿真实践教学环境中利用大量真实企业案例（采用脱敏后企业数据），从会计职业认知与体验到企业业务识别与分析，从会计核算与申报纳税到财务审核与风险管控，再到业务财务与经营规划，融核算、报税、咨询、管理、协同为一体，让学生边学边干，学生足不出校即可参加企业核心业务的处理工作，培养其实现企业财务管理目标的能力。同时加入分组讨论、头脑风暴、案例教学、系统评分、智能分析等有效的教学手段，提高教学效率，调动学生的学习积极性，提升实践教学效果。

3. 线上线下混合课堂教学模式构建

混合式教学，即将在线教学和传统教学的优势结合起来的一种"线上+线下"的教学（见图3-3）。通过"线上+线下"两种教学组织形式的有机结合，可以把学习者的学习由被动引向主动，由浅度学习引向深度学习。

"新时代高教40条"中关于"推进现代信息技术与教育教学深度融合"指出：重塑教育教学形态，大力推进慕课和虚拟仿真实验建设，共享优质教育资源。大力推动互联网、大数据、人工智能、虚拟现实等现代技术在教学和管理中的应用，探索实施网络化、数字化、智能化、个性化的教育，推动形成"互联网+高等教育"新形态，以现代信息技术推动高等教育质量提升的"变轨超车"。

线上线下混合课堂教学模式的构建，依托大智移云现代网络技术，加大教改投入力度，丰富教学资源，打造会计专业教学一体化平台，从而实现专业必修课程数字化、教学资源共享化、教学成果可视化。教师利用移动互联教学平台及资源库，以学生为中心，课前、课中、课后有机联动，进行线上线下一体化教学。其中，课前以职业体验、认知学习和基础知识掌握为主，培养学生的研究探索和自学能力；课中以重点问题探讨为主，培养

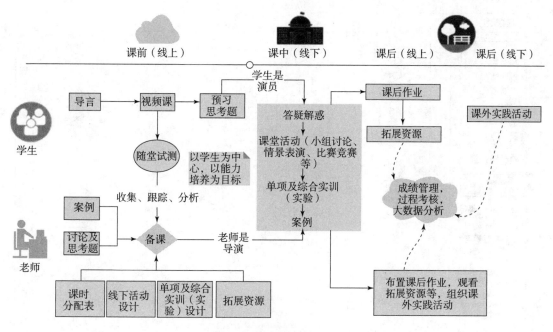

图 3-3 教改课程流程图

学生的沟通协作、判断分析、沟通表达和知识运用能力；课后以知识巩固、拓展延伸为主，培养学生的动手操作、应用拓展能力，使学生在掌握会计知识的同时，具备实践能力和沟通技巧。

（四）教学质量保证机制构建

为保证新时代会计专业人才培养方案能高效实施，高等院校应加强日常教学管理，推进教学质量保障建设，进一步完善教学质量评估机制，保证人才培养方案的良性循环。在制度上，逐步建立包括专业、课程、教学、实验实践、毕业设计（论文）、大赛、学生综合素质等方面的质量规范和评估指导意见。在考核评价上，借助大数据处理和应用技术建立基于人才培养诊改与反馈的教育大数据平台（见图 3-4）。双管齐下，确保人才培养质量的不断提升。

教育大数据平台是将教学管理活动固化在系统平台中，对教学过程中产生的数据进行全面采集，利用大数据处理技术建立培养过程数据库。通过刻画专业发展画像、学生学习效果画像、教师教学质量画像，对教学进行全方位的评估，并实时反馈评估结果，具有持续、全面采集，自然状态、动态实时，深度多元分析、多样化数据，宏观＋中观＋微观、预测＋预警等特点。教育大数据平台的作用体现在以下几个方面。

（1）利用教育大数据平台对教师开展教学评估，反馈评估结果，能够激励教师不断提高教学质量。

（2）对学生的学习过程和考核结果进行日常的记录、跟进与评估，以便掌握学生的学习行为习惯，使得教师在进行日常教学及实践指导的同时提供有针对性的学习调整策略与建议。

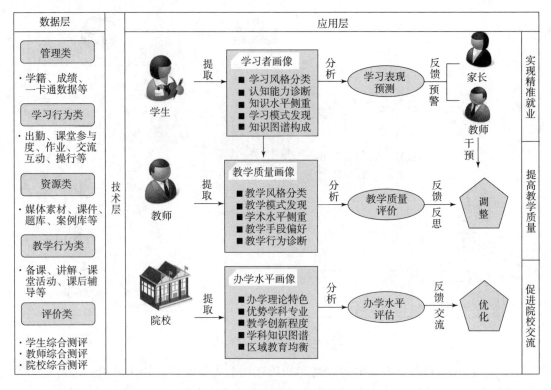

图 3-4　教育大数据平台架构示意图

（3）对会计专业人才理论课程、专业实践、教学环境、教学管理与服务等方面进行诊断，形成人才培养质量评估报告，并根据收集到的反馈意见制订改进计划，促进教学质量和人才培养路径的持续优化。

（4）结合其他院校的数据，可以对区域教育的均衡发展作出评估。

附：高等财经教育分会简介

高等财经教育分会成立于2008年4月，致力于我国高等财经教育事业的改革与发展，搭建学术交流平台，全力推进"双一流"学校和学科建设，全力支持产教融合校企合作，全力打造大智移云背景下的在线财经教育平台。分会现任理事长为对外经济贸易大学原校长施建军教授，秘书长为张国才教授。分会秘书处办公地址设在北京。

第四章

创新人才培养模式
助力商科教育转型发展

——高等商科教育分会专题报告

党的十九大报告提出,经过长期努力,中国迎来新的历史方位——中国特色社会主义进入了新时代。党的十九大后,尤其是全国高等学校本科教育工作会议确立的"以本为本、推进四个回归"的指导思想标志着中国高等教育也已进入了新时代。在新时代本科教育的背景下,我国高校培养人才在保持中国高等教育特色的同时也面临各项高等教育的改革,高等教育中的商科专业与社会发展、市场需求结合最为密切。本报告基于探究和分析新时代背景下商科人才培养模式的创新,思考新时代经济发展背景下应当如何培育满足社会需求的商科人才。

一、国内外高校商科人才培养模式现状

(一)主要发达国家商科人才培养模式概述

1. 美国

美国的商科高等教育有着崇尚"实用主义"和"合作教育"理念的传统。美国高校商科专业推崇与企业开展合作教育,强调知识的实用价值,鼓励学生走出校门锻炼实践能力,让学生进入企业中去获得基本的实用技能,以最大程度实现学生课堂所学与社会企业工作的有机结合,提高学生职业信心。其人才培养目标是培养适应于生产、管理和服务的技能型或实践型人才。美国大学早在19世纪中期就将其教学改革目标转变成为毕业生能顺利走出"知识象牙塔"并建立起相应的实践体系。此后,美国高等教育展现出新特征,开始注重自身办学特色,如辛辛那提大学的"工学交替"模式,将课堂学习与在企业中有报酬、有计划和督导的工作经历结合起来。为了更好地培养应用型人才,美国大学与政

府、企业建立起良性互动体系，并按市场需求设置专业，按生产需求培养人才。

2. 日本

日本作为一个高等教育发达国家，其高等教育模式也颇具特色。20世纪90年代，日本遭受泡沫经济危机，经济陷入长期萧条。为刺激经济复苏，追赶新时代经济发展的步伐，在21世纪竞争中占据优势，根据企业界的要求，日本政府出台"科技立国"的政策。该项政策保证在政府出资资助研究的同时，强化高校对应用型人才的培养，借此来推动校企合作，提升商业竞争力，高校人才培养目标也由此转变。在此之前，企业为高等教育实践型人才培养提供了"试验田"，以培养应用型大学学生实践工作能力。当企业因缺乏创新导致竞争力下降后不具备满足并完成培养应用型毕业生的条件，此时高校急需改革来实现商科人才培养目标，以此来提高毕业生的实践工作能力和竞争力。日本政府推动产业界和学术界一体化理念加强了高校与企业的互动与合作。在这种模式下，为更好地培养应用型人才，高校将企业的痛点、难点作为课堂的教点、学点。企业与高校通过这一举措联手培养了学生的实践能力和创造能力，让学生掌握第一手的实践技能和知识，并结合产业需要，充分利用好各种资源，推动了人才培养模式的创新，培养既懂得技术又善于管理经营的复合型人才。

3. 英国

英国的高等教育在世界高等教育中也享有很高的声誉。在英国，高校有一套从理论教学到实践教学再回归到理论的人才培养模式。基于"理论—实践—理论"课程及互换证书模式，英国高等教育形成了独特的教育体系。英国高校鼓励取得的相关证书包括国家职业资格证书和国家通用职业资格证书。这种完整的证书体系以及相应的严格、标准的资格认证制度，在注重学生实践技能培养的同时也进一步推动了应用型高校的理论教学。此外，英国高等教育和校外企业密切合作，越来越多的大学加入应用型人才培养的队伍之中。在应用型人才的培养过程中，英国高校普遍重视实践教学，注重因材施教，满足学生多样化、个性化的要求；同时也很注重学生在社会和企业里实战经验的积累，学校根据所需的专业能力安排课程内容，并将课堂教学和企业训练分模块交替授课，使得培养过程具有较强的职业针对性。该模式由于较为注重学生与校外企业的紧密联系，最终培养出符合企业要求的应用型人才。

根据美、日、英关于高校商科人才培养的特色经验可以看出，发达国家高校更加突出培养创新意识并强调学生实践能力，在人才培养方向上也兼顾学生个性全面发展，高校尽可能与企业联合互动，其目标是使大学生真正地完成从学习理论知识到掌握实践运用能力的质的飞跃。

（二）我国高校商科人才的培养模式综述

我国高校管理模式与人才培养体系在独特的政治、经济、法律、文化环境孕育下颇具中国特色。有学者走访国内50余所大学发现，当前大多数院校教师的授课方式依然以单一讲授为主。尽管部分地方应用型本科院校的商科专业会结合地区特点和社会发展现状注重培养实践性人才，但不可否认的是，高校课堂教学填鸭式、满堂灌、照本宣科仍是普遍现象。这种传统的人才培养模式难以培养学生的创新性思维，这也成了影响人才培养质量的主要因素。

近年来，一些商科高校顺应高校办学层次和办学定位变化调整了人才培养模式。党的十九大以来，习近平总书记在多个场合谈到"文化自信"，越来越多高校重视大学文化建设，更加重视人文环境建设，增强大学生对社会主义核心价值体系的认同感，提升文化自信也是提升人才培养模式的内生动力。例如，岭南师范学院与广东省、台湾地区开展的协同创新，加强大学生对中国特色文化自信的培育，开展具有地区特色人才培养模式创新探索。北京师范大学洪成文教授以参与延安大学等高校的规划方案制订为例，提出高校教育和人才培养改革主要举措是找定好位、找好资源、营造良好外部环境和协同好各类资源，科学的学校发展规划有助于学校进行合理定位、促进地方文化的深度挖掘、促进相关资源的整合。

在过去的传统模式下，我国商科教育人才培养一直在计划经济模式下进行，高校商科专业的人才培养与社会需求有相对一致性，毕业生就业率普遍较高。但随着经济与社会的发展，这种一致性的格局被打破，人才需求随着市场变化而变化。与此同时，高校商科专业录取学生也越来越有选择性，毕业生的工资待遇差异性也越来越大。对于就业市场而言，如今的高校商科人才培养依然还会面临各种批评声音，比如，该专业未能传授有用的技能、未能培养领导者、未能灌输道德行为规范，甚至未能带领毕业生找到好的企业工作而面临批评。

在新时代背景下，无论是高校还是选择商科专业的学生或是人才就业市场都对商科专业人才培养给予了很高的期望，因此需要打破人才培养模式的传统型思维，培养学生的创新能力，充分调动学生学习的主动性，努力培养学生综合素质与专业思维能力，以更适应社会的需要。

（三）国内外培养方式的比较分析

对比美、英、日等发达国家商科培养模式，从宏观层面看，高等商科教育的创新与经济和社会发展有密切联系，商科人才培养模式受高等商科教育的办学目标、学校类型、规模结构、社会背景等因素影响。从微观层面看，我国高等商科教育的人才培养模式要从以下方面进行分析：目标与规格，培养途径与方法，专业划分与设置，课程结构与学分，教学管理与质量控制，师资队伍的构成与建设等。反观我国高校目前商科专业的情况，其专业设置的方向并不明确，许多专业之间的界限模糊不清，普遍对学生综合能力的培养重视度不高。在这种人才培养模式下，普遍存在专业知识储备过关，但是其创新能力、管理能力、实践能力等有所欠缺的人才输出情况。

以课程结构与学分为例，相比国外商科院校，我国高校商科教育模式较为单一化，教育模式千篇一律。国内大部分商科高校都实行学分制，要求学生在规定的时间内修满学分以符合人才培养要求。我国高校在人才培养方案和课程设置上的限制也比较多，与国外高校相比，其选修课程的比例较少，开设课程种类较少。以南京审计大学为例，目前学生必修课开课比例为71.3%，专业选修课21.7%，其他任选课为7%。在学分制的模式下，可能存在一些学生重必修课、轻选修课的现象。

二、新时代商科人才培养的主要问题

（一）商科教育目标不明确

当前商科教育的人才培养目标不够明确。商科的教育目标是商科人才培养的方向与标准，是高校开展教学活动的目的，只有教育目标明确，才能使教学活动具有针对性、侧重性和方向性。为满足新时代对商科人才的多层次、高专精的需求，本科商科教育、研究生商科教育以及职业商科教育之间应当有明显的层次划分。然而就目前的实际情况来看，我国多数商学院的教育目标并不鲜明，各个院校所设定的目标大同小异，同质化问题非常严重，这就导致了各院校专业课程的设置没有侧重，难以彰显商科教育的优势与特点。

现代社会商业的精细化发展趋势越来越明显，不同地区之间的分工也越来越明确，应用型本科院校商科专业可结合地区特点和社会发展现状培养实践性人才；在拔尖创新人才培养中，也可注重培养学生学术研究能力和实践能力的统一。目前仍然有重视科研的商科专业对人才培养采取学术至上的模式，衡量人才毕业的标准是科研水平，而不是学生的实操能力。商科高校人才培养的核心应当是与社会发展和市场需要结合，在具体专业技能的学习与训练中全面认知本专业领域，掌握专业知识的应用，在各种教学过程中培养学生综合素质，锻炼学生的实践能力，而且要真正体现以本为本教育理念，培养学生的综合素质。

（二）商科教育实践性不强

在新时代及经济全球化背景下，社会岗位的需要随着经济的发展也发生了翻天覆地的变化，应用型、创新性实践人才越来越受到欢迎和追捧。当前高校实践教学环节填鸭式及浅尝辄止现象依然比较普遍，而当前大学生生源结构发生了转变，"00后"已经成为新的大学生主体。新时代的大学生自我意识强，更喜欢和善于表达，且有更宽的知识面，因此在人才培养模式上必须兼顾新时代大学生的特点和偏好，促进实践教学。目前商科高校对实践教学的重视程度以及实践教学成效良莠不齐，一些商科高校在实践教学环节仍采取项目导向和任务驱动型的教学模式，没有结合商科人才培养特点，也没有深入剖析商科人才培养规律，培养的毕业生难以适应社会工作中复杂的工作程序，而倾向从事简单重复的程序性、事务性工作。

（三）商科教育的师资结构失衡

学科专业之间师资力量悬殊较大已成为高校的普遍现象。商科教育的师资匹配不均衡，相对于必修课、基础课及公选课师资不足，部分新开专业教师匮乏，而且学历层次偏低。在传统学科和老牌的财经类专业上师资大量集中，而某些经济门类的专业课程却有程度不同的师资紧缺现象。由于师资力量的匮乏，许多课程开设不出来，这种师资匹配结构不利于综合性商科人才的培养。

此外，一些具有高级职称的教师没有在教学活动中发挥出应有的导向和带头模范作用。许多教师评上高级职称后减少授课课时，将更多精力和时间投入在学术科研上；有些学科虽然有形式上的梯队，但组织松散、力量分散，难以发挥学科梯队的作用，在这种师资结构下，商科人才培养缺乏主心骨和必要资源，难以适应人才培养需求。

（四）商科教育的评价体系不完善

在当前的院校结构背景下，完善商科教育评价体系是提高人才培养质量的重中之重。高校要突出自身特色，将建设的重点回归到人才培养，并最终落实到高等教育的人才培养体系建设中。学生作为教育的重要参与者和接受者对高等教育质量评价至关重要。除了学生评教与学生满意度调查外，同时，毕业率、就业率等也要作为衡量高等教育质量的重要标准。因此，要根据不同类型和不同层次的人才培养模式建立和完善评价体系。

发达国家高校系统化的教学评估体系建立较早，相比较而言，当前我国的商科教育的评价体系不够完善。我国高校商科专业应将教育评价体系定位与高校的办学目标与专业特点相匹配，评价指标中应突出实践教学能力的评价、应用性科研能力评价，还要更多地关注教师应用知识解决实际问题的能力，同时加入掌握新技术的能力、实践教学经历等指标。

三、新时代背景下商科人才培养的新模式

（一）优化课程设置，改革商科毕业学分制

高校课程体系设置是人才培养模式改革中人们关注的焦点。高校商科专业课程体系的建立，应当在明确各个专业的内涵并且严格规范课程设置的前提下，构建培养学生创新能力和应用型人才的课程体系。在新时代背景下，我国的商业结构发生了根本性的改变，各种以互联网为基础的新型商业模式如雨后春笋般出现，同时传统商业也不甘示弱，线上与线下业务全面开花，这些都使得社会对商科创新型人才的需求量大大增加。为适应时代的变化并且保证课程体系的设置能够体现学生学习方式、教师教学方式和教育实践方式的创新，现急需推行人才培养模式改革，进一步优化课程设置。

新加坡国立大学在 2016 年推行"大一新生学分自由计划"。该计划指出，学校希望学生能有更多的时间、空间和机会追求"尝试新领域和深入学习"。在大学一年级学生学习模块中，近 1/3 是非核心模块，不属于学生的直接课堂领域。新加坡国立大学这一计划允许新生进入一个无年级的学期，帮助他们过渡到学位学习，这一计划已被证明非常受欢迎。四年后，这所大学更进一步改革学分措施，允许学生注销不太理想的五个选修课的成绩。学校表明这样做的目的是减轻学生的学习压力，鼓励他们探索自己的学科以外的专业化领域，包括学生不太自信的领域。取得好成绩的学生会得到奖励，可以纳入学年综合奖评。该大学还分析了这一计划，分析报告认为，学生的学习成绩没有受到影响，且更多学生愿意继续从事感兴趣课程的学术研究；分析报告指出，学生们在选修课时变得更加大胆，敢于超越他们的"学术舒适区"。这一大胆的举措颠覆了传统的学分设置模式，为优化课程设置提供了新思路。

(二) 走出去与引进来相结合,增强教育的实践性

在"互联网+"时代,包括商科在内的任何学科、任何知识门类都面临着深刻的转型,即知识资源在围绕着特定应用场景方面在发生着跨学科、跨界的排列组合。传统的从理论授课到学习问答再到考试式的教学方式已经越来越难以适应市场变化。

为增加商科教育的实践性,很多高校都尝试了校企互动,鼓励学生走出去,将校外实践知识引进来。例如,苏州大学商学院在2016年尝试了赴上海FFT公司开展人力资源课校外实践教学,把课堂搬到企业。企业员工为学生讲述人力资源部门在整个公司中担任的职能以及角色,HR的职能也从普通的处理行政事务进而转向如何收集员工需求到解决这些需求;实践课程介绍了公司的人力发展方向,让学生感受到工作的意愿和在工作中创造的幸福感,了解公司领导团队的建设和员工在公司的职业规划。学生在参与此类实践教学活动过程中更加容易融入和理解行业角色,以达到教育实践目的。

(三) 加强实践教授,让知识"脱离"书本

为更好地培养应用型人才,日本高校将企业急需解决的问题作为学生课堂学习、研究的课题。例如将某个企业难题纳入科研课题,让学生结合专业知识独立探索创造性方式来解决问题。此外,高校将教师或企业专业技术人员作为技术导师来配合指导学生自主地完成课题研究。这一举措让学生结合企业实际需要掌握第一手的实践技能和行业知识。从实践教学的过程来看,我国有些高校对实践教学偏重于动手能力和操作能力的"硬实践",而忽略了理论知识的运用、心智技能的形成和综合素质能力的提高的"软实践"。部分学生并不缺乏实际动手操作能力,而是在知识的系统性和综合能力方面需要提升,因而在实践教学中,需要让知识"脱离"书本,自然地从理论教学过渡到实践教学,从而达到课程学习的综合性、互动性、研究性的统一。

(四) 鼓励跨界探索,提升商业视野,洞察市场需求

为更好地洞察市场需求,拓宽学生的商业视野,高校应当鼓励学生开展跨专业、跨学科知识学习。跨界学习探索能够让学生更好地履行社会责任,并且能够帮助学生切身理解课堂案例中的企业发展面临的困难,让各学科知识与实践尽可能地相互交融,打破学科之间的壁垒。以伦敦政治经济学院为例,为培养学生的创造性能力和思辨能力,强调学生的全球化视角和对知识的运用。学校面向所有本科生开发跨学科LES100课程,让学生选择加入感兴趣的模块。学校采取小型互动课堂教学,并以紧迫的社会问题为案例,强调学科交叉能力与综合能力。对不同学科领域知识进行分析,从不同维度思维的碰撞中理解不同的思维方式,在补充学科基础知识的同时,激发学生的社会责任感与公民意识,深化对社会问题的分析。通过这样的学习,让学生发现不同学科知识之间的联系,探寻事物之间的因果关系。跨界课堂将围绕某个主题,精选不同主题的企业案例,让企业管理者带着案例走进课堂,和不同学科的教授学者一起,带领学生针对案例问题进行分析探讨,从而帮助学生整合知识结构,加强知识的综合应用能力,碰撞出更多创新性的解决方案。

四、创新模式总结与对策

(一) 调整商科人才培养模式,拓宽办学思路

结合国外高校与我国商科人才培养模式的现状与历史经验可以看出,创新商科人才培养模式,必须拓展办学视野,借鉴先进经验,盘活教育资源。为更好地满足培养中国特色社会主义新时代人才的要求,培养出现代社会所需的创新人才,必须有科学的教育理念作为支撑。

首先,新时代大学生必须牢固树立社会主义核心价值观,具备合格的理论水平和对经济政策的洞察力。商科教育应当将社会主义核心价值观渗透到教育的每一个环节,以培养学生的社会责任感和正确的职业道德观。

其次,拓宽办学思路,创新人才培养模式,要把商科专业知识应用能力、职业判断力及分析问题、解决问题能力的培养嵌入到适应高等教育高速发展的需求中去。专业知识传授和专业技能训练相结合,侧重于专业理念、原理与方法的学习与应用,培养学生的思辨能力,而不是仅仅满足于单一的事务性的操作技能的培养。

(二) 灵活师资聘用方式,优化师资结构

目前商科教育的师资队伍的整体结构需要进一步优化,如学历结构、年龄结构、职称结构、学科结构、个体素质结构等。

一是明确教师队伍结构要符合高校自身发展的特点,要注重优秀教师队伍的打造,积极开展岗前入职培训和优秀教师培养培训,也可以通过产教融合、校企合作,开展教师专业实践工作,提升教师的实践工作能力。

二是灵活掌握师资聘用方式,无论是专职教师还是兼职教师,要在管理上形成一套相对完备的教师管理制度。要完善教师队伍建设制度,打破体制的局限,并根据各学科专业和教师自身特点和发展需求进行资源分配。

三是针对专业师资不足、新专业教师匮乏状况,拓宽人才引进渠道。要调动一切积极因素大力引进优良师资资源,例如在新进专任教师时鼓励引进有所在学科相关企业工作经验的教师,或针对商科专业扩大教师来自企业的比例,让真正有技术、有实践经验的行业、企业优秀技能人才向高校流动。

(三) 创建学生实践平台,建立产教融合平台

为了让学生更好地了解现代企业生产方式和经营管理方式,在深化教学改革中要进一步创建学生实践平台。创建学生实践平台要进行资源的深度整合,并建立开放共享的运行机制,营造利于学生能力提高的优良实践环境。例如,高校可设立大学生创新实践基金,鼓励学生利用各类资源开展丰富多彩的课外创新活动。高校还可以与地方行业和企业开展区域化产学研合作,形成产学研结合的鲜明特色;进行以专业建设和课程开发为内容的教师发展项目等,切实提高学生的实践应用能力,完善学生的知识结构,继而提升实践技能。

（四）探索适应地方发展和院校特色的商科专业设置

地方高校应立足自身独特的历史传统优势和地理位置优势，在高校商科专业设置中可以体现区域特色，培育特色专业，强化优势专业，加强专业人才培养方案设计，以提高人才培养质量为核心目标。为更好地服务地方经济文化社会发展，服务区域经济，地方高校应该主动作为，挖掘学科专业特色，及时研判地方产业发展的新趋势，主动布局未来战略性新兴产业和民生急需的相关学科专业，创新人才培养目标，将商科人才培养与推动各地、各行业、各部门完善人才需求预测预警机制相结合，实现高校人才培养与地方产业发展之间的战略对接。地方高校要走"产教融合，校企合作"之路。地方高校应拓宽办学路径，整合校内外教学资源，促进优质资源共享。高校可与地方企业、科研机构等联合开设专业，构建人才联合培养平台，协同打造优势学科专业集群；以学科为依托，以应用型专业教育为基础，以社会人才需求为导向，培养学生实践技能，促进大学生综合能力和素质的提高，走与传统学科教育互补的创新人才培养之路。

（五）坚持走新时代中国特色社会主义道路，培养具有解决新时代国内、国际商业前沿问题的顶尖商业人才

商科人才培养是一个综合体系，人才培养模式与学生、教师、教学、产业、科研等各种要素有关。在诸要素中，教师是主导，是学科建设、专业建设和课程改革的承担者，是人才培养质量的关键要素，因此要推动师资结构优化，促进人才培养模式的转型。学生作为学习的主体，在教育过程中要发挥好学生的主体作用，鼓励学生刻苦读书学习，德智体美全面发展，成为社会主义建设者和接班人。根据"以本为本"，推进"四个回归"的指导思想，无论大学的职能如何演变，人才培养的本质职能从未动摇。因此，要坚持把人才培养放在高等教育的核心地位、教育教学的基础地位、新时代教育发展的前沿地位，努力为我国高等教育强基固本。

在中国社会主义价值观的指导下，商科专业学生应树立中国特色社会主义核心价值观，要具备社会责任感、创新精神和实践能力。在新时代背景下，商科专业与经济社会的关联度越来越紧密。社会需求的商科人才除了具备过硬的专业知识及技能以外，还需具备全球化视野。因此要创新商科人才培养模式，拓宽办学思路，坚持社会主义办学方向，坚持教育走中国特色社会主义道路，加快建设高水平本科教育、全面提高人才培养能力，培养具有解决新时代国内、国际商业前沿问题的顶尖商业人才。

参考文献

［1］陶念. 美、日、欧应用型人才培养研究综述［J］. 湖北经济学院学报，2015，12（11）：160 – 161.

［2］杜才平. 美国高等院校应用型人才培养及其启示［J］. 教育研究与实验，2012，（6）：17.

［3］常诚，江晓东，杨舒婷. 伦敦政治经济学院通识课程设置与启示［J］. 扬州大学学报，2020，24（1）：58 – 61.

［4］姚冬萍，陈燕，杜瑞军，等. 高校人才培养模式改革与质量保障体系建设——中国高等教育学会教育评估分会 2016 年学术年会综述［J］. 中国高等教育评估，2017（1）：77－79.

［5］韩嵬. 新时代本科教育背景下高层次商科院校的人才素养研究［J］. 读与写杂志，2019，16（9）：22.

［6］易爱军，吴价宝，戴华江. "互联网＋"背景下商科创新人才培养模式研究［J］. 淮海工学院学报，2018，16（7）：131－133.

［7］谭诚，张越强，郝书俊. 地方应用技术型本科院校教师队伍结构优化研究［J］. 理论研究，2019（36）：244－245.

［8］陈寿灿，严毛新. 创业教育与专业教育融合的大商科创业型人才培养［J］. 中国高教研究，2017（8）：96－100.

附：高等商科教育分会简介

高等商科教育分会于 2004 年 5 月成立，是从事高等教育中商业、企业管理、市场营销、会计、金融与财务、物流、国际贸易、人力资源管理等领域教学研究的群众性学术团体。高等商科教育分会以构建新时代中国新商科高等教育为基本宗旨，其主要任务是：组织、开展高等商科教育理论与实践问题的研究工作，编写、出版并推广高等商科教育系列教材和学术专著；组建中国高等商科教育论坛，开展相关的调查研究、评论论证、教学改革试验及学术交流、合作活动；建立中国高等商科教育研究数据库与信息系统，推动商科教学的深化与学科建设发展。分会理事长为南京审计大学党委书记晏维龙，秘书长为李承华。分会秘书处办公地址在南京审计大学。

第 二 编

学科与课程建设

第五章

推进通识课程改革
发展大学素质教育

——大学素质教育研究分会专题报告

2017年10月,中国共产党第十九次代表大会明确指出:要坚持立德树人,发展素质教育。大学素质教育作为素质教育在高校育人过程中的总领性原则,几乎覆盖了大学育人的全部过程。大学素质教育是扎根中国本土的教育理念,从理论思想到实践育人都具有独特的话语体系,对于我国走自己的高等教育发展道路,扎根中国大地办世界一流大学、培育国际一流英才具有重要探索意义。作为大学素质教育实施的有力抓手,通识课程成为大学素质教育相关研究的重要组成部分。在新的时代背景下,发展素质教育,离不开对通识教育改革的思考,离不开课程的设计与实施。这也要求我们反思通识课程的组织管理全过程,为新时代推进通识教育改革、发展素质教育提供理论实践依据。

一、教育现代化理念下对通识教育改革的思考

影响通识教育品质和地位的关键因素在于有效的管理、组织的保障、政策的支持。是否存有相应的组织制度进行保障和规制,是通识教育改革的核心所在。迈克尔·富兰认为,教育改革研究需要基于"教育理论"和"变革(或行动)理论"。其中,"教育理论"包括教育目的、教学内容与方法及知识结构;"变革理论"则关注实施教育改革背后的机制保障,也就是实施教育的组织管理过程。著名教育学者叶澜认为,教育系统是功能选择在先、结构形成在后。决策者对教育目的的认识也会直接影响选择教育功能、制定教育目标、选择教育内容、构建教育制度,以及安排组织具体教育活动。

通识教育改革不是独立自发的,而是基于大学行政体系进行的调整,需要大学这一组织有相应的机制来保障支持。课程作为人才培养的重要路径,在教育改革中受到普遍关

注,课程的组织管理过程,也在不断调整和完善。换言之,通识选修课程是高校开展通识教育的重要载体,研究通识教育改革,就离不开对通识选修课程组织模式的考量。通识选修课程组织管理过程的改革与提升,直接关系到消灭"水课"、打造更多"金课"和建设一流课程,也是全面振兴本科教育的迫切要求。

二、大学通识选修课程组织管理现状与分析

(一)大学通识选修课程组织管理现状

1. 样本对象院校变量分布

本报告选取大学素质教育研究分会部分会员单位作为调查研究对象。样本对象院校共53所。样本对象院校变量分布情况如表5-1所示。

表5-1 样本变量分布情况

类别	项目		数量/所	百分比/%
层次	一流大学高校		9	16.98
	一流学科高校		10	18.87
	地方本科院校	省部共建院校	16	30.19
		一般本科院校	16	30.19
	职业技术院校		2	3.77
类型	综合类院校		11	20.75
	理工类院校		21	39.62
	财经类		7	13.21
	师范类		5	9.43
	其他		9	16.98
本科专业数量/个	30个以下		8	15.09
	30~60		22	41.51
	61~90		12	22.64
	91~120		7	13.21
	120以上		4	7.55
素质教育统筹机构/个	有国家文化素质教育基地		27	50.94
	无国家文化素质教育基地		26	49.06

从学校层次来看,设置大学通识选修课程的一流大学高校与一流学科高校的占比分别为15.09%和24.53%,省部共建院校与一般本科院校的占比均为30.19%,职业技术院校的占比为3.77%。

从学校类型来看，综合类院校的占比为 20.75%，理工类院校的占比为 39.62%，财经类院校的占比为 13.21%，师范类院校的占比为 9.43%，其他类院校的占比为 16.98%。

从本科专业数量来看，30 个以下的占比为 15.09%，30~60 个的占比为 41.51%，61~90 个的占比为 22.64%，91~120 个的占比为 13.21%，120 个的以上占比为 7.55%。

从素质教育统筹机构设立情况来看，设有国家文化素质教育基地的高校数量为 17 所，占比为 50.94%；没有设立国家文化素质教育基地的高校数量为 26 所，占比为 49.06%。

2. 通识选修课程组织管理模式

通识选修课程组织管理模式包括计划、组织、协调、评价四个维度，每个维度中包括具体指标（见图 5-1）。

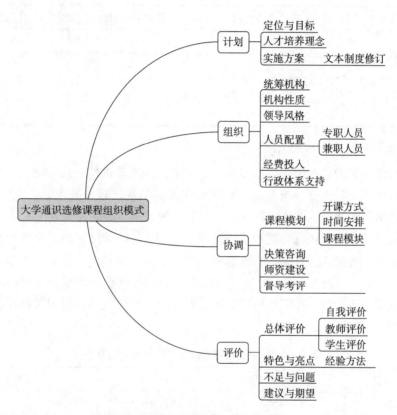

图 5-1 通识选修课程组织管理模式

（1）选修课程组织管理的计划维度。

从通识选修课程组织管理模式的计划维度来看，主要包含课程定位、教育理念、目标设立与制度规范。当前高校组织通识选修课程定位以教学理念为主导、以行政管理思维为遵循、以人才培养为落脚点。在组织理念上，与高校人才培养方案保持一致性，并以通识教育理念为基础开展选修课程组织管理过程，兼具中国传统与特色育人理念。细节规划中，重视课程教学目标设计（见表 5-2），但忽视组织目标计划的文本制度规范（见表 5-3），多数高校存在虚设组织规范方案、文本计划与实践脱节、理论对于实践的指导性较低等问题。

表 5-2 通识选修课程教学目标设立情况

目标设立情况	对应分数	高校数量/所	百分比/%	均值
没有计划或非常不明确	1	0	0.00	
比较不明确	2	1	1.96	
适时调整	3	8	15.69	4.24
比较明确	4	20	39.22	
非常明确	5	22	43.14	

表 5-3 通识选修课程开设文件规范情况

考察指标	文件规范情况	高校数量/所	百分比/%
是否设立方案	是	35	66.04
	否	18	33.96
是否进行修订	是	8	22.86
	否	27	77.14

(2) 选修课程组织管理的组织维度。

通识选修课程组织管理模式的组织维度,主要包括统筹机构、人员配置、课程管理资金投入、行政体系支持力度。当前高校组织机构方面呈现出教务处主导、专门机构辅之,兼具合署交叉情况的特点。在人员配置上,多数高校在人员设置中采用专职人员为主、兼职人员为辅的方式开展通识选修课程组织管理(见表 5-4、图 5-2),主要面临人力资源投入的数量难题。在通识选修课程管理的资金投入上各高校差异显著,多数高校集中分布于 10 万~50 万元(见表 5-5)。此外,多数高校的行政体系对于通识选修课程组织工作持支持态度(见表 5-6),在需其他行政体系支持的工作实践中,通识选修课程组织工作仍面临一定阻碍。

表 5-4 通识选修课程组织机构人员配置数量

人员设置数量	高校数量/所	百分比/%	平均数
专职人员 1	38	71.70	0.716 98
专职人员 0	15	28.30	
兼职人员 3	1	1.89	
兼职人员 1	24	45.28	0.509 43
兼职人员 0	28	52.83	
其他 1	5	9.43	0.094 34
其他 0	48	90.57	

注:此表中百分比为重叠交叉比重。

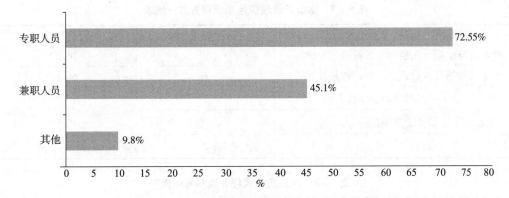

图 5-2 通识选修课程组织机构人员类型分布

表 5-5 通识选修课程组织机构经费投入情况

经费投放情况	高校数量/所	百分比/%	平均值/万元	
无经费支持	7	13.21		
不清楚/不便透露	14	26.42		
10 万以内	8	15.09	55.346 2	247.487 4
10 万~50 万元	16	30.19		
50 万~100 万元	6	11.32		
100 万元以上	5	9.43		

表 5-6 高校行政体系对通识选修课程组织工作的支持力度

支持程度	对应分数	高校数量/所	百分比/%	平均数
很不支持	1	0	0.00	
不支持	2	3	5.88	
一般	3	15	29.41	3.8
支持	4	22	43.14	
很支持	5	11	21.57	

（3）选修课程组织管理的协调维度。

通识选修课程组织管理模式的协调维度，主要包括课程规划（开课方式、参考因素、时间安排、门类设计）、决策参考（教师参与度、学生参与度）、师资建设、督导考评等。

首先，在课程规划方面，高校组织开课方式呈现多样化与组织趋同化特点（见表 5-7）。开课参考因素以教育教学理念与人才培养目标为主导（见表 5-8），少有行政管理效能相关考虑。为提高组织效能，一定程度上压缩了通识教育时间。具体到通识选修课程组织模块，高校普遍集中于人文素质教育与学科门类设计，未来可利用资源配置推进特色建设。

表 5-7　组织开设通识选修课程方式一览表

组织开设通识选修课程的方式		高校数量/所	百分比/%
教师自愿申报，按照内容进行分类安排		39	76.47
根据课程需要进行设计，聘请教师开课		34	66.67
其他	引入网络通识课程资源	3	15.69
	委员会立项招标	3	
	未填写	2	

表 5-8　通识选修课程开设参考因素

参考因素	高校数量/所	百分比/%
通识教育目标及特色	48	94.12
教师及学生需求	44	86.27
设计不同类别的课程群	43	84.31
开课时间与专业课时间是否冲突	20	39.22
设置助教数量	2	3.92
跨学科及交叉学科人才培养	37	72.55
教学资源分配	20	39.22
其他	2	3.92

其次，在决策参考方面，多数高校会适度参考一线教师与学生意见作为决策的依据，但参考程度不够理想，尤其是学生参与水平存在明显不足。

再次，在师资建设方面存在明显不足。一方面未开展教师培训的高校数量较多；另一方面，开展培训的高校培训次数较少，对教师提升教学能力的帮助不大，不利于提升通识选修课程组织管理水平。

最后，在督导考评方面，通识选修课程组织过程存在虚设考评、考评流于形式等问题。

通识选修课上课时间分布如图5-3所示。通识选修课程模块关键词统计如图5-4所示。高校一线教师参与通识选修课程组织决策程度如表5-9所示。

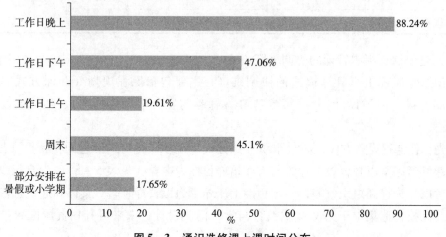

图 5-3　通识选修课上课时间分布

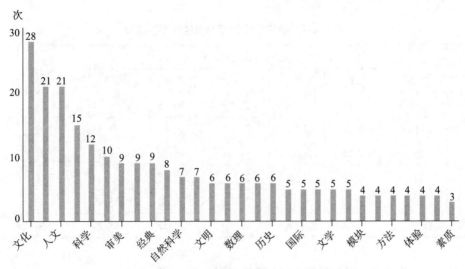

图 5-4　通识选修课程模块关键词统计

表 5-9　高校一线教师参与通识选修课程组织决策程度

参与程度	对应分数	高校数量/所	百分比/%	平均数
完全不参与	1	1	1.96	
不参与	2	4	7.84	
不确定	3	17	33.33	3.55
参与	4	24	47.06	
完全参与	5	5	9.80	

(4) 选修课程组织管理的评价维度。

考虑到高校行政组织模式认知在师生群体中的覆盖范围较窄，问卷借鉴了文献综述中的调研方法，采用主观性评价的方式进行调查。根据对计划、组织、协调三个维度指标项的评价，以及师生满意度评价设计问题，采用李克特五级量表态度类题目的方式，进行调研分析。1~5 分由低到高表示满意度逐级增加。高校组织通识选修课程督导考评情况如表 5-10 所示。从通识选修课程组织维度的评价来看，主观评价分值中，对组织的满意度最高，对总体情况的评价最低，表明高校对通识选修课程组织维度的认可程度最高（见表 5-11）。

表 5-10　高校组织通识选修课程督导考评情况

考评方式	考评规定	高校数量/所	百分比/%
督导人员	是	40	78.43%
	否	11	21.57%
学生评教	是	41	80.39%
	否	10	19.61%
取消低分课程	是	21	41.18%
	否	30	58.82%

表 5-11　通识选修课程组织维度评价情况

评价		满意度/%					均值	均值排序
		1	2	3	4	5		
组织模式	总体情况	0.00	5.88	23.53	50.98	19.61	3.84	5
	计划	0.00	3.92	23.53	49.02	23.53	3.92	3
	组织	0.00	3.92	19.61	45.10	31.37	4.04	1
	协调	0.00	3.92	29.41	39.22	27.45	3.9	4
	小计	0.00	4.41	24.02	46.08	25.49	3.93	2
师生满意度		0.00	1.96	25.49	37.25	35.29	4.06	—

（二）大学通识选修课程组织管理差异性分析

本报告分别采用单因子方差分析（One-Way ANOVA）和卡方分析（chisquare）的方法用于差异性分析研究，最终提炼出高校通识选修课程现行模式，包括工具型、文化型、主体型三种。

1. 工具型

工具型组织模式是指通识选修课程的组织模式聚焦于课程改革。这类通识选修课程结构模式，属于通识教育的工具性、功能性层次，是组织教育目标的操作性反应过程，也是教育组织模式的基础性模式。从沙因（1985）的理论来讲，这种模式属于组织模式的初始层次。从调查结果上来看，工具型组织模式主要有以下特点：第一，注重课程内容建设；第二，缺少组织结构专业性；第三，缺少组织运行机制。一定程度上说，工具型模式在操作环节增加了组织的专业知识，强化了流程性工作任务，但并不改变整个组织的价值与信念。

2. 文化型

文化型组织模式是指通识选修课程的组织模式不仅仅关注课程改革，同时也聚焦于组织的文化信念和价值观，思考如何在组织中植入通识教育理念，推进课程建设发展。这类组织模式属于通识教育的设计层次，对通识教育人才培养目标、通识教育组织理念等问题进行界定，并以此为基础，结合组织管理学相关理论设计组织运行各项环节。一般来说，成立通识教育中心或文化素质教育基地的高校多属这一类模式。文化型组织模式主要有以下特点：第一，设有完整的组织理念目标；第二，着力于组织机制设计；第三，缺少师生参与度、认可度；第四，缺少行政组织体系支持。

3. 主体型

通识选修课程组织模式中，文化深层假设属于组织改革最核心的内容，称之为主体型组织模式。这一模式是基于文献综述和调研不足提出的，属于理想层面的组织模式。包括我们如何认识自己和认识组织，组织的制度环境要求是什么？并提出重构的需求。根据组织文化理论的层次结构概念，这一模式也是通识选修课程组织模式的未来走向。主体型组织模式主要有以下特点：第一，以服务师生为本；第二，纳入行政体系核心范围；第三，配合通识教育育人环境。

三、大学通识选修课程组织管理案例分析与模式成因

（一）北京大学

国家文化素质教育基地设立情况：独立基地。

本科生专业数量：125 个。

北京大学通识选修课程组织管理四个维度的表现情况如下。

1. 计划维度

北京大学基于《本科教育综合改革指导意见》，完善"通识教育与专业教育相结合"的本科教育体系，继续深化通识教育改革，规划建构通识教育课程体系，进一步加强通识课程建设。北京大学通识教育以学生的人格塑造与素质养成为主要目标，同时关注学生的科学素养、人文精神与国际视野，提升思考批判、交流合作与开拓创新的能力。通识教育的目标将通过北京大学的专业课程、通识课程以及课外教育等途径协同实现。

2. 组织维度

北京大学、清华大学、复旦大学、中山大学等高校成立的大学通识教育联盟，旨在加强通识教育交流，提升人才培养质量。北京大学设立的通识教育专家组，承担组织讨论通识教育理念、探索具有中国特色和北京大学特色通识教育体系、协调推进通识教育与专业教育相结合的任务。学校教务部负责组织建设通识课程，教师自主申报之后，由专家组认定为通识核心课。

3. 协调维度

北京大学课程设置原则包含遴选标准，划分为五个领域：数学与自然科学类，社会科学类，哲学与心理学类，历史学类，语言学、文学、艺术与美育类。北京大学挖掘院系师资资源，制订教师资源保障工作细则。设置通识核心课程教师"双聘制"。针对重点建设课程，设立特聘岗位。与主讲教师签订 3~5 年聘期的合同，予以特别经费支持，优先支持设立助教岗位。学院及教师可针对部分课程增加课程深度以及提高对学生要求的需要申请提高学分数。

4. 评价维度

北京大学始终走在高等教育改革前列，在通识教育方面有许多值得借鉴的地方。

总结来说，北京大学是当前调研高校中比较典型的主体型组织模式。与其他高校致力于通识选修课程建设相比，北京大学以思想政治理论课＋通识核心课程＋通识选修课的方式，重构了本科生通识育人体系，在通识核心课程设立方面处于领先地位。北京大学提出："通识教育的目标将通过北京大学的专业课程、通识课程以及课外教育等途径协同实现。"这意味着通识教育的重要性被提到基础性、全局性的地位。相对应的通识课程核心

与选修课程的组织管理过程成为整个行政体系中的核心成分，极大提升了通识选修课程组织效能。同时，北京大学在教学设计、教学方法、教学评价等环节充分考量师生意见，提升师生自主性，尤其是将通识教育融入本科人才培养目标之中，使得这一理念为广大师生和行政体系人员认同，为组织管理工作提供了便利。

（二）郑州大学

国家文化素质教育基地设立情况：独立基地。

本科生专业数量：114个。

郑州大学通识选修课程组织管理四个维度的表现情况如下。

1. 计划维度

郑州大学致力于提高大学通识选修课程质量，增强文化素质教育与通识教育实效性，形成科学化、系列化、精品化、特色化的课程体系，各类课程均有教学大纲（《文化素质教育系列课程教学大纲》）、课程简介（《文化素质教育系列课程简介》）、教学日历、教案、学生成绩及评分标准、教师开课信息等。保存完善、齐全的教学文件为加强教学各环节的质量监控提供了可靠依据。

2. 组织维度

郑州大学教务处素质教育科升级为文化素质教育办公室（副处级单位），由负责素质教育工作的教务处副处长兼任文化素质教育办公室主任。文化素质教育办公室的工作职责与任务是承担全校的文化素质教育工作。通识选修课程实行校、院（系）两级管理体制，分为公共基础和学科基础两个平台进行建设。公共基础平台课程由学校负责建设，学科基础平台课程由各院（系）负责建设。

3. 协调维度

申请开设通识选修课程至少由两名以上（含两名）教师组成教学团队提出，并明确课程负责人。课程负责人须为副高及以上职称。鼓励相关学科领域的学科带头人、知名教授、教学名师等骨干教师领衔开设课程，鼓励教师跨院（系）联合申报课程。授课教师应具有中级及以上专业技术职务或硕士研究生及以上学历，参与讲授过1门以上（含1门）课程，教学质量考核优良，并具有两年以上教学经历，对新开课程有较深入的研究，或在相关领域有一定的学术成果。

4. 评价维度

郑州大学将通识选修课程建设纳入本科教学工作统筹全程。郑州大学建立了党政一把手教学工作第一责任人制度、两年一次的本科教学工作会议制度、每学期两次的教学工作例会制度、校领导联系院（系）制度、领导听课制度、教学督导制度、学生信息员制度、例行教学检查制度、学生评教制度和教师评学制度。

总的来说，郑州大学是处于"文化型组织模式"后期，是已初步具备"主体型组织模式"特征的高校类型。郑州大学在文本制度建设、组织管理规范、课程督评、课程设计等方面得到了一致认可，并遵照系列组织管理运行体制开展通识选修课程建设，尤其是在校领导的支持下，得到了行政体系的诸多支持。

在通识教育环境方面，郑州大学仍存有不足。一方面，郑州大学的通识选修课程建设主要是作为补充性课程开设；另一方面，通识选修课程考核和运行的规章制度，多数与校内普遍的规章制度一致，并未针对通识教育进行专门设置，尤其是在师生参与度上，还存在明显不足。

（三）西安交通大学

国家文化素质教育基地设立情况：首批成立的基地，基地挂靠本科生院管理。
本科生专业数量：87个。
西安交通大学通识选修课程四个维度的表现情况如下。

1. 计划维度

西安交通大学致力于构建"课堂教学、校园文化、学生活动、理论研究"四位一体的文化素质教育体系。课程以提高学生的综合素质，促进学生的全面发展，培养学生具有健全人格、社会责任感和历史使命感为目标；注重引导学生广泛涉猎不同学科领域知识，培养学生在宽广学科视野中提出问题、分析解决问题的能力，培养学生文献分析能力和批判性思维能力，培养学生的团队精神和沟通能力。

2. 组织维度

西安交通大学通识选修课程的规划、建设、管理由本科生院教学研究与质量管理处负责。该处现有领导3人，工作人员8人，下设教学研究与教学建设中心、教学质量检测与评价中心、教师教学发展中心三个办公室。通识选修课程相关工作具体由教学研究与教学建设中心的3位工作人员开展。

3. 协调维度

作为校管课程，西安交通大学通识选修课程由教学研究与教学建设中心负责课程审批和管理。课程的设置程序为三级审核制：教师提出开课申请，院系审核推荐，基层党委政治把关，学校组织专家评审建设。按四大类10个模块开设课程，共分批次建设优秀课程219门，并从中精选出62门核心课程。目前共有376位主讲教师授课。从职称来看，81.4%的主讲教师为高级职称。除在师资水平建设方面着力外，学校发布通识选修课程立项通知时，有明确的课程评价规定。课程需要参加学生评教，接受学校教学督导委员会专家的随堂听课，按照与其他各类课程同样的标准接受评价；按照评价分数的高低单独确定评价等级，连续两年位于学生评教后5%的课程将撤销。

4. 评价维度

西安交通大学在师资建设、通识教育氛围、校本特色类课程开发等方面评价较高，在与其他高校交流期间得到一致认可。但还存在师资短缺、授课时间安排不合理、资金投入力度不足以及课程评价系统不完备等问题。尤其是通识选修课程未在制度文本中明确规定纳入保研评优等集合范围，导致部分部门存在不重视通识选修课程建设、行政体系支持力度不足等问题。

总体来说，西安交通大学是典型的"文化型组织模式"。从特征上来讲，西安交通大学作为首批成立国家文化素质教育基地的高校，在通识选修课程建设的组织结构与组织过程中，已经确立完整的运作体系；在通识选修课程建设方面有明确的人才培养目标和方向，但仍存在师资、资金等现实问题。通过案例分析，我们将师资、资金等问题纳入行政体系支持范围内。西安交通大学相关人士表示，高校通识选修课程建设离不开资金投入，当前通识选修课虽然设有资金专项，但仍无法满足当前的课程需求。客观来说，通识选修课程建设尚未成为基础性课程，仍需要调整其性质，变为本科生课程中与专业课同样比重的课程类型。这也反映了"文化型组织模式"的不足，客观显现出通识教育环境对于课程建设的重要意义。

（四）模式成因及未来发展路径

根据组织文化理论，只有通识选修课程模式建立于扩散初期，特定类型、层次才与特定的模式相对应。在此之后，这种对应关系将逐渐减弱乃至于完全消失。结合问卷调查结果与案例分析，我们将影响组织模式类型与发展的原因总结为以下三个方面。

1. 领导意愿与政策导向

首先，领导对于通识教育组织与改革的深度起到决定性作用。提尔尼的"大学组织文化分析框架"特别重视领导的作用。他强调，领导决定通识教育的基本理念、教师参与动员程度，对于能否增强教师对通识教育意义的认知具有重要作用。也就是说，领导对通识教育的定位、行政体系支持等关键要素都具有极大的影响力。通识选修课程组织模式的深层次变革，离不开领导与其影响力的支持。

其次，领导决定了改革的目标与方向。一定程度上来说，领导的教育理念决定了高校将采用何种组织管理模式推进通识教育改革。根据国家法律法规以及教育主管部门规定，校领导具有行政决策权、人事管理权、教育教学领导权、财产经营管理权。根据权变理论，领导的管理思想、方法、手段与内外部环境相结合，对于高校的改革与运行的政策导向十分明显。

2. 行政体系专业化设计

根据数据分析结果可知，不同高校行政体系支持差异较显著，且是否设立文化素质教育基地、专业数量等，都对组织模式产生作用。一方面，高校整体的行政体系应加强联动性，配合各部门各环节向课程核心方向运转；另一方面，通识课程组织模式内部也需进行理念与定位的合理设计，支持组织运转。落在实践层面，就是综合考量的组织模式四个维度，计划、组织、协调、评价现状中呈现的共性和个性问题，都最终导致了高校在三种模式发展上的差异性。

3. 通识教育定位

组织管理归根到底还是以人为中心的运行过程。通识选修课程组织建设做得好不好，取决于组织模式内部人员的对组织的认知、取决于在校师生对通识选修课程组织程度与方式的认可，也取决于全校行政人员对通识教育的理解程度。通识教育定位决定了通识教育组织的微观环境，同时也影响到高校对通识教育的整体认知程度，这对于组织模式的效能提升、各维度实操性工作都具有重要意义。简单来说，就是是否重视通识教育、把通识教育置于何种位置，将对通识选修课程组织模式的运作造成直接影响。在现状调查中我们发现，在课程设置上，通识选修课程学分不被纳入考评范围，师生教学意见不作为决策参考，行政体系人员缺乏通识教育的专业知识，这样的大环境，最终会影响到通识选修课程组织模式的各个环节，导致高校的模式差异。

基于上述模式成因分析，结合专家咨询分析结果，为推进通识选修课程组织模式发展，提出自上而下和自下而上两种组织模式发展路径，如图 5-5 所示。

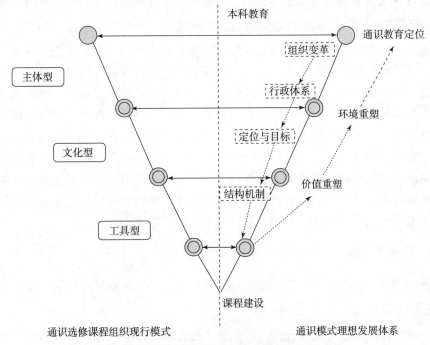

图 5-5　通识选修课程组织模式发展路径示意图

一方面，自发方式通常需要经历"价值重塑""环境重塑"两大阶段。从关注课程建设，逐步推进到关注组织建设，到关注通识教育的整体布局和深层次改革，最终落脚点在将通识教育纳入本科教育的基础性地位，更好地服务于人才培养体系建设，推进实现学生"全面发展"。另一方面，由通识教育定位提升，带来通识教育组织变革并引发行政体系变革。对通识选修课程组织的定位与目标进行重新规划，最终上升到人才培养，并对教学资源包括人员、资金、职能等进行重新配置，并以文本的形式形成新的组织结构与组织过程，最终落脚于通识选修课程建设，实现组织效能的提升。

四、研究结论与政策建议

（一）研究结论

1. 不同类型高校在通识选修课程组织管理中的差异

不同类型高校在通识选修课程组织模式现状的计划、协调维度存在显著差异。其中，师范类高校在计划维度中组织过程更为完善，主要体现在通识选修课程教学目标的清晰度上，以及实施方案的修订程度上；而财经类高校相对其他高校来说，在组织模式上计划性较弱。另外，综合类高校在协调维度中，尤其是师生参与通识选修课程建设上更完善，师范类院校、理工类院校次之。不同类型高校在通识选修课程组织模式的组织、评价各环节无显著差异。

不同层次高校与通识选修课程组织模式现状无显著差异。

不同基地类别在高校通识选修课程组织模式的计划、组织、协调、评价的四个维度存在显著差异。其中，设有文化素质教育基地的高校，四个维度的均值均高于未设的高校，也就是说，设立文化素质教育基地的高校，在通识选修课程建设中具有更好的组织能力。

2. 当前高校通识选修课程组织的三种模式

高校通识选修课程现行模式包括工具型、文化型、主体型三种，由低到高分别处于发展的三个不同阶段。第一层次的工具型模式解决了课程建设的操作问题，也就是实现通识教育的手段。第二层次的文化型组织模式解决了如何保证课程建设质量，如何高效准确实现通识教育价值的问题。前两个层次都是内化的工作，而第三层次的"主体型组织模式"，解决的是通识教育组织模式需要什么的问题，是外化的需求问题。其中，第二和第三层次的模式由于触及组织核心，属于根本性的组织模式，在发展过程中可以算作根本性变革。

根据描述性与差异性分析结果，最终得出：影响高校通识选修课程组织模式阶段与实施模式的主要因素包括领导力、行政体系专业化设计、通识教育定位三个方面。在理想发展体系中，组织模式发展包括自上而下和自下而上两个方式。

（二）政策建议

根据上述结论，最终从组织的具体执行方式与宏观设计方面提出以下建议。

1. 完善行政体系

高校要调整行政体系，增强各部门联动性，在资金、师资、课时各方面综合服务于通识育人目标，形成一系列配套的组织制度来支持通识教育实践；同时引进第三方评估策略，加强对通识教育的实施反馈与指导。

2. 强调领导作用

未来各高校领导应当作为通识教育重要引路人，担任通识教育委员会、文化素质教育基地等重要岗位负责人；同时树立与人才培养目标相一致的通识教育改革目标，加强通识教育理念在全校范围内的认同度；将教师职业道德与对通识教育理念认同相结合开展工作，并加强人力、物力、财力资源投入，从顶层设计的角度支持通识教育与通识选修课程组织过程。

3. 提升通识教育地位

通识教育的重视程度直接影响了组织模式变革的系列要素。未来各个高校应当成立专门的通识教育统筹机构、制定系列人才培养目标，将通识教育融入人才培养各个环节，形成重视通识教育、认可通识教育、热爱通识教育的氛围。

4. 遵循渐进建设原则

查尔斯·林德布洛姆的"渐进决策模型"认为，对一个组织来说，应该通过渐进的方式制定决策,逐步实现自己的预期目标,其主要原则有三个,分别是渐进主义、积小变为大变,稳中求变。通识选修课程组织模式的背后,缠绕着高校的文化背景、办学定位、领导风格、资源配置等诸多要素,乃至于专业数量、师生人数,都会牵一发动全身,影响通识选修课程组织模式的各个关键环节。因此,是"立字当头",还是"破立并举",什么时间、以何种方式采取必要变革手段,都需要深思熟虑,也需要因时因况作出决策。

附:大学素质教育研究分会简介

大学素质教育研究分会成立于2011年11月,重点开展素质教育重大理论和实践问题研究,着力推进我国高校素质创新人才培养,传播中国素质教育思想,促进高等教育强国建设。大学素质教育研究分会现任理事长为北京理工大学副校长李和章研究员,秘书长为北京理工大学人文与社会科学学院庞海芍研究员。分会秘书处办公地址设在北京理工大学。

第六章

建设中国特色高水平专业群
引领高等职业教育优质发展

——职业技术教育分会专题报告

高水平专业群作为中国特色高水平高职学校和专业建设计划（以下简称"双高计划"）实施的重要抓手，其使命担当和价值追求在于扎根中国大地，形成支撑高职教育高质量发展的政策、制度、标准体系，探索中国特色职业教育发展模式，引领职业教育有效服务现代化经济体系建设。在经济高质量发展、新旧动能接续转换的新时代背景下，以创新驱动为主要特征的区域经济转型和产业结构升级倒逼职业教育改革，迫切需要构建以专业群为载体的现代化职业教育体系和技术技能人才培养机制。

一、中国特色高水平专业群建设立项的基本情况

《2019年全国教育事业发展统计公报》显示：全国有高职院校1 423所。经院校自主申报，项目建设咨询专家委员会推荐，教育部、财政部审定，最终立项197个，其中，高水平高职学校建设单位56个，每所学校支持建设2个高水平专业群；高水平专业群建设单位141个，每所学校支持建设1个高水平专业群，共253个专业群。高水平专业群建设单位中国家示范（骨干）高职院校89所，占比63.12%（其中示范校34所，占比24.11%；骨干校55所，占比39.01%）。从A档、B档到C档，高水平专业群建设单位中非国家示范（骨干）高职院校的占比依次增加。在高水平专业群建设单位中，江苏13个，山东11个，浙江、广东、湖南、河北各9个，重庆8个，四川、湖北各7个，江西、河南、辽宁、黑龙江各5个，陕西、北京、天津、安徽、福建各4个，山西、吉林、广西各3个，贵州、内蒙古、甘肃、云南各2个，宁夏、新疆各1个，海南、上海、青海、西藏均为0。

（一）中国特色高水平专业群建设的背景

1. 产业转型升级

伴随着经济社会的不断发展，我国产业转型升级逐步加快，特别是在经济增长速度放缓、人口红利消失、信息技术迅猛发展等的影响下，劳动密集型产业正逐步走向知识、技术、创新密集型，产业结构正在发生变化，产业形态正在重新塑造，这对高职院校专业人才培养和专业建设提出了新的要求。高职院校要适应专业建设的新形势，根据产业对人才的需求进行专业调整，确保重点建设专业是经济社会发展需要的，暂停招生或淘汰就业率与就业质量较低的专业，形成与区域经济社会发展和产业结构转型升级相适应的专业布局。

2. 专业社会服务

高职院校在服务区域经济发展、产业转型升级过程中，行业企业对知识型、技能型、创新型的复合型人才的需求更为迫切。单一的某一个专业，在服务产业发展的广度、深度、效度等方面存在着短板和不足，这需要高职院校在校内选择专业课程基础相近、资源共享能力强、就业岗位相近的相关专业组成专业群，服务区域内产业发展，拓宽专业服务面，提高专业的服务能力和服务深度，产生"1+1+1＞3"的实践效果。

3. 教学资源配置

专业群的形成是基于高职院校改革发展的需要，基于专业自身发展的逻辑，它是专业与其环境相互作用的结果，是专业发展过程中各专业适应、调整的过程。专业群整合了专业之间的教学资源，能够将专业原本匮乏的资源有效统筹，将专业建设过程中重复的资源整合优化。专业群内的专业之间在课程、师资队伍、实验实训等方面互有交叉、渗透、融合，专业群建设可以降低学校在课程建设、师资投入、实验实训设备等方面的投入，降低专业建设的成本，使教师有更多的时间投入到专业建设上，实现专业教学资源配置上的帕累托最优。

（二）中国特色高水平专业群建设的特征

1. 对接产业吻合度高

产业发展是专业群建设的外驱力，是专业群组建的逻辑起点。衡量一个专业群水平高低，首先要看其是否精准对接产业需求，并动态调整、实时优化，实现与产业发展协调互动。高水平专业群紧贴区域产业结构调整规划，围绕区域经济发展战略规划的支柱产业和新兴产业，聚焦服务面向，优化资源配置，动态调整专业组成、专业结构和专业内涵，推动教育链、人才链和产业链、创新链有机衔接，有效服务企业技术研发和产品升级，为增强产业核心竞争力提供有力支撑。

2. 资源整合共享度高

资源整合是专业群建设的内驱力，是优于传统单体专业建设的直接体现。离散的单体专业建设模式，一个明显弊端就是办学资源割裂，造成单体资源不足与整体资源浪费并存。高水平专业群充分发挥集群效应，有机整合课程资源、教师资源与实训资源，实现资源整合和共享效益最大化，使原本"小"而"散"的单体专业相互支撑，形成人才培养合力。

3. 人才培养产出度高

"群"是专业建设的手段，而不是目的，根本在于实现更高水平的人才培养。高水平专业群是我国高职专业建设和人才培养的最新成果和最高水平，培养一批又一批大国工匠和能工巧匠，形成具有国际竞争力的人才培养高地，为中国产业走向全球产业中高端提供高素质技术技能人才支撑；探索形成一系列的理念、标准、模式、资源、课程、教材，为全国高职人才培养提供指引和借鉴，带动提升高职教育的学生满意度、服务贡献度和社会美誉度。

（三）中国特色高水平专业群建设的逻辑

1. 专业群建设的理论逻辑

专业群建设需明确遵循什么样的理论逻辑、定位什么样的建设目标，这是开展专业群建设的逻辑起点。

首先，明确守正创新，即内在评价标准。如"双高计划"提出的"中国特色、世界水平的专业群"，基本立足点是坚持党和国家教育方针，坚持立德树人，把培育和践行社会主义核心价值观贯穿于教书育人全过程，为中国特色社会主义建设提供高素质技术技能人才支撑。

其次，坚持类型特色，即主观评价标准。高职专业群建设坚持突出职业性特点，以推动区域经济发展、适应产业需求、促进就业为导向，内部优化专业群建设，主动适应外部社会经济需求。

最后，教育规律，即客观评价标准。高职教育属于高等教育范畴，在坚持职业性的同时，应遵循高等教育一般规律，实现学生技术技能与综合素养的平衡；部分专业群建设可根据实际要求，遵循学科思维，实现社会服务与科学研究的平衡。

2. 专业群建设的组群逻辑

相对于普通高等教育基于学科知识逻辑关系组织专业群或学部，高职教育专业群组群逻辑更为复杂和多元，以组群依据为主线梳理出4类组群方式。

一是依据产业（链）需求，根据产业（链）相关职业（岗位）需求，将相关专业组织起来形成链式专业群，构建全产业链式专业群。

二是依据职业或岗位（群）需求，将人才培养职业定位、岗位方向相关的专业组织起来形成集群式专业群。

三是依据资源共享，将具有公共课程科目、师资资源、实训基地的专业组织起来形成共享式专业群。

四是依据龙头专业，以校内某一强势专业为依托，协同若干关联专业共同发展。此种组群形式为示范建设期主流模式，院校从自身管理和发展的角度完成专业群组建。

3. 专业群建设的行动逻辑

专业群建设的行动逻辑是指专业群建设实践所遵循的规律或导向，是对专业建设理论逻辑的客观反映，决定着专业群建设的长效发展。

一是内外联动。主动对接区域产业发展和职业岗位需求变化，动态构建专业群，优化调整课程体系、师资队伍。积极开展教育教学改革，着力推动技术技能积累与创新，为区域产业变革和社会经济发展提供人力和智力支撑。

二是集聚创新。根据岗位技术技能要求的相似性和融通性，打破物理界限，整合、共享师资队伍、实习实训、合作企业等资源；发挥专业群集聚优势，瞄准产业发展重大项目，开展技术创新研究，致力于构建人才培养和创新服务高地。

三是改革发展。建立与专业群发展相适应的内部治理体系，如打破系部限制，构建专业群建设组织机构，开展依群建院或产业学院建设等。

四是质量绩效。构建专业群质量保证体系，实施专业群诊断与改进，保证专业群建设质量。

二、中国特色高水平专业群建设的具体实践

为了适应新技术引发的快速职业迭代，高水平高职学校应该基于"新技术、新产业、新业态、新模式"四新经济发展和产业转型升级的实际诉求，以专业群为单位，发挥集聚效应和服务功能，通过有效对接需求、有序调整变动、有力协调发展，优化专业结构，以专业对接产业布局、以产业推动专业设置，彰显职业教育类型特色。

（一）中国特色高水平专业群建设方案分析

通过分析发现，高水平专业群的设置、布点与产业发展紧密契合。专业群主要面向国家重大战略和区域支柱产业，随着战略性新兴产业、先进制造业和现代服务业在国民经济中的重要性不断提升，这三大产业对技术技能人才的需求量剧烈增加，契合产业发展的专业群布点数也相应扩增。

1. 落实立德树人根本任务

高职学校扎根中国大地，结合行业背景、发展实际和专业特色，实施社会主义核心价值观引领工程，自觉将社会主义核心价值观贯穿人才培养全过程。"双高计划"建设单位围绕思政教育、传统文化、通识教育、校园精神、专业文化、劳动教育、职业生涯成长等内容，设计工程、实施计划、推进项目等育人载体，构建系统的职业素养养成体系，培养学生精益求精、追求卓越的工匠精神。多所高职学校成立劳动教育研究中心，通过优化顶岗实习、实习实训、技能训练、志愿服务、社会实践等形式强化劳动教育，促进学生知行合一，帮助学生在做中学、学中做，以劳树德、以劳增智、以劳强体、以劳育美，让学生感受劳动实践的魅力；因地制宜开展劳动教育，通过劳动教育促进学生工匠精神养成，实现职业技能与职业精神培养高度融合。

2. 强力推进产教融合、校企合作

产教融合、校企合作是职业教育的本质特征和核心要素。"双高计划"建设单位主动对接区域产业发展需求，聚焦高端产业和产业高端，强调与行业领先企业深度合作，主动参与专业领域供需对接和流程再造，实现专业设置与产业需求适应。产教融合、校企合作作为"双高计划"建设单位制订实施方案的工作主线，在文本中有着较多反映，强调畅通学校与政府、行业、企业交流渠道，组建产业联盟，培育产教融合型企业，校企共建产业学院、企业工作室、实验室、技术研发基地等产教融合平台；加强与地方政府、产业园区的深度合作，将人才培养延伸至技术研发、产品升级、员工培训、资源共享等方面；发挥行业协调指导的作用，拓宽企业参与校企合作的途径，专业建设对接产业发展，强调具有中国特色的现代学徒制等的创新实践；强化企业主体作用，打造"教学工厂"和产教融合实训基地，深化行业企业全方位参与人才培养，提升校企合作水平。

3. 深化人才培养模式改革

人才培养模式改革是高职学校建设的中心工作，是组织实施教育教学活动的起点和归宿。"双高计划"建设单位注重推进"三教"改革，健全德技并修、工学结合育人机制，依托高水平专业群建设项目，建设内容强调校企共同研究制定人才培养方案，及时将新技术、新工艺、新规范纳入教学标准和教学内容；完善职业教育集团、产教融合型企业等组织在人才培养中的价值，发挥产业学院、协同创新中心等载体在校企合作中的作用；利用现代学徒制、"1+X"证书制度试点等项目深化人才培养改革；组建教师教学创新团队，探索教师分工协作的模块化课程，对接区域人才需求，服务产业转型升级。在改革任务中，"双高计划"建设单位对接多样化生源，因材施教，推进学生学业综合评价改革，建立校级学分银行，健全学分积累及转换制度；对接岗位职业技能要求，打造高水平专业体系、教学体系、教材体系、管理体系，建设模块化课程，注重学用相长、知行合一，着力培养学生的创新精神和实践能力。

4. 打造技术技能创新服务平台

在方案制订过程中，对接科技发展趋势和行业企业发展，重点强调学校在技术技能积累和创新方面的作用；通过建设协同创新中心、技术成果转化中心、研究院所、创新创业基地、产教融合平台等运行载体，依托院士、各类学者、行业企业领军人才等高层次人才组建科技创新团队，与行业企业开展项目合作、师资共享、学生交流等，主动参与供需对接和流程再造，打通政产学研用合作通道；促进职院校与行业企业深度合作，引进资源，实现优势互补，构建产教融合型技术技能创新服务体系；打造由政府专家、行业专家、跨专业教师和学生组成的智库咨询与技术服务团队，通过项目任务载体，不断提升研发团队的创新能力，联合行业领先企业协同开展技术攻关与横向合作；以技术技能积累和创新为纽带，合作开展科技攻关及产学研活动，促进高职院校技术技能积累和社会服务能力提升，组织开展校际科研与社会服务项目合作。

5. 深化教育体制机制改革

"双高计划"建设单位通过校企双方共建产业学院，完善校企合作机制体制，建立协同创新、人才聘用、资源配置、考核评价等方面的机制，促进创新资源和要素的快速汇聚，明确政产学研用在校、院两级的管理网络、任务分工、工作目标，在人才培养、团队建设、人事分配、后勤管理等方面进行修订或增补协同创新管理制度；强调建设校企共建产业学院、研发中心等具有混合所有制属性的组织，突破校企合作中存在的瓶颈；注重以技术技能积累为着力点，以加快科技成果转化为主线，以提升自主创新能力、强化科技合作与交流、提高科技支撑能力和构建社会服务窗口为重点；以市场为导向，坚持政校企等多方以资本、技术、设备、场地、人力等要素投入，共享建设成果，共担运行风险，构建校企协同育人长效机制。

（二）中国特色高水平专业群建设典型案例分析

浙江金融职业学院作为中国特色高水平专业建设单位，其重点建设的金融管理专业群具有鲜明的行业特色，具有代表性。金融管理专业群对接浙江万亿金融产业发展布局，适应"人工智能+金融服务"对高素质技术技能金融人才提出的新要求，聚焦大数据与普惠金融服务新需求，面向现代金融服务业，以金融管理专业为核心，与国际金融、农村金融、互联网金融、信用管理等专业构建以"数字金融+普惠金融"融合共生的专业群。

1. 以培养精于技能、专于岗位、深于业务的金融产业生力军为目标，组建金融管理专业群

组群专业具有经济金融、互联网金融与人工智能等相同的基础知识要求，具有能沟通、懂礼仪、服务意识强等相同职业素养要求，利于资源整合，发挥集聚效应；同时明确人才培养差异化定位，精准对接未来岗位需求。其中金融管理专业聚焦金融机构一线，培养精操作、善理财的金融工匠人才；国际金融专业服务"一路一带"建设，培养外语精通、国际业务娴熟的国际金融人才；农村金融专业响应"乡村振兴"战略，培养扎根农村、服务三农的小微金融人才；互联网金融专业瞄准"数字化、智能化应用"，培养精通互联网信息技术、熟悉金融产品创新的金融科技人才；信用管理专业专注社会信用体系与良好信用生态环境建设，培养从事征信与信用评级的金融风控人才。

2. 遵循国家"1+X"制度，构建书证融通的专业群课程体系

对接国家学分银行，按"专业群共享课程+专业特色课程+岗位能力迁移课程+证书培训课程"架构，系统设计专业群课程体系，培养学生综合素质，保证毕业生在获得学历证书的同时即可获得2~3本职业技能等级证书。

（1）专业群共享课程以促进学生掌握专业基础知识、提升学生综合职业素养，培养与训练学生创新精神、创新意识、创新创业能力为目标。

（2）专业特色课程是专业群内体现各专业人才培养特色设置的专业核心课程。

（3）岗位能力迁移课程满足学生职业岗位多样化选择及获得多个职业技能等级证书需要，实现群内五个专业岗位群的互融互通，提升专业人才岗位迁移能力。

（4）证书培训课程对接职业技能等级证书，满足学生考证需要，对专业课程未涵盖的内容特别强化实训，职业技能等级证书培训课程也可作为社会人员职业技能等级考证培训课程。

3. 聚焦金融科技，打造金融技术技能创新服务平台

社会服务、科技创新是高职专业建设的基本内容，是检验专业群建设成效的重要指标。金融管理专业群一方面依托浙江万亿金融产业协同创新中心，联合浙江省地方金融监督管理局、中国工商银行、杭州有数金融服务有限公司等金融机构或企业，构建地方金融产品研发、小微金融研发、互联网与大数据金融研发、信用指标体系构建研发等科技研发团队，凝聚校政行企多方合力。另一方面，开发移动客户端和 PC 端平台服务功能，完成企业评级信息公示查询、技术论坛信息发布与报名、企业培训课程等模块建设，不断发挥研发团队智力优势，建设浙江省数字普惠金融技术技能创新服务平台。

4. 引培联动，打造高水平、结构化教师教学创新团队

依托浙江省级"双师型"教师培养培训基地，制定金融管理专业群双师资质标准，建立教师校企轮训"学分银行"，致力于将"教师"培养成"技师"；柔性引进企业行业领军人才、大师名匠、高技能人才，不断激发专业教师成长动力，打造"顶尖专家学者、双专业带头人、双师教师"的三位一体的高水平、结构化教师教学创新团队；依托行业杰出技能大师工作室指导金融企业新产品研发、技术成果转化与应用、流程改造，以点带面，提升教师队伍创新能力与社会服务能力；建立规模小、资源轻、反馈快的创新型教师团队孵化机制，提高教师创新创业能力；设立创新创业特色容错机制和灵活的绩效考核机制，校企合作设立专项资金，为教师团队技术、产品、服务等创新及成果转化、推广应用等提供项目激励和成果奖励。

5. 强化质量保证，建立专业群可持续发展机制

（1）依托智能校园和教学质量诊改平台，利用大数据、人工智能等技术手段，构建以专业、课程、教师、学生为对象的大数据管理中心与教学质量监控体系，分析评判人才培养效果及培养目标的达成度，开展周期性诊断与改进工作，确保专业人才培养契合金融产业发展需要，形成内部质量保证。

（2）开展第三方社会评价，与金融行业协会、专业第三方评价组织合作，推进专业群办学质量监测与人才培养质量评价，完善学生成长跟踪评价、毕业生跟踪反馈、用人单位满意度调研等反馈机制，深化专业群建设外部质量保障。

（3）激发改革创新动力，强化专业群建设管理机制保障。完善专业群内部管理体系，建立动态、开放、灵活的管理机制，建立健全项目绩效评价和激励机制，激发教师从事教学改革、技术研发、政策咨询服务的积极性与主动性，为专业群改革创新提供内生动力。

三、中国特色高水平专业群建设的实施路径

专业群建设内涵逻辑分析，有助于把握专业群建设基本指向和规律，但实践中需明确专业群建设的基本抓手或路径。应重点从产教融合、课程设置、师资队伍、"1+X"证书制度等方面开展实践探索。

（一）专业群建设实践切入点是产教融合、校企合作体制机制建设

产教融合作为国家的一项制度设计，在深化教育教学改革、助力产业转型升级、促进教育和产业联动发展方面发挥积极作用。从党的十九大报告提出"完善职业教育和培训体系，深化产教融合、校企合作"，到2018年国务院印发《国务院办公厅关于深化产教融合的若干意见》（国办发〔2017〕95号），再到国家发展改革委等六部委印发《国家产教融合建设试点实施方案》（发改社会〔2019〕1558号），一以贯之地强调了产教融合在职业院校人才培养中的地位和作用。产教融合是产业与教育两个系统基于共同利益，发挥各自资金、技术、师资等优势资源，开展深度合作的发展模式。

专业群建设过程要找准产教融合接口，需明确双方利益共同点是人才和技术，实现产教两端人才和技术供需的精准联通。

（1）人才供需，要完善产业结构、就业结构、专业群结构联动机制，即通过就业市场人才需求结构变化，把握经济社会发展产业需求及结构变化，在系统考虑人才培养整体性、科学性的基础上，动态化、科学化调整专业群结构，优化群中各专业人才培养方案，实现学校人才输出与岗位人才输入的精准对接。

（2）技术供需，要发挥高职专业群建设"高等"属性，重点关注技术革新与产业变革，做好新技术、新知识主动融入，基于育人实践开展技术技能积累与创新，主动输出技术成果，主动对接技术发展，优化就业需求预测，指导专业群前瞻性建设。

（二）专业群建设实践突破点是课程体系改革与建设

课程是推动专业群建设、提升人才培养质量的基本抓手。2019年6月，教育部发布的《教育部关于职业院校专业人才培养方案制订与实施工作的指导意见》，明确职业院校落实党和国家关于技术技能人才培养的总体要求和职业院校科学设置课程。课程是高职院校为实现培养目标而设计的校内外教育内容体系和进程的总和。通过课程标准与职业标准的对接、课程内容与岗位需求对接，课程授课团队校企双元结合，真正落实专业群与产业群的融合。课程是实现专业群内部耦合、集聚发展的主要纽带。专业群内各专业相关课程的融通和共享，以及课程模块的选择和重组是专业群建设的主要要求和基本形式，是群内各专业间潜在知识关系的显性表示。

构建"平台+模块+方向"式课程体系是专业群建设落实课程设置的关键。

（1）平台课程以公共课和专业基础课为主，重点在于学生必备的基础知识和基本素养，做好"前期可共享"的设计安排，为学生"首岗可担"奠定基础。

（2）模块课程以专业核心课程为主，重点在于未来岗位所需的核心专业技能和专业技术，应凸显模块化、可组合式，做好"中期可自选"设计安排，支持学生在满足条件的情况下进行群内自主选择，实现"首岗可变"。

（3）方向课程以专业拓展课程为主，重点在岗位拓展能力或持续发展能力培养，做好"后期可迁移"设计安排，助力学生职后"岗位迁移"。

课程体系设计时整体应在科学性、系统性基础上，遵循共享性，重点是集聚核心优势课程资源。

（三）专业群建设实践的保障点是"双师型"教师队伍建设

"教师是立教之本、兴教之源"，习近平总书记对教师在教育教学活动中的作用作出了精辟论述。教育部等四部门印发的《深化新时代职业教育"双师型"教师队伍建设改革实施方案》（教师〔2019〕6号），进一步明确了"双师型"教师队伍建设在职业教育改革中的地位和作用。深化产教融合、推动专业群建设、创新课程体系等一系列政策、方法的实施，根本目的是为国家打造一支高素质技术技能人才队伍，职业院校教师是打造这支队伍的锻造人。职业院校教师队伍素质直接决定着人才培养质量，关系着专业建设成效，影响着职业教育发展。

结合技术技能人才培养定位及产教融合的客观要求，高职专业群建设需组建一支高水平结构化"双师型"教师队伍。

一是改变传统专业教研室组织方式，推动基于课程模块（组）的课酬分配模式，打破专业限制，根据不同职业岗位面向，根据不同课程模块组合，组建结构化教师团队。

二是通过特聘直聘、共育共享、储备兼职等形式引进行业大师、业务骨干、技术能手；或以校企联建的名师工作室和大师工作室为载体，构建校企融通、专兼结合的教学团队，以更好贴近产业需求、技术发展。

三是通过教师发展中心、轮训轮岗机制、培养提升计划等，着力提升校内专任"双师"素质、企业兼职教师教学素质；通过教师团队教研、技术创新和社会服务等途径，重点提升教师团队协同创新能力。

（四）专业群建设实践的创新点是建立起"1+X"证书制度

《国家职业教育改革实施方案》要求启动"1+X"证书制度试点工作，提升复合型技术技能人才培养，拓展就业创业本领，缓解结构性就业矛盾。之后教育部等四部门印发了《关于在院校实施"学历证+若干职业技能等级证书"制度试点方案》，为开展"1+X"证书制度试点工作明确了工作目标和实施路径。其中，"1"是学习者在学制系统内教育机构完成一定教育阶段学习任务后取得的文凭；"X"是若干职业技能等级证书，代表技术技能人才职业技能水平，反映技术技能人才职业活动和职业生涯发展所需的综合能力。

通过"1+X"证书制度，一方面，建立学历教育与职业技能培训相互衔接、转换体系，构建国家资历框架制度，有效服务技术技能人才终身发展；另一方面，职业技能等级证书直接反映产业新需求、科技新趋势，可有效弥补和强化学历教育灵活性和即时性的不足。专业群建设以"1+X"证书制度试点为创新点，将职业技能等级证书融入专业人才培养方案，实现职业技能等级标准与教学标准的融合，保证新技术、新工艺、新规范的科学性融入；实现培训课程与学历课程的融合，保证岗位核心知识、能力、素养的强化和拓展；将职业技能等级认证与相关专业课程考试统筹安排，提升技术技能人才培养的社会认可度。

（五）专业群建设实践的落脚点是高素质技术技能人才培养

人才培养是高水平专业群建设的出发点和落脚点，是检验高职学校高水平建设、高质量发展的关键。教育部、财政部颁布的《关于实施中国特色高水平高职学校和专业建设计划的意见》(教职成〔2019〕4号)明确指出,要"落实立德树人根本任务,将社会主义核心价值观教育贯穿技术技能人才培养全过程"。这是"双高计划"任务的重中之重、要中之要。习近平总书记曾经多次强调,我们的高等教育必须在中国共产党领导下,扎根中国大地办学,培养中国特色社会主义建设者和接班人。坚持"办好专业—强化职业—注重学业—重视就业—鼓励创业—成就事业"的系统化、一体化理念,在探索建立工学结合机制上下功夫,进一步完善工学结合、知行合一的人才培养机制;在"优化课表、抓实课程、做好课本、搞活课堂、丰富课余、发展课外"上下功夫,努力提高专业的吸引力,推动专业建设和人才培养的水平和质量。

附:职业技术教育分会简介

职业技术教育分会成立于1985年11月,主要研究高等职业教育理论与实践,坚持贴近实际,为高等职业教育改革发展服务;坚持贴近会员,为广大会员和高职工作者服务。分会现任理事长为浙江金融职业学院党委书记周建松教授,秘书长为浙江金融职业学院副校长郭福春教授。分会秘书处办公地址设在浙江金融职业学院。

第七章

面向生态文明建设战略
探索新林科实践新路径

——中国林业教育学会高教分会专题报告

2019年9月，习近平总书记给全国涉农高校书记校长和专家代表回信，对高等农林教育发展作出重要指示，明确指出农林高校要坚持以立德树人为根本，以强农兴农为己任，拿出更多科技成果，培养更多知农爱农新型人才，为促进山水林田湖草系统治理等国家战略，不断作出新的更大的贡献。同年4月，教育部启动"六卓越一拔尖"计划2.0，6月至12月通过发布"安吉共识""北大仓行动""北京指南"全力推动新农科建设。在新农科建设大框架下，面向生态文明建设战略需求，中国林业教育学会在国家林业和草原局的支持下，广泛联系林业相关高校，深入开展实践探索和理论研讨，共同谋划推进新林科发展新路径。

一、林科高等教育发展的突出问题

目前，林科高等教育人才培养供给侧与新时代新林业需求侧不匹配的问题十分突出，具体表现为以下几个方面。

一是林科高等教育对生态文明建设需求、国家对林业新功能新定位等外部需求把握不全面、不准确，教育改革发展顶层设计的系统性不足，发展路径不清晰，存在错位和不匹配。

二是林科高等教育专业学科体系构建研究不系统、不深入。传统林科专业学科内涵亟待拓展，与其他学科交叉融合的新增长点有待培育；专业学科体系需要结构优化和重新架构，否则无法适应支撑山水林田湖草生态系统治理、森林资源和林产品培育保护利用经营全链条的新需求。

三是林科高等教育理念滞后，教育教学模式创新不足。全面贯彻党的教育方针还有突出短板，爱林学林思想育人与专业能力培养融合不紧；林科院校与林业主管部门的对接协同不足，林科教育教学对接产业发展、对接生态保护建设的融合机制不健全；林科专业学生实践能力不强，林科毕业生到基层工作存在下不去、稳不住等突出问题。

四是林科高等教育教学的信息化水平亟待提升。适合林科特点的在线课程建设规模还不够大，质量不够高，特别是体现资源共享的林科专业实践类在线课程建设较为缺乏。

针对以上问题，新林科建设急需探索新路径、新理念和新突破，推动新林科建设、推进林科人才培养体系改革。

二、生态文明建设新需求呼唤新林科建设

学术前沿、国家战略需求、行业产业发展，始终是高校学科专业建设和人才培养需要精准把握的外部环境和需求供给。党的十九大将建设生态文明确定为中华民族永续发展的千年大计，坚持人与自然和谐共生，提供更多优质生态产品成为现代化建设的重要任务，绿水青山就是金山银山成为生态文明建设的核心理念。习近平总书记指出，要坚持山水林田湖草是一个生命共同体，强调要用系统思维统筹山水林田湖草治理。这一重大理论创新，凸显了生态文明建设对林科人才培养和科技支撑的新要求，也是新农科背景下推进新时代新林科建设的根本遵循。

（一）新时代生态文明建设对林科人才培养的新需求

在我国进入生态文明建设新阶段的大背景下，如何围绕国家生态文明和生态环境建设的大目标，培养具有国际视野的高质量创新型及应用型人才，满足现代林业草原发展对高层次人才的需求，是林科教育创新发展的首要问题。比如山水林田湖草综合规划和系统治理，是复杂的系统工程，要求统筹把握科学规律、创新治理理念、立足战略性、综合性、交叉性需求，强化人才科技支撑，推进管理模式和技术体系创新。这其中人才培养是关键，迫切需要林业相关院校协同攻关，重新构建林科高等教育人才培养和专业学科体系，强化人才供给，探索体现中国特色的山水林田湖草生态系统治理新模式。

与此同时，国家机构改革后，国家对林业草原部门的职能进行了新定位，林业草原部门职能更加繁重。林业草原部门负责管理的自然生态系统面积近100亿亩，各类自然保护地达1万多处，而且草原保护管理、国家公园体制建设、各类自然保护地统一管理等新增职能工作难度很大，更加需要提升林业草原事业人才队伍的专业化水平。

林草高质量发展催生一大批新领域、新业态、新模式、新产业，形成了旺盛的人才科技需求。比如2019年3月，国家林草局、国家卫健委等多部委印发的《关于促进森林康养产业发展的意见》，明确提出计划到2022年建设国家森林康养基地300处，到2035年建设1 200处，向社会提供多层次、多种类、高质量的森林康养服务；并要求支持高校和职业学校建设森林康养相关学科和专业，培养相关实用型、技能型专业人才。又如，推动林草国际合作，迫切需要加强国际谈判和履约人才队伍建设，培育具有丰富生态林业知识和国际项目执行能力的高水平人才。

与此同时，林草人才队伍规模、质量问题突出，专业人才短缺、结构失衡等问题共

存。截至2017年年底，全国乡镇林业工作人员中具有高级职称的人员仅占比4.47%，而我国有3.2万多个乡镇、260多万个乡村，70%以上在山区、林区和沙区，基层技术人才供给急需加强。专业技术人员比例偏低，高素质复合型林科相关人才严重不足，远远不能满足国家重大战略需求。以林学一级学科为例，我国林学一级学科博士学位授权单位只有20个，一级学科硕士学位授权单位只有57个（见表7-1），林学学科研究生在读数量在大农学研究生在读总量中占比不到10%。

表7-1 林学一级学科博士学位、硕士学位授权单位名单

序号	授权单位名称	所在省区市	林学一级学科授权类别
1	北京林业大学	北京市	博士一级、硕士一级
2	东北林业大学	黑龙江省	博士一级、硕士一级
3	南京林业大学	江苏省	博士一级、硕士一级
4	西北农林科技大学	陕西省	博士一级、硕士一级
5	中南林业科技大学	湖南省	博士一级、硕士一级
6	福建农林大学	福建省	博士一级、硕士一级
7	西南林业大学	云南省	博士一级、硕士一级
8	中国林业科学研究院	北京市	博士一级、硕士一级
9	四川农业大学	四川省	博士一级、硕士一级
10	内蒙古农业大学	内蒙古自治区	博士一级、硕士一级
11	河南农业大学	河南省	博士一级、硕士一级
12	河北农业大学	河北省	博士一级、硕士一级
13	安徽农业大学	安徽省	博士一级、硕士一级
14	江西农业大学	江西省	博士一级、硕士一级
15	山西农业大学	山西省	博士一级、硕士一级
16	山东农业大学	山东省	博士一级、硕士一级
17	贵州大学	贵州省	博士一级、硕士一级
18	甘肃农业大学	甘肃省	博士一级、硕士一级
19	沈阳农业大学	辽宁省	博士一级、硕士一级
20	浙江农林大学	浙江省	博士一级、硕士一级
21	北华大学	吉林省	硕士一级
22	北京农学院	北京市	硕士一级
23	广西大学	广西壮族自治区	硕士一级
24	海南大学	海南省	硕士一级
25	湖北民族学院	湖北省	硕士一级
26	华南农业大学	广东省	硕士一级

续表

序号	授权单位名称	所在省区市	林学一级学科授权类别
27	华南师范大学	广东省	硕士一级
28	华中农业大学	湖北省	硕士一级
29	兰州大学	甘肃省	硕士一级
30	西藏大学	西藏自治区	硕士一级
31	西华师范大学	四川省	硕士一级
32	西南大学	重庆市	硕士一级
33	新疆农业大学	新疆维吾尔自治区	硕士一级
34	中国科学院大学	北京市	硕士一级
35	仲恺农业工程学院	广东省	硕士一级
36	安徽师范大学	安徽省	硕士二级
37	北京师范大学	北京市	硕士二级
38	东北师范大学	吉林省	硕士二级
39	福建师范大学	福建省	硕士二级
40	广西师范大学	广西壮族自治区	硕士二级
41	湖南师范大学	湖南省	硕士二级
42	华北水利水电大学	河南省	硕士二级
43	吉林农业大学	吉林省	硕士二级
44	江西财经大学	江西省	硕士二级
45	兰州交通大学	甘肃省	硕士二级
46	辽宁工程技术大学	辽宁省	硕士二级
47	南昌大学	江西省	硕士二级
48	曲阜师范大学	山东省	硕士二级
49	山东建筑大学	山东省	硕士二级
50	山西大学	山西省	硕士二级
51	陕西师范大学	陕西省	硕士二级
52	四川大学	四川省	硕士二级
53	西安理工大学	陕西省	硕士二级
54	西南交通大学	四川省	硕士二级
55	云南农业大学	云南省	硕士二级
56	长安大学	陕西省	硕士二级
57	中国农业科学院	北京市	硕士二级

备注：以上数据截至2017年。

从产业变革来看，以人工智能为代表的新一轮科技革命以及催生的产业变革，正在驱动传统林科主动改造升级。大数据、云计算、物联网、人工智能、现代生物技术等已经广泛渗透并深刻影响林科建设发展，推动林科的知识范畴、研究对象、研究手段、学科组织载体、人才培养体系发生深刻改变，因此迫切需要林业相关高校创新发展思路，对新时代林科高等教育进行重构。

总之，加强高层次林科人才供给，积极践行生态文明建设理念、目标，寻找有效的实施路径，成为林业相关高校推动新林科建设的共同责任使命。林业相关高校必须主动适应新产业变革，立足林草事业需求，主动促进学科专业建设、人才培养、科学研究、文化传承创新、国际合作与国家发展深度融合，全面提升为林草现代化发展供给高质量人才、高水平科技成果的能力。

（二）国际林科学科建设和人才培养的新趋势

当前，随着全球绿色发展和生态治理建设的深入，国际上的林科学科专业建设和人才培养呈现诸多新特点、新趋势、新动向。

一方面，林学学科发展已由传统森林资源管理向自然资源管理方向拓展，林学也正从完全从属农学门类向多个学科门类交叉融合的领域拓展，学科的外延不断拓展，形成与其他学科深度融合的新格局。

另一方面，国外的林科相关学科建设，注重基础学科的支撑，注重与应用学科的融合交叉，强调专业与课程体系改革和教育国际合作，体现学科内涵综合多元和特色突出、院校自主设置和动态调整、人才培养宽口径和生源国际化等特点。亚太地区林业院校的林学类学科专业学科类型日益多样，新兴领域不断涌现，如美国俄勒冈州立大学等高校强调森林生态系统的综合管理，注重林学与理学、哲学的交叉融合，设置了可授予林业硕士、理学硕士、哲学博士的森林生态系统与社会等学科。瑞典农业大学和加拿大不列颠哥伦比亚大学等大学不断拓宽本科教育专业涵盖面，更加细化林学研究生教育的学科领域。

此外，欧盟国家、美国等林业专业硕士培养坚持与职业资格认证相衔接，突出执业能力的培养。国外各高校将人才培养与职业资格认证有机衔接，使研究生能够在毕业后顺利通过从业人员资格考试，获得行业准入资格。美国林业相关高校在课程设置中设立大量的美国林学会所要求的课程，体现对接需求。

三、新农科背景下的新林科建设实践案例

近年来，我国林业相关高校结合新农科建设的大框架，立足实际，积极推动新林科建设，在优化学科专业体系、完善人才培养模式、推动产教融合等方面都取得诸多新进展。主要的案例收集梳理如下。

（一）适应林草现代化发展的新林科学科专业体系优化

1. 北京林业大学——构建适应新时代需求的新学科体系

北京林业大学主动调整学科布局结构，完善学科运行管理机制，加快构建以林学、风

景园林学两个一流学科为引领，聚焦协调可持续发展的"雁阵式"学科体系。学校瞄准新时代林草事业发展的重大需求，积极探索山水林田湖草系统治理的实现方式，将学科优势转化为服务战略的有力举措，为生态文明和"美丽中国"建设贡献"北林方案"。

一是优化学科布局。撤销部分博士与硕士学位授权点，调整林学、林业工程、生态学等跨多个学院建设的一级学科布局。

二是调整学科结构。将草学提升为学校特色学科加强建设，成立草业与草原学院，将自然保护区学院更名为生态与自然保护学院，建立林学、风景园林学、林业工程、农林经济管理学科群建设工作组。

三是培育交叉学科。围绕支撑北京重大任务、解决京津冀协同发展重点问题，培育生态修复工程学、城乡人居生态环境学等交叉学科。学校增设森林康养、生物质能源等新兴涉林专业，筹建生态修复工程、林业人工智能等涉林涉草专业。强化与亚太森林组织合作，与国外单位共建国家级引智基地和国际联合实验室。

学校坚持组织跨学科团队，多学科支撑深化产教融合与社会服务，探索"绿水青山"向"金山银山"转化的实践路径。

一是打造社会服务大格局。打造生态文明建设高水平智库，服务京津冀协同发展及北京城市副中心、雄安新区建设。构建"大美中国"社会服务体系，以"大扶贫、大数据、大生态"为支撑点，服务贵州及西南地区发展战略需求；以助力"美丽中国·江西样板"工程为着力点，推动学校科教资源在江西落地生根；以支撑中部崛起国家战略为突破点，持续深化"鄢陵模式"的提升与拓展；以试点建设的祁连山国家公园为聚焦点，投身生态建设、绿色服务和区域发展主战场。

二是助力脱贫攻坚，把精彩论文写在内蒙古科右前旗大地上。聚焦智力帮扶和产业帮扶，实施"美丽乡村"规划设计、"北林定制"远新村生态农业以及"医疗+""文化+""产业+"等"十大行动"，在脱贫攻坚实践中检验林科高等教育水平，彰显了扎根中国大地办世界一流林业大学的责任担当。

2. 南京林业大学——强化林科特色，推进专业结构优化

南京林业大学瞄准经济结构优化升级新常态，围绕现代林业发展、生态文明建设等重点领域，明确提出专业结构优化的新格局是稳定传统林业和涉林专业；根据办学定位，适度增加市场前景好的新能源、新材料领域的专业，压缩市场需求萎缩、存在师资缺口、教学条件薄弱、相应的硬件和软件支撑不足的专业。

2018年，学校落实全国教育大会、新时代全国高等学校本科教育工作会议精神，启动和开展了专业结构优化工作。学校在对前期采集的专业质量综合评估数据进行多维分析的基础上，明确了推进专业结构优化的工作思路：按照"面向未来、适应需求、引领发展、理念先进、保障有力"的一流专业建设要求，以专业结构优化调整为抓手，着力推进新农科、新工科和新文科建设，健全以"林"为特色的学科专业生态体系；同时，围绕一流专业建设目标，实施本科专业结构动态调整，打破固有的学科边界、专业壁垒，进一步完善专业结构和布局，提高学校整体的专业建设水平。

学校以一流专业建设为目标，积极探索、统筹推进本科专业结构优化工作，力争建成

以"林"为特色的结构合理、均衡发展的专业生态体系。

一是调整或淘汰不能适应农林产业发展和社会需求变化、办学理念滞后、专业特色不鲜明、专业建设水平较低的专业,为学校发展新农科、新工科和新文科提供充足的空间。学校选取招生、就业、专业转入转出、专业实力、高水平大学建设贡献度五个一级指标构建了本科专业评估指标体系,用数学方法建立了多参数的专业质量综合评估模型,为专业结构优化调整提供了科学评价基础。学校根据评估体系中各分项指标的权重,进行回归分析,获得各专业综合竞争力排名,并结合同行专家评议,在广泛征求意见的基础上一次性停招了8个专业,调整了两个专业的院系归属,理顺了学科与专业的相互支撑关系。

二是升级改造传统专业。学校按照新工科、新农科和新文科建设标准,引入生物技术、信息技术、工程技术等现代科学技术,对现有专业进行改造。

三是推进服务国家和区域战略性新兴产业的专业以及公共服务领域改善民生急需的相关新专业的建设。目前,学校已经布局和正在积极申报家具设计与工程、机器人工程、智能制造工程、智慧林业等新专业,因地制宜培育农林特色优势专业集群,从而解决区域林业共性的关键问题,提升服务区域经济社会发展的能力。

(二) 服务生态文明需求的林科人才培养模式创新实践

1. 东北林业大学——全面推进林科人才培养体系改革

东北林业大学坚持"育人为本、崇尚学术"的办学理念,在人才培养的全过程践行以"学"为中心的理念,改革设计、政策制定、方案落实、质量评价全部坚持学生、学生学习、学生诉求和学生发展本位。

一是强化生态文明理念教育。学校充分发挥林科优势,将生态文明意识教育和生态文明建设能力培养贯穿人才培养体系全过程。在2018年本科专业人才培养方案中,明确了人才培养标准,要求学生"具有较强的生态文明意识和一定的生态文明建设能力",这为行业人才培养提供了目标导向。学校依托林学类拔尖创新人才和卓越农林人才培养,形成全校改革的示范效应,在全校践行"林中育人"的理念,全面培养学生生态文明意识。

二是优化林科专业人才培养环境。全面推进学分制改革,全面实施本科生导师制,深化大类培养。实施了8个学院11个大类的29个专业,采取"2+2"(个别大类采取"1.5+2.5")的培养模式,不断完善厚基础、宽口径培养模式,为更多的学生提供了适合成长和成才的路径。学校以林学类拔尖创新人才培养模式改革和国家级卓越农林教育培养计划项目为引领,推进"六卓越一拔尖2.0"计划,推进拔尖创新人才培养。

三是打造共享基地,提升行业人才培养能力。学校充分发挥学校帽儿山实验林场的优势与功能,积极建设帽儿山共享实习基地。帽儿山实验林场总面积26 496万平方米,是融资源保护、教学实习、科学研究、生态旅游、多种经营为一体的"产、学、研"相结合的综合性实习基地。为充分发挥这一独天地厚的资源优势,拓展帽儿山实验林场作为教育部理科基地实践中心、生命科学与人才技术培养基地、教育部全国大学生野外生存实训基地、全国林业示范建设自然保护区、国家重点野外生态定位研究站等功能。学校坚持面向社会发展需求,积极深化与全国农林院校的合作,共享帽儿山实验林场的优质的自然资源和教育资源,为全国农林专业野外实习和生态文明教育提供有力支撑。

2. 浙江农林大学——深化模式创新,打造新林科人才培养高地

浙江农林大学注重从理念创新、体系创新、模式创新和机制创新等方面逐层推进,形成了新林科人才培养的闭环,提升了人才培养能力和水平。

一是开设求真实验班。学校于 2018 年开设求真实验班,积极建设拔尖创新人才培养试验区、创新创业教育改革先行区、本科教育国际合作示范区,实行"一制三化"培养模式,坚持"宽厚基础、差异教育、融通国际"的培养特色。例如,在求真实验班首次试点开设大学写作课程,旨在培养大学生的逻辑思维能力和批判性思维,提高学生学术性表达的技能与艺术,进而提升学生的人文素养和写作能力。求真实验班面向新工科、新文科和新农科开设,涉及全校的 33 个专业,采用"2+2"培养模式。其中,面向新农科开设的求真实验班覆盖的涉林专业有林学、木材科学与工程、农林经济管理、风景园林等,人才培养特色是坚持宽口径培养、突出国际化,目标是培养农林拔尖创新人才。

二是坚持课程模块优化。学校积极构建基于课程模块的多学科联合人才培养模式。以林学专业为例,依托林学优势特色学科群,重新修订人才培养方案,构建包括基本素质课程模块、基本技术课程模块和专业方向课程模块的课程体系,并采取"本—硕—博"人才培养一体化课程衔接模式,彰显学科和科研对人才培养的支撑度,促进学科专业一体化。

依托林学的学科优势,学校建成了两个品牌专业模块,并总结形成了"一根科技竹,两颗富民果"山区精准扶贫经验:围绕竹林培育、笋竹加工、竹炭生产、竹材深加工等,30 年如一日服务安吉、临安、丽水等地的竹产业,取得了显著的经济、社会、生态效益;攻克了山核桃、香榧的良种快繁、高值利用等关键技术,推进了干果产业的提质增效和农民增收,其中干果科技特派员导学团队被中宣部列为"最美科技人员"。

三是强化产教融合,不断完善协同育人模式。浙江农林大学不断强化产教融合协同育人,引入外部优质资源,深度参与学校招生、人才培养、毕业生就业的全过程,不断完善"校地、校企、校所、校校、国际合作"五种协同育人模式,全力服务乡村振兴。在招生方面,学校面向浙江省重点林区丽水、衢州等地市,定向招收免学费的林学专业学生,培养"一懂两爱"的高层次专业人才,目前已累计招生 100 余人。在人才培养方面,学校通过实施"竹资源与高效利用博士人才培养"项目,开设竹子遗传与培育、竹林生态与碳汇、竹材科学与技术、竹业经济与文化等课程,全面贯通"一产、二产、三产";同时,分别以林学、农业资源与环境、生态学、林业工程、农林经济管理等学科为支撑,构建基于全产业链的多学科融合人才培养模式。

四、面向未来的新林科发展路径

在新农科大框架体系之下,林业相关高校需要充分把握高等教育内涵发展和新农科建设机遇,主动适应国家对林业草原建设新功能新定位要求,深化新林科建设的理论实践研究,推动林科高等教育创新发展。为此,中国林业教育学会立足林草事业的发展需求,继 2018 年通过召开了第二届全国林业院校校长论坛发布"新林科共识"后,又在 2019 年召开第三届全国林业院校校长论坛,聚焦"新林科、新路径、新探索"主题,研讨凝练新林科发展路径与架构,推动新林科建设从谋共识到抓落实转变。

(一)新林科发展的目标构想

新林科建设的愿景目标是主动适应全球新技术革命、产业变革和创新发展方向,对标2035年"生态环境根本好转、美丽中国目标基本实现",21世纪中叶建成富强民主文明和谐美丽的社会主义现代化强国目标,更新理念,对接需求,布局新林科,推进林科高等教育供给侧改革,完善优化与国家生态文明建设、林业草原高质量发展相适应的学科和专业体系,提升人才培养能力和水平。

要通过深入研究、凝聚共识、创新实践、加快行动,谋划"十四五"、2035年、21世纪中叶三个阶段的新林科发展目标构想,力求构建近期与远期目标相结合、重点层次结构清晰,与国家生态文明建设需求、国家对林业草原功能定位、林草融合新产业新业态发展相适应的学科专业优化目标方向、结构功能体系、具体发展路径。

(二)新林科发展的优先关键领域

围绕促进林科高等教育供给侧与国家行业发展需求侧的对接融合,从建设人与自然和谐共生的"美丽中国"战略高度,注重贯彻中央实施乡村振兴战略,打赢精准脱贫、污染防治等攻坚战,长江经济带共抓大保护、京津冀生态协同等重大战略;聚焦林业草原管理新职能、新职责,包括统一管理以国家公园为主体的自然保护地,加大森林、草原、湿地、荒漠等生态保护修复,提高生态保护修复的系统性,提升大规模国土绿化的科学性和精准度,增强优质生态产品的供给能力。

要强化国家公园、自然遗产等新领域人才支撑,健全自然保护地、林草装备现代化信息化、加强林草融合、林草资源可持续培育经营、林草一二三产业融合、全球生态治理和国际履约等关键领域的需求侧内容。要精准把握科技、人才需求和未来发展方向,优化人才培养结构,健全学科和专业体系,实现人才培养链与行业产业链的有效衔接,提高与国家战略、行业产业和社会需求的契合度。

(三)新林科发展的主要路径

1. 全面更新林科高等教育理念

立足新农科内涵的广义性、综合性、开放性,主动借鉴国际先进教育理念,深入贯彻《中国教育现代化2035》"以德为先、全面发展、面向人人、终身学习、因材施教、知行合一、融合发展、共建共享"要求,以立德树人为根本,坚持德智体美劳"五育",构建"三全"育人体系,加强拔尖创新型、复合应用型、实用技能型卓越林草人才培养。将习近平生态文明思想教育贯彻人才培养全过程,深化林草特色鲜明的生态文明通识教育,大力弘扬把论文写在大地上的优良传统,加强学生爱林、知林、为林的绿色情怀教育,强化献身"美丽中国"建设的使命担当。

2. 持续深化新林科高层次人才培养模式改革

把握本科专业设置调整的政策导向,按照宽基础、多方向的要求,对林学类、林业工程类、自然保护与环境生态类、草学类等现有专业进行升级改造，稳步推进森林康养、自然教育等新兴特色专业发展。建立新林科大类招生培养就业联动机制，推进多层次多类型人才培养特色发展。统筹规划建设一批对接林业草原发展需求、体现产业技术最新发展的特色专业方向、优质课程和教材，以特色在线课程、新形态教材建设推动教育教学改革，注重与现代生物技术、信息技术、工程技术深度融合。

3. 多路径探索新林科建设优化路径

立足构建自然生态系统保护、林草产业发展的综合性解决框架，突破现有学科体系、研究范式边界约束，以"根蘖式"自我拓展、"嫁接式"转型升级、"植被修复式"改造提升、"新造混交林式"复合交叉为主要路径，形成新林科的学科和专业体系。力争新设若干个一级学科，拓展林业草原相关学科发展空间。要把握"双一流"建设的契机，大力推进林工结合、文理渗透、林管贯通、林医互动，促进一流学科引领、特色学科振兴、新兴交叉学科培育、基础学科提升的耦合发展。优先布局建设国家公园体制建设、自然保护地体系构建、自然遗产保护、生态文明制度改革等领域的急需学科。大力发展促进林业草原智慧化和人工智能运用、生态环境大数据等前沿交叉学科。立足构建新林科本科教育和职业教育的学历"立交桥"，积极争取设置林业、风景园林专业博士学位和草业专业硕士学位，构架覆盖面更广的林科专业学位教育体系，促进与现代职业教育体系的有效衔接。

（四）合力推动新林科体系构建的政策建议

新林科路径架构是持续动态演化、不断发展丰富的开放体系，需要合力推动、创新发展机制。其中，区域特色鲜明是林科的重要属性，高校开展新林科建设需要科学定位、分类发展。建议分类别实施林业草原相关学科和专业的评价，确保不同类型高校的学科和专业各安其位，特色发展。建议各林科优势高校、地方农业高校要根据办学定位和优势特色，在推进"双一流"建设和"六卓越一拔尖"计划 2.0 过程中，深入探索多样化的新林科建设的新机制、新模式。各校继续从需求侧和供给侧两端进行再凝练、再完善，共同丰富新林科建设内涵，提升新材料建设质量。

推进新林科建设，迫切需要教育部、国家林业和草原局等部门加强政策倾斜、指导支持和资源投入。建议教育部加大对"六卓越一拔尖"计划 2.0、"双万计划"和"金专""金课""高地"等项目建设的支持力度。建议国家林业和草原局结合新职能，建设若干个行业支持、校际协同、开放共享的区域性新林科实践教学基地，推动林草部门管理的国家公园、自然保护地、国有重点林场有序向院校实验教学和科学研究开放。推动林业相关高校与综合性高校、科研院所、行业企事业单位建立协同育人机制，形成新林科科教协同、产教融合发展新格局。

推进新林科建设，更要抢占国际高地，深化开放合作，提升国际影响力。主动适应全面落实 2030 年可持续发展议程、共建绿色"一带一路"、携手推进全球环境治理保护、建设美丽清洁世界等需求，拓展林科高等教育国际合作交流的广度和深度。坚持以亚太地区林业教育协调机制、丝绸之路农业教育科技创新联盟等为纽带，构建林科高等教育国际伙伴网络，提升林业相关院校的全面开放水平和国际影响力。要对接国际一流标准，借鉴美国林学会的专业认证标准,推动林业相关专业三级认证全覆盖,创建新林科人才培养和学科评估的质量标准,为构建引领国际前沿的农林高等教育质量评价体系作出努力。

附:中国林业教育学会高教分会简介

中国林业教育学会高教分会是隶属于中国林业教育学会的二级分支机构,成立于1996年,立足服务林业高等教育改革,搭建沟通信息、交流经验、协作研究平台,致力提升林业高等教育质量。目前分会主任委员为中国工程院院士尹伟伦教授,秘书长为北京林业大学宋维明教授。分会秘书处办公地址设在北京林业大学。

第八章

加强高校外语学科建设
培养"一路一带"急需人才

——外语教学研究分会专题报告

"一带一路"倡议的提出,是人类文明史上的一个重要贡献,它传承丝绸之路的经验和传统,以构建人类命运共同体为目标,具有深远的世界意义和价值。高校外语学科建设直接关系到"一带一路"语言互通、民心相通,在国家战略中不可或缺的地位和作用更加凸显。这为高校外语学科建设带来了新机遇,也提出新挑战,有必要在对高校外语学科发展的嬗变和现状进行梳理的基础上,对"一带一路"倡议下高校外语学科建设的新问题进行研判、并剖析深层次原因,进而对外语学科更好地对接国家需求、取得新发展提出有效的建议。

一、高校外语学科发展的嬗变和现状

改革开放以来,中国国际地位的提升对外语学科提出了新要求和新挑战,外语学科建设理念、人才培养、师资队伍、教材编写、质量监控体系等,均紧密服务国家战略,取得显著成就。

(一) 中国国际地位提升对外语学科提出的新要求和挑战

改革开放以来,外语学科进入快速发展时期。1966年全国仅有41个外语语种,而到2019年,北京外国语大学作为全国开设外语语种最多的高校,已经开设101个外语语种,基本覆盖176个与中国建交国家的官方语言。从外语学科点建设来看,1981年11月,我国首批博士学位授予的外国语言文学学科、专业点有:英语语言文学5个;法语语言文学2个;德语语言文学2个;印度语言文学1个。到2019年6月,外国语言文学一级学科博士点已经达到49个。目前外国语言文学类专业下设100个本科专业,占本科专业总数的

16%，外国语言文学类专业设有3 000多个专业点。

21世纪以来，在复杂多变的国际形势下，中国经济长期保持快速增长，大国地位日益彰显，国际地位快速提升，对外语学科提出了新的要求和挑战。外语学科不仅要做好自身学科建设，更要对接国家战略，在国家语言能力建设、国家战略急需的高水平外语人才培养等方面提供及时有力的支撑。教育部高等教育司司长吴岩指出："高等外语教育关系到高等教育人才的培养质量，关系到中国同世界各国的交流互鉴，更关系到中国参与全球治理体系的改革建设。"服务于中华民族伟大复兴、建设高等教育强国需要，外语学科积极争创一流学科和一流专业。2017年10月，北京大学、北京外国语大学、上海外国语大学、南京大学、湖南师范大学（自定）、延边大学（自定）的外国语言文学学科进入一流学科建设行列。2019年4月，教育部实施的一流本科专业建设"双万计划"中，外国语言文学类国家级一流本科专业点拟建设数量为609个，在各类专业中位居第二。

（二）外语学科建设理念的变化和现状

随着时代发展变化，外语学科建设的理念也在不断深化。1987年12月，原国家教委印发的《普通高等学校社会科学专业简介》指出："外国语言文学是研究某个国家、民族、地区的语言、文学和文化的一门基础学科。外国语言文学类专业是教授外国语言、文学、文化等课程，培养从事翻译、教学、研究、管理工作的外语高级专门人才的一类专业。"2013年，国务院学位委员会外语学科评议组编写发布的《学位授予和人才培养一级学科简介》将外国语言文学一级学科按五个方向进行描述，包括外国语言研究、外国文学研究、翻译研究、国别和区域研究、比较文学与跨文化研究。外语学科建设的内涵得到拓展和深化。

（三）外语人才需求及人才培养的变化与现状

改革开放初期，外语教育主要服务于国家的现代化建设、对外交流和国际斗争的需要，专门外语院校主要承担培养外事翻译、专业外语师资和外国语言文学研究人才的任务，而高校的公共外语教育承担了一部分提高科技人才外语水平的任务。20世纪八九十年代，随着改革开放的深入，在知识经济和全球化的背景下，在由计划经济向市场经济转轨的过程中，社会对外语人才的需求越来越趋于多元化，外语院校主动适应变化，转变教育思想，调整人才培养的目标和规格，通过对课程设置的调整，在确保外语教学质量的前提下，增设经管法类等专业课程，通过专业方向或辅修等形式，实现了人才培养从单一的语言类人才向以外语为主的复合型人才培养的转变，从而较好地适应了社会经济发展的需求。

21世纪以来，国家对外语人才培养提出了更高的要求。《国家中长期教育改革和发展规划纲要（2010—2020）》提出，要"适应国家经济社会对外开放的要求，培养大批具有国际视野、通晓国际规则、能够参与国际事务与国际竞争的国际化人才"。2016年，中共中央办公厅、国务院办公厅印发《关于做好新时期教育对外开放工作的若干意见》，提出加快培养拔尖创新人才、非通用语种人才、国际组织人才、国别和区域研究人才、来华杰出人才等五类人才。2018年召开的全国教育大会指出，要大力培养具有全球视野、通晓国际规则、熟练运用外语、精通中外谈判和沟通的国际化人才,有针对性地培养"一带一路"等对外建设急需的懂外语的各类专业技术和管理人才等。

(四) 外语师资队伍建设的群像及个案

改革开放以来,为满足外语人才培养和外语教学的发展需要,我国高校外语专业的师资规模不断扩大。有研究显示,截至2018年,全国共有150万名外语教师,其中高校外语教师20万名。然而,总体来看,高校外语教师队伍建设还跟不上高等教育快速发展的步伐。2010年,教育部高等学校大学外语教学指导委员会对530所高校大学英语教学现状开展调查,其中包括教师队伍建设,发现"大学英语师资队伍的性别、职称、学历结构不平衡,这些不平衡影响力到教师个人的职业发展,不利于提高教学质量。"有学者对某"211"重点院校外国语学院教师群体进行个案调查,分析发现制约或阻滞高校外语教师专业发展的因素有:比较繁重的日常教学工作量与专业发展、学术提升之间的矛盾;不太令人满意的专业发展条件与社会、学校以及学生对教师高期望和要求之间的差距所带来的工作压力;教授科研经验和方法的欠缺以及科研成果少影响了该教师群体的专业发展。

非通用语教师发展面临更多的困扰。2015年,有关部门曾有过基本的研判,其中指出非通用语教师存在的问题,包括赴对象国进修渠道不宽,教师队伍薄弱,业务水平和教学能力不足等。一项质性研究通过对10名高校非通用外语教师的深度访谈,揭示了他们职业成长与发展面临的内外部困境。研究发现:外部困境主要表现为教育教学资源匮乏(无教材,无工具书),承担课程门类过多,且身兼教学、行政、科研、外事秘书等多种工作;内部困境主要表现为教学与科研冲突带来的内心纠结与焦虑。

(五) 非通用语教材及辞书现状

改革开放以来,非通用语发展的主要成果之一就是教材及辞书建设取得了历史性的突破,成果丰硕。有研究指出,非通用语教材及辞书品种、类型日益多样化,新媒体新技术的应用愈加广泛。例如,由解放军外国语学院亚非语系牵头,广东外语外贸大学等院校参与协作,在世界图书出版广东公司的支持下,编写出版了一大批从语言教学到国别研究的教材。其中包括语言入门精品教程、国家级教程和教育部第一批特色专业建设点系列教材、国家级教学成果奖系列教材、中国外语非通用语种本科人才培养基地教材等,既有不同层级的基础语言、语法、听力、阅读、翻译等教材,也有国别与地区概论、社会文化与投资环境、文化概论、经济社会地理、文学史等系列读本,规模和数量都达到了历史最好水平。

(六) 外语教育质量监控体系的变化和现状

改革开放以来,特别是自21世纪初以来,中国高等院校的外语教育规模快速增长,对质量监控提出了很大挑战。有研究显示,2005年,全国设置英语专业的普通本科高校数量有790所,到2015年达到994所(增加了204所),占全部院校的86.81%。小语种专业设置数量也出现较大的增长,如日语专业设置院校,到2015年增长了213所,增长率高达72.7%;俄语专业设置院校数量从2005年的91所增加至2015年的137所,增长率超过50%；法语、西班牙语、阿拉伯语专业的设置院校数量2015年增长率均超过100%。

我国采取多种措施加强外语教育质量监控，对教学不同环节的监控都有很大进展。为监控全国英语专业本科教学质量，英语专业四级、八级考试分别于1990和1991年正式开始，所有英语专业的学生都必须参加四级考试，八级考试则自主参加。2005年，外国语言文学类专业教学指导委员会（以下简称外指委）在教育部高教司的领导下开始了高等院校外语专业本科教学评估的准备工作，对外语专业本科教学提出明确的指标体系和评估要求。根据教育部的要求，2013年9月，外指委委托英语专业分委会的专家，首先开设研制英语类专业的教学质量标准；随后，外指委以英语类专业的标准为蓝本，制定了外语专业教学质量标准，同时展开德、俄、法、日、西、阿和非通用语等专业质量标准的制定工作，于2014年10月全部完成。

二、"一带一路"倡议下高校外语学科建设的新问题和原因剖析

"一带一路"倡议的提出，对高校外语学科建设提出了新的要求，使得外语学科建设的一些新问题也更加凸显出来，有必要对这些新问题进行及时研判，并对问题存在的深层次原因进行剖析。

（一）国家语言能力单一化甚至弱化问题

随着"一带一路"倡议的提出和深入推进，中国日益走近世界舞台中央，国际地位快速提升，国际利益不断扩展，在此背景下，提升国家语言能力至关重要。然而我国的外语语种数量和覆盖面不够，语种建设分布不合理，调控缺失，国家语言能力存在单一化甚至弱化的问题。目前，虽然我国高校能够教授的外语已经突破100种，但语种的深度与广度与美国、俄罗斯等传统大国相比仍差距较大。有研究显示，2009年，美国高校已经能够开设259种语言的课程，其中非通用语种244种。美国国家安全局建设的语料库涵盖500多种外语（含一些方言），并能对这些语言进行基本的语音识别和必要的培训。我国与亚洲、非洲的关系十分密切，涉及国家的睦边战略、资源战略和反恐战略，但是亚非语言一直是我国外语人才培养的短板。为适应"一带一路"重大战略的实施，各高校都表示出为国家服务的强烈愿望，加之各种政策支持，高校增设非通用语专业的热度骤增，然而有些高校根本不具备招生的基本条件，就准备开设新的非通用语专业。此外，我国教授的外语一般都是标准语，但处理国际事务，只有标准语是不够的，往往还需要懂得外语的各种变体。比如我国海军在亚丁湾护航，就需要听懂索马里海盗讲的阿拉伯方言。

（二）外语学科和多语种教育规划滞后问题

"一带一路"倡议的深入推进对外语学科提出了新的需要，然而我国外语学科和多语种教育的规划还十分滞后。有学者指出，自20世纪80年代至今，我国外语教育战略规划工作一直没有系统开展过，另外由于没有专门的政府部门或是规划团队对外语教育进行统筹管理与规划，外语教育规划就容易形成各个学段、不同语种、不同专业"各自为战"的

分割局面。多语种教育规划滞后问题更加突出。在国家层面,对高等学校外语非通用语种专业的选择和布点,学科建设发展,人才培养、使用与储备,师资队伍建设等问题还缺乏应有的战略协调机制,尚未与国家语言能力建设形成理论与实践层面的有机对接。近年来各地办学积极性高涨,教学点大增,有研究显示,如朝鲜/韩国语的教学点甚至已达到129个。又如2016年,全国有两所院校的非通用语专业呈两位数的增长,波兰语专业一年就增加了5个教学点。一些新增教学点的招生规模也明显超出了常规做法。此外,目前对于非通用语种的分类单一,区分度低,也影响了多语种教育的规划和定位。

(三) 高素质外语人才特别是多语种人才培养紧缺问题

尽管我国外语人才取得了快速的发展,然而"一带一路"急需的高素质外语人才,特别是多语种人才仍十分紧缺。一方面,不少学校一拥而上开设英语等通用语种,致使传统的以语言技能为主的外语专业毕业生"同质化严重""产能过剩",在就业市场中受到学成归国留学生和具备较强外语应用能力的非外语专业学生带来的冲击。另一方面,"一带一路"的深度融合与合作,政府间的人文交流和项目决策与谈判,我国与被投资国都需要高端复合型外语人才。我国由于缺少懂外语的法律人才、金融人才和区域研究人才,在海外并购中失败的例子并不鲜见。"一带一路"倡议急需的非通用语种人才、高级翻译人才、国际组织人才、高水平复合型人才等的供给严重不足。

(四) 高水平外语教师特别是非通用语师资匮乏问题

虽然我国外语师资队伍建设取得了明显的成效,然而外语教师的发展并不均衡,专业能力参差不齐,"一带一路"倡议需要的高水平外语教师仍然比较缺乏,外语教师的科研能力、教学能力、国际化程度、信息化素养等都有待进一步提升。相关研究者的共识是,外语学科专业教师群体拥有博士学位比例低,研究能力偏弱,导致研究项目难以申请,研究成果数量有限。究其原因,一是不少青年老师没有接受过博士阶段严格的专业学术训练,缺乏理论素养,未能掌握研究方法;二是入职后教学任务繁重,教师没有充裕的时间继续开展学术研究,大多数高校的外语教师授课较多,但真正意义上的教学能力并不强;三是教学任务与研究方向脱节,教师发展缺乏明确的学科方向和学术支撑。特别是随着社会发展变化和人工智能、现代教育技术的快速发展,对外语教师的教学能力提出了更大的挑战。

非通用语种师资匮乏的问题更加突出。有研究指出,虽然经过政府部门和有关高校的共同努力,非通用语教师队伍薄弱的问题在一定程度上得到了解决和改善,然而,随着非通用语种的快速发展,"师资缺乏、结构失衡、业务水平和能力不足等问题仍不同程度存在"。有不少院校非通用语种专任教师编制和配备不足,队伍年青,教学科研能力尚待提高。两三名教师支撑一个专业的情况相当普遍,有的专业甚至只有一名教师,而大量新增语种的专任师资还属空白。另外,新建语种教师的专业外语能力比较有限,甚至尚未达到应有的任职学历要求;有的教师跨学科读博,学历虽得到提升,但方向和精力偏离专业外语岗位任务要求,不利于专业语言教学向精深博雅发展。

（五）非通用语教材及辞书紧缺问题

非通用语教材及辞书紧缺问题仍十分突出，不同高校、不同的非通用语专业之间的教学基础和学术水平差异很大。实是求是地讲，近年来，虽然外语类各高校以及部分院校的外语系加快了建设步伐，取得了显著成绩，但仍有相当一批专业基础薄弱，存在不同程度的课程体系不健全、教学标准缺失、教材和工具书编写不能满足需求的情况。部分专业，包括有的开设时间较长的语种专业，至今学科意识不够完整，缺乏科学严谨和相对稳定的课程体系，甚至没有适应当今人才培养需要的核心课程教材和基本的双语词典。

（六）外语教育质量监控体系问题

当前，全面提高教育质量已经成为高等教育的核心任务。"一带一路"倡议背景下外语教育规模进一步扩大的同时，质量监控的问题更加凸显。有专家指出，外指委在2006至2008年评估了102所高校的本科英语专业，发现了学生听说读写译基本功不够扎实、专业课时不足、教学环节质量监控不严等问题。英语专业四级、八级考试存在平均通过率较低，个别院校通过率为零的现象。非通用语专业教学的质量监控更加紧迫，例如：有些专业在导向上不再强调原有的专业外语精细训练传统，忽视语言基本功训练；在培养模式上一味强调"复合"，宣传话语中大量使用"高端"性表述，组织形式花样迭出，违背非通用语人才成长规律；在管理上，简单地将出国留学等同于国际化办学，对学生缺乏应有的跟踪管理和考核，国内外教学缺乏有效衔接等。

三、对外语学科发展的建议

（一）提升外语学科地位

"一带一路"倡议下，建议我国将外语学科地位提升到国家战略的高度予以充分重视，更好发挥外语特别是非通用语在实施国家战略和国家语言能力建设中的重要作用，为国家战略发展提供充足的语言支持和智力保障。中国作为世界大国日益深度参与全球治理，与世界各国交流互鉴，积极构建人类命运共同体，外语成为国家发展过程中不可或缺的资源之一，是国家核心竞争力的重要组成部分，也是国家语言能力和软实力的重要体现。世界大国和国际组织都高度重视外语教育在国家战略发展的重要地位。美国1958年颁布的《国防教育法》首次将外语提高到与数学和科学等同等重要的地位，之后在2004年、2006年、2011年多次出台国家层面的语言发展战略计划。日本在2013年发布了《应对全球化的英语教育改革实施计划》。经济合作与发展组织（OECD）在2010年发布了《全球化背景下的世界语言——为更好地理解文化而学》。

（二）统筹规划语种建设分布

语言对"一带一路"倡议的实施起着至关重要的作用，各种"走出去"的实践，无论是思想文化类的，还是企业类的，都离不开语言的支撑，即有学者指出的需要"语言铺路架桥"。建议从国家层面进一步加强语种建设的统筹规划和科学布局。从国家语言能力建设的高度，综合考虑世界不同语言的政治和文化影响力，根据具体语言的社会功能等因素，根据国家战略需要科学布局，分清主次先后，动态调整，保持合理规模，避免大起大落，避免盲目开设和资源浪费。将我国的语言战略同"一路一带"沿线国家的语言战略相结合，在巩固英语等学科专业发展的基础上，充分发挥区位优势和地方特色，扩展"一路一带"沿线国家与地区的外语学科种类。

（三）深化外语学科内涵发展

面对"一带一路"倡议带来的新变化和国家战略新要求，建议进一步深化外语学科内涵发展，将语言、文学、对象国研究以及区域研究相结合，重视和提升对外语社会功能的研究、开发和应用。

国家对外开放赋予外语学科更多的责任和更多的需求，从之前对单纯工具型外语人才培养的需要转向对复合型、融通型外语人才的需要，需要外语学科为其他学科的国际化提供支撑，需要外语学科不仅提供人才，还能够提供研究成果和智力支持。应进一步对接国家战略需求，深化外语学科内涵发展。如北京外国语大学落实中央决策部署，顺应中国同亚洲、非洲各国互利共赢、共同发展的新期待新要求，于2019年9月将亚非学院扩建为亚洲学院和非洲学院，探索融语言教学、人才培养、区域和国别研究为一体的内在复合型外语学科建设新模式。

（四）调整外语人才培养模式

"一带一路"背景下，建议外语学科主动对接国家战略，适应经济和社会发展需求，改革和创新人才培养模式，构建更加特色鲜明、开放灵活的人才培养体系。深入挖掘沿线国家和地区特色鲜明的教学资源，鼓励学生通过主辅修、第二学位、经典阅读、联合培养、行业实践、海外中长期研修等途径，习得"一带一路"沿线国家历史、政治、经济、教育、文化。深度融合现代信息技术，促进人才培养模式和各个环节的改革创新。如北京外国语大学加快"一带一路"急需的非通用语高端人才培养，探索通用语、非通用语复合，邻国同族语复合，官方语、民族语复合等多种复语模式，打造本硕博贯通培养、跨院系跨学科培养、国内外联合培养等多元发展路径。成立北外学院、国际组织学院并推举实体化建设，积极探索英法双语跨学科全球治理拔尖人才和复语型、复合型国际组织人才培养新模式。

（五）促进外语学科与其他学科的有机结合

当今世界，学科发展日益呈现出相互交叉融合的态势，新一轮科技革命和人工智能的迅猛发展对外语学科的传统定位产生了巨大冲击，建议根据国家和经济社会发展的新需求和学科发展的特点及规律，促进外语学科与其他学科的有机结合，促生新的学科生长点。以"双一流""新文科"建设为契机，鼓励外语学科与其他学科打破壁垒、交叉融合。如北京外国语大学组建人工智能与人类语言实验室，本着"开放、协同、智能、一流"的建设原则，依托交叉学科智库，围绕国家科教兴国战略，汇聚海内外贤才，力争成为国内乃至世界领先的人工智能助推语言教育的研究高地。

(六) 加强外语师资队伍建设

为更好服务"一带一路"沿线国家,建议在政府层面建立外语教师准入和职业发展管理体系,拓宽国际化培养渠道,打造高水平国际化外语师资队伍。具体建议包括以下几个方面。

(1) 政府层面建立外语教师准入机制。建立教师准入门槛和基本标准,确保不同地域、不同层次、不同学校的外语教师都具备合格教师的基本素质要求。

(2) 构建外语教师职业发展管理体系。根据新的要求和形势变化,为外语教师的专业发展、终身学习和能力提升提供有力支持,促使外语教师水平持续提高,能够因应新变化,掌握新本领,将传承与创新有机结合,有效开展教育教学和人才培养,实现教研相长和学术创新。

(3) 拓宽外语教师国际化培养渠道。通过出国研修、参加国际会议、出国访学、攻读学位、中外合作办学等多种形式,为外语教师拓宽国际化培养渠道,提升外语教师的国际化素养。

(七) 促进独立有效的外语学科及教师评价体系

考虑到外语学科的战略地位和学科特点,建议给予外语学科特别的评价权利,建立独立的实事求是的外语学科及教师评价体系。有研究指出,外语学科在国家政策导向或资源分配评审上,都还没有得到应有的重视。在 2017 年度"长江学者奖励计划"名单中,无论是特聘教授、讲座教授还是青年学者,外语学科均无一人入选。我国外国语言文学一级学科中拥有博士学位授予权的高校有 49 所,外语师资队伍规模庞大,不乏出类拔萃的优秀人才,这份名单显然未能完全反映高校外语教师队伍的发展状况。迫切需要进一步构建独立有效的外语学科及教师评价体系,营造有利于外语教师发展的良好环境。

在外语学科内部,通用语和非通用语之间、非通用语内部之间都存在很多差异,在评价时应进行细分,区别对待。对于外语教师的评价,应充分考虑教师之间的差异,建立和完善分类评价体系,拓展外语教师队伍发展的通道,促进教师分类卓越。如北京外国语大学自 2016 年起积极探索实施教师分类评价,创新教师评价体系,改革职称评聘办法,完善教学、科研和社会服务评价标准,增加同行评价力度,实现了教师职称和职级评聘按教学科研、科研教学、教学三个系列进行分类评聘和管理;评价注重成果质量,兼顾成果数量,体现各类教学科研成果业绩,实行成果的有限替代,建立起激励教师分类卓越发展的新机制。

(八) 促进外语教育理论的科学化

建议促进外语教育理论的科学化,加强对外语学科的系统研究,促进外语教育的系统化。有研究指出,相较于文史哲和经管法等人文社会科学,我国的外语学科属于"舶来品",在中国的根基尚浅,其研究既要参照国际标准,又要适应国内评价制度,常常顾此失彼。不少人只是满足于跟踪介绍国外的学术进展,研究成果缺乏原创性。很多外语教师从事语言教学，与自己的学术兴趣、课题研究关联度并不大，从而导致教学与科研脱节，影响了教师专业水平的提升。我国的外语教育在实践中取得了很好的成效，培养了大批国家和社会需要的高水平外语人才。很多外语教师在教学实践中积累了丰富的经验和实践智慧，但要将其转化为研究成果并非易事，因为很多实践性教学智慧属于"隐性知识"，要将其充分挖掘梳理出来并提炼上升为教育理论并非易事。这需要一代又一代外语教育工作者的经验积累和学术传承，有必要将外语教师丰富的实践智慧进行充分挖掘和传承，提炼出具有中国特色的外语教育理论，提升中国外语教育在世界的影响力，将中国优秀的外语教育经验充分传承发扬，为世界外语教育事业贡献中国的智慧。

（九）推动与国外教育机构的合作

"一带一路"倡议下，建议进一步加强和推动外语院校与国外教育机构的合作，推动协同发展、优势互补，优化资源配置，加强教材和辞书建设。重点推进国别与区域研究等方向建设，加强与"一带一路"沿线国家高校和科研机构的双边与多边合作，为资政咨商、防范风险、启民育人等提供智力支持，提升国内学术界对"一带一路"沿线国家与地区研究的国际话语权。如北京外国语大学于2017年牵头成立全球外国语大学联盟，来自全球16个国家的30所高校成为联盟首批成员，覆盖了"一带一路"沿线主要国家和地区。联盟高校将分享办学理念与发展经验，在服务各自国家和地区发展战略中实现外语院校自身的大发展；共同探索跨国培养与跨境流动的新型人才培养模式；促进联盟高校间师生流动，通过合作办学、专业共建、联合培养等方式，加强跨学科、复语型、复合型人才培养，主动适应全球化发展对优秀高层次国际化人才的迫切需求；加强联盟高校间研究机构及研究人员的交流与合作，共同开展国际合作研究项目，联合开展学术研究，提升联盟在外语教学研究以及国别区域研究、全球治理方面的水平和影响力。

参考文献

[1] 吴岩. 新使命、大格局、新文科、大外语 [J]. 外语教育研究前沿，2019（2）：3-7.

[2] 曾天山、王定华. 改革开放的先声——中国外语教育实践探索 [M]. 北京：外语教学与研究出版社，2018：109.

[3] 丁超. 对我国高校外语非通用语种类专业建设现状的观察分析 [J]. 2017（4）：3-4.

[4] 钟美荪. 实施本科教学质量国家标准，推进外语类专业教学改革与发展 [J]. 外语界，2015（2）：2-6.

[5] 赵蓉晖. 国家安全视域的中国外语规划 [J]. 云南师范大学学报，2010（2）.

[6] 文秋芳. "一带一路"语言人才的培养 [J]. 语言战略研究，2016（2）：26-32.

[7] 李宇明. 提升国家语言能力的若干思考 [J]. 南开语言学刊，2011（1）：1-8.

[8] 沈骑、鲍敏. 改革开放以来的中国外语教育规划 [J]. 语言战略研究，2018（5）：21-31.

[9] 蒋洪新. "一带一路"倡议与中国外语教育改革 [J]. 外语教学, 2020（1）: 1-2.

[10] 王守仁. 关于高校外语教师发展的若干思考 [J]. 外语界, 2018,（4）: 13-17.

附：外语教学研究分会简介

外语教学研究分会成立于 2010 年，从事外语教育教学理论和实际问题的研究，探索外语教育规律，推动外语教学改革。目前分会理事长为北京外国语大学校长彭龙，秘书长为北京外国语大学张朝意。分会秘书处办公地址设在北京外国语大学。

第九章

服务人民健康事业
发展智慧医学教育

——医学教育专业委员会专题报告

当前,我国已经建立起全球最大的医学教育体系,但在医学教育理念、高水平研究和医学教育学科建设等方面滞后于医学教育实践。同时,处于全球科技革命、健康中国战略、医教协同发展三大机遇期的中国医学教育面临着抓住机遇、着眼未来,推进医学教育多层次、全方位改革的历史使命和重任。

医学是一门理论教学、实践教学和科学研究三位一体的应用性学科,具有很强的实践性,受到许多因素,包括不断变化的医疗环境、医生角色的变化、社会期望的变化的影响,医学教育正在迅速变化,教学方法呈多样性。社会期望的变化是将患者的安全放在首位,并提出与真实的患者进行学习互动,长期以来的"看一个、做一个、教一个"的教学方法不再被接受。在医学教育中,教育目标包括基础知识的获得,改善医疗决策的制定,改善技能协调性,针对罕见或重要事件进行练习,学习团队培训以及提高医疗心理运动技能等。医务人员在职业活动中需要具备扎实的理论知识和精湛的临床实践技能才能承担"救死扶伤,治病救人"的光荣使命。

随着社会经济发展,医学生招收人数上升、医学教育资源稀缺以及广大患者自我保护意识的增强、医患关系紧张等多种原因,培养一名德才兼备的优秀医务工作者任务尤为艰巨,医学教育陷入了日趋明显的困境。随着互联网、大数据和人工智能等高新技术的发展,先进科学技术应用于医学教育是教育改革的必然趋势,也对解决上述问题提供了一个可行途径与发展契机。经过近几年的实践和探索,我国已初步建立起智慧医学教育的理念和体系,积累了实践和应用的宝贵经验。

一、智慧医学教育的目的和意义

进入 21 世纪以来,信息技术以前所未有的速度和气势,强烈地冲击着社会生产生活的方方面面，成为当今世界发展的重要驱动力。在物联网、云计算、大数据、移动通信等新一代信息技术的推动下，世界上多个国家和地区已将智慧教育作为其未来教育发展的重大战略，从数字教育转向智慧教育已是全球教育发展的必然趋势。智慧教育正在引领全国教育信息化的发展方向，成为技术变革教育时代发展的主旋律。在医学教育领域中，《国务院办公厅关于深化医教协同进一步推进医学教育改革与发展的意见》（国办发〔2017〕63号）指出：深化院校医学教育改革，推进信息技术与医学教育融合，鼓励探索基于问题的小组式教学模式。教育部、国家卫生健康委员会、国家中医药管理局《关于加强医教协同实施卓越医生教育培养计划2.0的意见》（教高〔2018〕4号）提出：深入推进以学生自主学习为导向的教学方式方法改革，完善以能力为导向的形成性与终结性相结合的评价体系。教育部2018年4月印发的《教育信息化2.0行动计划》提出：要"持续推动信息技术与教育深度融合"，"充分利用云计算、大数据、人工智能等新技术，构建全方位、全过程、全天候的支撑体系，助力教育教学、管理和服务的改革发展"，"开展以学习者为中心的智能化教学支持环境建设"。信息技术充斥着各领域的同时，对医学教育也产生了深刻影响，国家相关政策也强调医学改革需紧跟时代步伐，将医学教育与信息技术融合，解决现有医学教育难题，不断提高医学教育质量，培养高素质医学人才，发展智慧医学教育、建立智慧型医学教育平台是必然趋势。

计算机技术在教育领域中使用已经很多年了，对促进教育发展和变革产生的结果却往往令人失望。但是，近年来人工智能（AI）技术的快速发展对教育应用产生了积极影响。人工智能、大数据、AR/VR、"互联网+"等技术在教育中迅速普及，催生了智慧教育、"互联网+"教育、未来教育等。尽管信息技术还没有真正给医学教育带来大规模常态化的革命，但是，人工智能的最新进展正在推动和促进智慧医学教育的产生和发展。

美国教育部发布了《2016年国家教育技术计划》（以下简称《计划》），《计划》提出要综合进行教学过程的设计，在集成教学技术、教学模式到教学过程中，实现实时教学质量反馈，从而实现个性化教学。

美国教育部正在推行技术驱动的教育，即使用人工智能、大数据等现代教育技术改进教学效率乃至重新定义教学模式；美国医学会、哈佛大学和斯坦福大学等也在医学教育领域里使用人工智能、大数据进行尝试。例如，斯坦福大学医学院经过多年的实践大量启用现代医学教育技术，构建了从基于电脑的虚拟化训练，到基于屏幕和网络的训练，再到基于实物模型临床技能训练的进阶式教学模式，为医学生提供了大量的训练机会，并且将有经验教师的能力固化到系统中，让系统代替教师对于医学生的临床技能训练进行实时纠错反馈指导，实现形成性评价。

智慧医学教育概念，是借鉴了美国医学会、美国教育部、斯坦福大学以及武汉大学医学部、四川大学华西医院、中国医科大学、贵州医科大学等国内外机构单位的理念和实践，针对我国医学教育现状特点进行深入分析，由中华医学会医学教育分会医学现代教育技术学组2016年5月在武汉大学举行的2016全国医学现代教育技术学术会议上首次正式提出。

智慧医学教育，是利用人工智能、大数据、虚拟现实与混合现实、智能传感等为基础的医学现代教育技术，在教学、学习、训练、考试、评价、质量监控等各个方面综合实现智能化,以智能化技术实现教学质量同质化,让学生得到充分的、自主的、有纠错指导的临床前操作训练,并在全过程中自动提取生成教学大数据,利用人工智能和大数据分析自动产生客观评价,作为教学质量监控的量化、客观、可视化依据,闭环改进、重组教学流程,最终改善教学效果的教育模式。

智慧医学教育的核心是智能化,其目的和意义是在减轻人工重复性工作的同时,通过智能模拟、大数据和人工智能技术进行教学质量的闭环管理,实现同质化教学,最终提高医学教育的效率和效果。

(一) 学生层面

当前对于学生的教学评价,依然是传统的成绩评价,以一次考试的成绩决定学生的学习能力与否,这是非常片面的评价。很多学生在理论上比较落后,但在实践操作中很有自己独特的想法;一些理论知识很好的学生,在实践中反而会有迟疑和退缩。所以,学生在学习上也是各有所长,对学生进行评价的目的不是告诉学生学习是否合格,而是通过一个客观指标,使学生了解到自己的优点与缺点,有针对性地进行努力。所以目前这种终结性评价的方式是不客观不全面的。与此同时,随着我国教育的不断改革,针对学生的培养目标已将不再是单纯的理论学习,要保障学生综合素质的提升。因此,在医学教育中,学生的综合发展,应该是高校在医学教育中必须重视的问题。但是,当前很多学校在医学教育上依然采用传统的教学方式——填鸭式教学,教学模式单一,师生缺乏互动,学生学习主动性低、学习兴趣不强、独立思考能力弱,教学过程没有有效记录无法追踪,没有支撑形成性评价及反馈,理论与实践脱轨、实践与临床脱轨。尽管现在医学生培养方案加强了实践教学,但大多数院校实训中心依旧存在着设备设施陈旧、使用率低、设施数量少、技术落后等问题。训练设施多采用传统模型,训练过程中无反馈,操作手感不真实,学生训练机会少,训练效果难以保障,实践教学与临床脱节,无法满足培养应用型医学人才的要求。智慧医学教育的提出有助于形成性评价,取缔终结性评价,客观全面地反映学生短板和高校教育质量;学习训练的模式和资源更加开放和多元;可以提高学生学习积极性,搭建理论走向实践的桥梁。

医学教育正在迅速变化,未来医生的挑战包括能力和学习成果的强调和标准化,在本科、研究生和继续医学教育中使用技术变得越来越普遍。这些方式有助于知识获取,改善医疗诊断思维,增加医学生对患者的感知,改善技能协调,并提供一种使学习者参与并允许不危害患者学习的教育环境。使用计算机技术的另一个好处是能够评估学生能力,并为学生提供任何级别的工具,使他们能够继续获取必要的医学知识成为终身学习者。

(二) 教师层面

在高校医学专业学生的教育中,师资力量是影响学生学习质量的关键因素。由于现在高校医学教育的目标不够清晰,课程设置也不够稳定,对师资队伍建设有严重的影响;同时由于招生人数扩增,导致师生比严重失衡,教师无法同时兼顾全部学生,教师教学任务繁重,无法达到同质化教学,也严重影响教学的质量。智慧医学教育不仅有利于解决教学无基线、无过程记录、无统计分析等问题,并且有助于解决病患教学资源不足等问题,解决师生比低、教学供给力不足的问题，解决医学教育领域中的理论结合实践的问题。在医学教育中，诸如模拟、虚拟患者和网络学习之类的进步已经发展成为一种教学策略，以促进一种主动的、以学习者为中心的教学方法。当代的医学生已经沉浸在各种技术中，并且在传统的教室环境中功能越来越弱。医学教育者的主要任务是选择和改进适当的基于技术的课程。

医学教育中技术的使用不能替代面对面的学习。医学教育工作者仍必须专注于教学原理，而不是特定的技术。技术只是教育工具箱中的一种工具。医学教育工作者的任务是有效地使用这些新技术，并将学习转变为更具协作性、个性化和授权化的体验。

（三）管理者层面

目前大部分院校都处于教学与管理脱节的状态，多项工作均靠人力操作运转，效率十分低下，没有将教学与管理有机结合，无法发现教学管理中的问题并改进教学模式，导致教学水平持续停滞不前。智慧医学教育有利于提高教学和管理的效率和质量，可以高效利用教学场地和设备，合理预算节省开支，进行闭环反馈，促进教学模式的持续改进。医学教育的最终目的是将学习者转变为合格的专业人士，并且追求卓越，终身学习，不断进步，这样才能保证高质量的医疗服务。和其他教育系统一样，评估被视为实现医学教育目标的基础。

为了满足迅速变化的卫生保健系统的需求和公众的期望，医学教育和评估方法在过去几十年里发生了根本的变化。最近的评估改革旨在将评估实践与基于结果或基于能力的教育模式结合起来。评估通常侧重于培养专业能力的发展，并确保对学习者或医生是否适合实践作出强有力的决策。基于能力的评估系统通常是复杂的，因为它们依赖的评估项目包括多种方法（标准化的和非标准化的），并且必须嵌入到高度复杂的教育和医疗系统中。因此，评估系统必须达到形成性和总结性评估的目的，高效和有效，并满足学习者、教育机构、患者和卫生保健组织的需要。如何对医学教育和卫生专业人员进行评估的方法需要进一步讨论。人们越来越认识到，传统的评价和管理方法无法可持续地解决评估的数量和复杂性。智慧医学教育帮助人们进一步理解、接受和实际参与医学教育和评估系统中所面临的问题和必须持续改革的现状。

（四）社会层面

自古以来，教育唯一持续的目的就是使人们尽可能充分地认识到做人的意义。其他关于教育目的的陈述也被广泛接受：发展智力，服务社会需求，为经济作出贡献，创造有效的劳动力，为学生就业或事业做准备，促进社会或政治制度改革，等等。智慧医学教育为学生提供优异的教学模式和资源，有利于提高医学生理论知识和技能操作水平，达到教学同质化，促进我国整体医疗水平的提高，缓解医患关系；同时教学资源可进一步开放，面向社会科普医学知识，为公共卫生事业助力。

（五）智慧医学教育产生的效益

智慧医学教育以教学大数据平台为依托，结合现代医学教育技术，从医学、教学、管理三条线打通了教学、管理流程,大幅度提升了教学、管理水平,其效益主要体现在以下几个方面。

(1) 将传统医学教育中教、学、练、考、评、管各分离的环节有机融合,形成了完整的体系性互通互融闭环,以评促管,以管促教,教学结合、学练同步(见图9-1)。

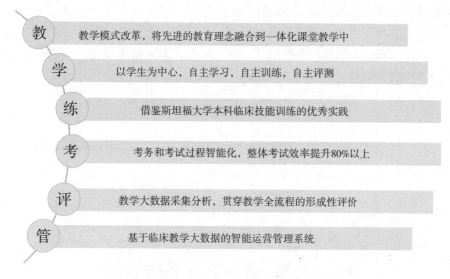

图9-1 智慧医学教育体系

(2) 通过虚拟仿真体系和大数据平台解决了传统医学教育中技能训练无纠错反馈(学生茫然练习)、无形成性评价(终结性评价无法满足医学教育谨慎性原则)、无教学基线测定(教师不清楚学生水平从而只能平铺直叙授课)、无教学管理(教学管理者无管理抓手)等问题,大幅度提升了技能教学水平。

(3) 通过打造多模态进阶式、沉浸式教学体系,使学生循序渐进地掌握本科、研究生、实习生、规培生等阶段应掌握的基本知识及技能,为日后走向临床打下坚实基础。

二、智慧医学教育的实践

2015年12月10日,美国教育部公布了名为《为未来而准备的学习——重塑技术在教育中的作用》的2016年《国家教育技术计划》(NETP),引起了全世界范围内众多教育领域人士的关注。该计划描述了一个公平、积极正确使用教育科技,采用协作式领导,让学习者实现无论何时何地都可以进行学习的愿景。该计划认为借助教育科技的力量,给予不同的家庭背景、性别、种族、宗教、地理位置、身体残疾情况等的学生平等地使用教育科技的机会,让他们获得平等的教育机会,缩小成绩差距,消除学习障碍,是需要关注的重点。美国教育部正在推行技术驱动的教育,即使用人工智能、大数据等现代教育技术改进教学效率乃至重新定义教学模式;美国医学会和哈佛大学、斯坦福大学等大学也在医学教育领域里使用人工智能、大数据进行探索和实践。

在中华医学会医学教育分会和中国高等教育学会医学教育专业委员会的指导下，四川大学华西医院、贵州医科大学和中国医科大学等医学院校同企业合作，共同探索智慧医学教育新模式，创立了智慧医学教育整体框架（见图9-2），将医学、教学、管理、技术、数据几个维度有机整合，并在临床技能教学改革中进行了深入实践（见图9-3）。选择技能教学作为智慧医学教育的突破点，是因为临床技能是医学教育有别于其他学科教育的核心领域，也是医学教育中教学难度最高的领域；临床实战能力是医学专业本科、专科乃至职业教育、基层医师能力培养的共同痛点。智慧医学教育同样可以应用到基础教学、理论教学等全部医学教育领域。

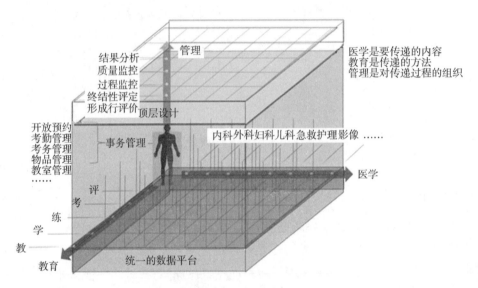

图9-2 智慧医学教育整体框架

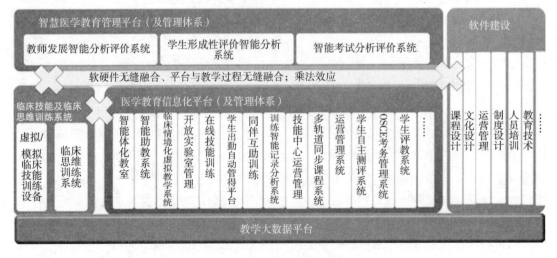

图9-3 临床技能教学改革模式设计

（一）哈佛大学医学院

哈佛大学 Chris Argyris 教授提出了"Double – loop learning"（双环学习）模式（见图 9 – 4），强调了学习过程中将教学结果实时反馈给教学管理者和教学执行者这两个环节。

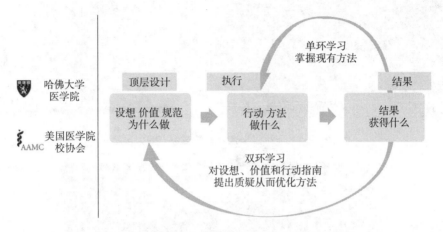

图 9 – 4　Double – loop learning（双环学习）模式

哈佛大学医学院在 2017 年总结自身经验发布了五阶段的 Sim – Zone 临床技能教学模式。模式中首先要建立自动反馈的机制，让双环先闭环。让教学管理者、教师以及学生实时获得个性化的教学实时情况，针对问题不断改进，最终形成组织级的临床技能教学水平提升。

哈佛大学医学院的课程改革是课程评价、创新、更新、再评价的进行性循环过程，核心理念就是不断加强整合，形成双闭环，自我改进、不断优化。

哈佛大学医学院是美国医学院校课程改革的旗舰，其医学教育理念是智慧医学教育的理论基础。哈佛大学医学院是融合新的医学教育理念和医学教育实践进行医学课程创新的医学院校的杰出代表。

（二）四川大学华西临床医学院

四川大学临床医学院 2015 年起在国内外最先开始创建智慧临床技能中心（见图 9 – 5），以智慧医学教育理念作为顶层设计，整体规划，分步实施，2017 年 10 月完成医学教育智能化改造整体建设，该技能中心成为新一代教育培训中心的代表。

智慧临床技能中心覆盖本科、住培、专培各个阶段的各科室教学训练与考试评价，拥有智能化运营管理、大数据平台、线上线下开放训练、学生自主测评、智能化考试等功能（见图 9 – 6 ~ 图 9 – 7）。

2018 年 6 月 21 日，全国高等学校本科教育工作会议期间，教育部部长陈宝生、副部长林蕙青等视察华西智慧医学教育中心（见图 9 – 8），对华西智慧医学教育模式、医学教

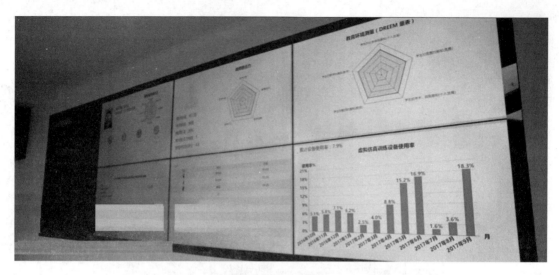

图 9-5　华西医学教学大数据中心的大屏幕

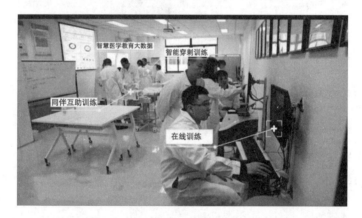

图 9-6　华西智能穿刺一体化融合教学场景

图 9-7　学生自主测评训练

育大数据、情景化教学、基于开放训练的自主训练与学习等给予高度评价。

2017 年，基于智慧医学教育的智能化多模态临床综合技能虚拟在线自主训练课程荣获教育部首批国家虚拟仿真实验教学项目，同时临床思维训练课和腹腔镜虚拟教学进阶式技能培训课程也成为示范性虚拟仿真实验教学项目。

图9-8 教育部部长陈宝生等领导视察华西智慧临床技能中心

(三) 贵州医科大学

贵州医科大学2016年引入智慧医学教育理念，规划建设了总面积1.3万平方米的智慧型临床技能中心，涵盖内、外、妇、儿、急救、护理、影像等学科，同时成立了教育技术研究和试验中心，探索新的临床教学技术与方法，不断改进和优化教学手段和技术。该技能中心在医学形成性评价、推动医学教育改革、示范性虚拟仿真实验教学等各方面均有突出表现，在院校临床医学专业认证时得到专家组一致认可（见图9-9）；同时拟定为"双一流"重点建设平台，首次成为国家执业医师考试基地、挂牌国家OSCE考试试行基地。

图9-9 临床医学专业认证专家组视察指导

智慧型临床技能中心促进院校各平台建设，包括重点学科建设、执业医师考试基地、OSCE考试基地、承办各种会议比赛等，同时吸引各地院校、专家、领导参观考察，行业影响力、知名度与日剧增。该技能中心已成为贵州医科大学的一张名片，持续对外展示着医教协同、医学教育改革方面取得的优秀成果。2017年12月，贵州医科大学智慧型临床技能中心承办了第一届"明日良医"智能模拟技能校际联谊竞赛（见图9-10）。2018年4月，智慧型临床技能中心承办了第九届全国高等医学院校大学生临床技能竞赛西南西北分区赛(见图9-11),开创了在临床技能中心专业教学场地进行此类比赛的先河,取得了良好的效果。

图9-10 第一届"明日良医"虚拟临床技能大赛现场

图9-11 第九届全国高等医学院校大学生临床技能竞赛西南西北分区赛颁奖现场

智慧型临床技能中心运用先进的教学体系及教学技术,以基层卫星健康人员移动训练车作为智能型临床技能中心的触角送技能训练下乡,提升县级医生技能实操水平,取得了良好的社会效益(见图9-12)。

图9-12 基层卫生健康人员技能训练车

智慧型临床技能中心除承担贵州医科大学及附属医院的教学训练任务（见表9-1）还对外开放，利用虚拟现实技术向企事业单位、市民普及基础医学、急救等常识，践行社会责任。

表9-1 智慧型临床技能中心实际应用数据统计

实验教学项目	每学期实验学时数	面向专业数/个	每学期实验学生数/人	每学期实验教学人次
100 +	23 000	18	3 000	104 260

贵州医科大学以学生自愿的形式成立了学生临床技能协会，试行以"学生培训学生""以赛促学"等形式完成和鼓励课外技能训练，效果显著。2016年，由学生临床技能协会自行承办的贵州医科大学"明日良医杯"虚拟临床技能大赛取得圆满成功。2017年邀请全国8所兄弟院校参与，承办了第一届"明日良医标"智能模拟技能校际联谊竞赛。2018年4月举办了第九届全国高等医学院校大学生临床技能竞赛，全国高等医学院校学生自主参与，共有40余所医学院校近2 000多名学生报名参赛；比赛全程采取线上模式进行，决赛在贵州医科大学设立点评和观摩现场，受到了医学教育界及广大师生的热烈欢迎。

三、智慧医学教育发展中的热点和难点问题

随着互联网、大数据和人工智能等高新技术的发展，先进科学技术应用于医学教育是教育改革的必然趋势。经过近几年的实践和探索，我国已初步建立起智慧医学教育的理念和体系，积累了实践和应用的宝贵经验。但是，当前智慧医学教育发展中还存在以下的热点和难点问题。

（一）智慧医学教育理念下的医教协同发展

临床学习阶段是医学生综合能力养成的重要时期，临床知识的积累、临床能力的养成均在这一时期。近年来，国家教育部、卫生和健康委员会联合相关部委先后出台了《关于实施临床医学教育综合改革的若干意见》《关于医教协同深化临床医学人才培养改革的意见》《关于深化医教协同进一步推进医学教育改革与发展的意见》等重要文件，推进医教协同实施，取得了一定的成效。但是，当前医教协同发展中还存在着诸多困难和问题，主要体现在以下三个方面。

（1）医学教育与医疗环境之间的矛盾。我国目前由于社会经济条件以及医疗卫生的发展差异，仍存在着医疗资源相对短缺且分配不均、医患关系紧张等社会问题，这在一定层面上限制了教学活动的有效开展，甚至增加了临床带教的风险。

（2）人才培养需求与临床工作压力之间的矛盾。当前医疗卫生工作的实际状况，导致医护人员承担着繁重的临床工作压力，甚至超负荷工作。平衡医、教、研工作的关系，丰富医院建设发展及个人职业规划的内涵是医院管理者与医护人员面临的现实问题，这也形成了人才培养与繁重医疗工作压力之间的矛盾。

针对上述困难和问题，在智慧医学教育的理念下，在智慧医院建设中进行医教协同的

统一规划和建设，建立临床教学一体化的信息平台，减轻临床医生和教师的负担，提高教学工作效率是智慧医学教育研究的热点和难点问题之一。

（二）智慧医学教育的规范体系和标准建设

国家有关部门应尽快制定智慧医学教育建设技术标准和数据规范，规范智慧医学教育环境建设与应用过程中所涉及的信息系统、教学应用系统和各类软硬件环境的规划、建设、应用，以及对智慧医学教育环境的运行和维护、管理及建设评估等方面的要求。适用于以智慧医学教育为理念的教育信息化应用环境的建设、运行和维护等工作，涉及以下两方面内容。

（1）为实现医学教育教学、教育管理的智能化所构建的信息化、一体化环境及应用。

（2）为实现现代医学教学理论主张的的各类医学育教学模式所构建的教育信息化环境及应用。

（3）基于真实世界数据的临床教学病例的开发。我国医院信息化经过30多年的发展，已经建成了覆盖医院完整业务的信息系统，正处在数字化转型和智慧医院的建设阶段。以电子病历为核心的临床信息系统中积累了大量具有教学价值的真实世界的临床病例，在智慧医院的建设中应将智慧教学作为一项重要的建设内容。建立医院临床教学大数据中心，应用人工智能技术建设临床教学病例开发平台，在临床教学病例开发平台上利用医院临床大数据和临床知识库构建基于真实世界数据的临床教学病例，实现智慧医院的临床教学一体化。

四、发展智慧医学教育的对策建议

针对当前智慧医学教育发展中存在的热点和难点问题，结合我国医学教育发展的现状，提出以下对策建议。

（一）医学理论教学和临床实践教学有机融合

传统医学教学中医学理论教学和临床实践教学脱离的问题较为严重。随着信息技术的发展，尤其是互联网、人工智能、大数据和医学模拟技术的快速发展，为医学理论教学和临床实践教学的有机融合提供了技术支撑。开发医学知识库和临床教学智能模型，利用大量临床真实病例开发教学病例，并使之完美地结合是实现医学理论教学和临床实践教学有机融合的有效方法。

（二）建设智能型临床技能中心

传统的临床技能中心大都存在设备陈旧、使用率低、设施数量少、技术落后等问题。训练设施多采用传统模型，训练过程无反馈，操作手感不真实；学生训练机会少，训练效果难以保障，实践教学与临床脱节，无法满足培养应用型医学人才的要求。利用互联网、人工智能、大数据和现代医学模拟技术建立智能型临床技能中心，将传统医学教育中的教、学、练、考、评、管分离的环节有机融合，通过大量基于真实临床数据编写的病例开展临床实践教学，形成完整的体系性互通互融闭环，以评促管、以管促教，教学结合、学练同步。

（三）培养掌握现代教育技术的师资

近年来，随着互联网、人工智能及大数据等现代技术的迅猛发展，智能型临床技能中心、虚拟临床操作平台、临床教学信息平台等均取得了较大的进步，这为智慧医学教育的发展奠定了重要的硬件基础。而与硬件建设的良好发展形成鲜明对比的是先进教育教学理念传播滞后，CBL、PBL等新型教学方法普及艰难，由"医师"向"教师"角色的转型过程迷茫，青年临床教师培养不规范等"软件"瓶颈十分明显。当前。一些院校有了先进的教学实施和条件，但掌握现代技术技术的师资十分缺乏，严重影响了先进的教学实施和设施的使用效率，开展医学师资队伍的现代教育技术培训成为十分迫切的任务。培养具有现代教育理念，掌握现代教育技术的医学教育师资队伍，是智慧医学教育的人才保障。

经过近几年的实践和探索，我国已初步建立起智慧医学教育的理念和体系，积累了实践和应用的宝贵经验，取得了良好的应用效果。

展望未来，智慧医学教育将紧密围绕我国医学教育的核心问题，不断探索问题的解决办法，智慧医学教育模式将逐步深入、完善。在可以预见的将来，智慧医学教育将围绕如下方向发展。

（1）完善大数据时代的面向智慧医学教育的教师、学生能力评价模型、操作评价模型，将评价工作自动化、标准化、同质化。

（2）基于智慧医学教育的教学流程优化重整。

（3）在统一的智慧医学教育平台上构建基础与临床课程的统一的教学、训练、学习、管理评价平台。

（4）智能化、自动化技能考试系统及机制；智能化的技能操作训练机器人，智能化的助教机器人；全智能化模拟医院场景的临床技能训练中心。

在数字化时代的背景下，持续加强以人工智能技术为核心的现代技术与医学教育的结合对医学教育改革的理论和实践具有重要意义，智慧医学教育已逐步成为优化教育结构、提高教育质量的重要方式。医学教育改革是一项长期的、连续的重任，不断利用现代技术来调整优化现有教学模式，改进教学方法提高教学质量也是未来努力的方向。

参考文献

[1] 美国国家教育技术计划［OL/DB］．［2010-08-15］．http：//blog.sina.com.cn/s/blog_1459fdfec0102wc2m.html.

[2] 美国国家教育技术标准［OL/DB］．［2001-10-20］．http：//blog.sina.com.cn/s/blog_1459fdfec0102wc2j.html.

[3] 2006—2020年国家信息化发展战略［OD/DB］．［2006-12-08］．http：//blog.sina.com.cn/s/blog_1459fdfec0102wc2w.html.

[4] 陕西省智慧教育建设技术标准和数据规范 https：//wenku.baidu.com/view/d7cda0861837f111f18583d049649b6648d709b0.html.

[5] 黄华，孙茂才，王宁，等. 医教协同背景下临床教学基地建设的问题与思考 [J]. 南京医科大学学报（社会科学版），2018，89（6），481-484.

[6] 贺漫青，曾多，周舟，等. 智能化在线虚拟训练系统联合翻转课堂教学方法在基本临床技能教学中的应用 [J]. 中华医学教育杂志，2019，39（11），851-854.

[7] 张牡丹，田静文，刘健，等. 智能型临床技能中心的设计与实现 [J]. 中国数字医学，2019，14（10），95-97.

[8] 张牡丹，戚璐，俞思伟，等. 智能模拟临床技能教学的探索与实践 [J]. 轻工科技，2019，35（4），196-198.

附：医学教育专业委员会简介

医学教育专业委员会成立于1991年12月，主要围绕国家高等教育工作方针和医药卫生事业发展需要组织专题研究，举办有关高等医学教育的学术会议，编印有关高等医学教育的学术刊物和信息资料，开展高等医学教育的国际学术交流。专业委员会现任理事长为北京大学原党委常委、原常务副校长柯杨教授，秘书长为郭立教授。专业委员会秘书处办公地址设在北京大学。

第十章

服务扩招百万计划
加速高职数字化课程建设

——数字化课程资源研究分会专题报告

李克强总理在2019年政府工作报告中强调,要"改革完善高职院校考试招生办法,鼓励更多应届高中毕业生和退役军人、下岗职工、农民工等报考,今年大规模扩招100万人"。提出高职院校百万扩招目标,这是党中央、国务院统筹产业结构、人才结构、教育结构作出的重大决策部署,是一项利国利民的重大举措,释放出国家全面发力推动高职发展的重要信息,凸显高职教育在国家就业优先政策中的重要地位,意味着高职教育将迈入大发展的重要时期。

融合了"互联网+""智能+"技术的在线教学已经成为中国高等教育和世界高等教育的重要发展方向和高等教育界的共识。作为高职院校应用时间最长和应用范围最广的职业教育专业教学资源库(以下简称资源库),是职业教育数字化课程建设的重要载体。本报告以扩招百万带来的学生数量急剧增加,学习需求多样性显著增强为背景,以征集的48个高职院校扩招材料作为研究案例,选择资源库作为数字化课程研究对象,重点围绕职业教育数字化课程进行分析研究。

一、高职教育多样化生源对数字化课程需求分析

自提出扩招百万计划目标以来,在国务院的领导下,教育部统筹部署专项工作,国家发展和改革委员会、财政部、人力资源社会保障部、农业农村部、退役军人事务部等部门通力协作,地方和院校主动作为,2019年度扩招目标顺利达成,圆满完成了高职扩招任务。2019年普通专科招生483.6万人,比2018年增长114.8万人;另有五年制高职转段学生比2018年增长1.7万人。2019年高职共扩招116.5万人,高职院校在校生总数达1 133.70万人。

扩招生源组成结构具有鲜明的行业和学校特色。例如，江西电力职业技术学院共招收社招生1 550人，其中，从事电力类专业工作岗位的人员981人，占社招生比例的63%。天津医学高等专科学校录取479人，扩招生源来自基层卫生医疗机构人员占比70%，包括208名乡村医生，覆盖天津市所有涉农区。湖南汽车工程职业学院面向北汽株洲分公司等企业招收在职职工330人，招生专业涵盖汽车检测、维修技术等8个专业。

各高职院校着重建设基于线上线下混合式数字化课程，确保培养"质量不降"。各校制订的人才培养方案和确定的人才培养模式中，无一例外均对资源库、网络课程、线上线下混合式教学作出了重点安排。

一是人才培养方案中明确安排数字化课程。如深圳职业技术学院针对通识课和选修课课程，学生可通过各类网络平台和资源进行线上学习，探索网上"走读"教学。

二是教学过程中充分使用数字化课程。如湖南汽车工程职业学院在教学中，开通13门公共基础慕课和7门专业基础SPOC课，开展线上线下混合式教学。

三是认可各类在线教学资源的学习成果。如潍坊工程职业学院允许学生在"慕课中国"等课程平台上修读的课程成绩与教学计划中的相同或相近课程进行学分置换。

二、高职教育数字化课程发展内涵分析

（一）高职教育数字化课程的概念界定

目前数字化课程没有完全公认的定义。从国外慕课相关研究来看，慕课的结构包括课程视频、测评任务、论坛讨论、电子读物、视频会议等内容，说明它并不单是一种知识汇聚的资源，而是将课程的实施、评价，甚至课后的研讨交流等都数字化，通过网络实现。通过查阅中国知网来看，绝大部分数字化课程相关研究讨论关注的是数字化的课程资源，或数字化的课程评价，抑或是数字化的课程开发。从这部分研究来看，数字化的其实并非课程，而是关于课程的某项技术，例如课程资源的储存和提取、课程的开发与评价手段之类，其中又以数字化课程资源建设方面的技术性研究居多，没有就数字化课程本身作出公认的定义。

教育部发布的资源库文件对数字化课程作出较为具体的界定。历年发布的文件中对以标准化课程为核心的数字化课程做了比较明确的要求：要符合整体规划要求，课程间和课程内逻辑关系清晰，对接专业教学标准，对接人才培养方案，以专业核心课程为主，包含课程设计、开发、实施、评价等环节，原则上课程内容应满足学期常规教学周期的需要。由此引申而来，职业教育数字化课程应是符合人才培养需求，对接职业教育相关标准，包含课程设计、开发、实施、评价等环节，原则上课程内容应满足学期常规教学周期的需要。

（二）高职教育数字化课程的时代特点

20个世纪20年代，南京金陵大学农学院从美国农业部购买了幻灯片、电影片到各地宣传科学种植棉花的知识，这可以说是我国高校数字化课程的前身。21世纪前后，教育

部先后组织网络课程、精品课程、精品视频公开课、精品资源共享课、在线开放课等各类数字化课程的建设。2010年起，职业教育正式以专业教学资源库的形式开始职业教育类的数字化课程资源建设。

在21世纪逐步应用和普及数字化课程以来，高等职业教育数字化课程发展先后经历了五个发展阶段：

第一阶段主要是以优质课程展示为主，以网络课程和精品课程为代表。

第二阶段是改进的网络课程，可供自主学习和教学之用，以精品在线开放课程为代表，如慕课和SPOC。

第三阶段是优质资源（含课程和基于知识点的素材）的相对静态汇聚和应用，以基于素材汇聚的资源库（2010—2014年）为代表。

第四阶段是基于教与学过程实际所需组合教学资源开展应用，以基于教学平台的资源库（2015—2019年）为代表。

第五阶段是提供资源组合、富媒介平台、个性化服务为主的大资源服务体系，应建立面向全体学习者（教师、学生、企业员工、社会学习者）提供海量资源、个性化学习、终身教育服务为主的共建共享平台，目前尚未有代表性的成熟平台。

（三）高职教育数字化课程的类型特征

1. 高职院校数字化课程有着较为明显的职教特征

一是专业学生覆盖度较高，《国家级职业教育专业教学资源库建设与应用分析报告》显示，52个专业教学资源库学生用户占该专业全国高职在校生一半以上。

二是注重解决实践教学难题，如作物生产技术资源库完成棉花、小麦等五大作物虚拟仿真实训项目，教学资源覆盖我国南北四个气候带、东西四个干湿带的农业区域化特点，适应我国各生态区域农业生产的要求。

三是探索混合教学模式，如汽车技术服务与营销资源库，创新O2O教学模式，将网络的丰富资源与学习工具和课堂的有效控制结合起来，将课堂教学时空延伸到网络的新型混合教学模式。

2. 高职院数字化课程应用促进教改成效较为明显

一是探索建立跨校学习成果认证机制，如物流专业和制冷与冷藏专业等，开展多校数字化课程互选工作，通过过程考核和合格测试后，可自行打印课程合格证书，取得相应课程学分。

二是大部分学校的混合式教学激发了学生的学习积极性和主动性，如服装设计资源库建有25门核心课程，数字化课程占专业总课程的85%以上；学生满意度测评中非常满意和满意的占97.1%，满意度超过了传统课程。

三是提升了教师的教改能力。资源库为代表的数字化课程建设与应用，为教师搭建了教学改革与实施的高层次平台，产生了一大批教学成果，在国家级教学成果奖评选中，2014年有4项、2018年有11项资源库成果获奖。

三、高职院校数字化课程资源建设的现状、问题与趋势

高等职业教育数字化课程是"互联网+职业教育"的重要实现形式，是推动信息技术在高等职业教育专业教学和职业培训领域综合应用的重要手段，扩招百万给高职院校带来了生源多样、师资紧张、教学资源紧缺、学习方式多样化等各种情况，高职院校要因势而谋、应势而动、顺势而为，建设高质量、高水平的数字化课程，以满足学习者的多样化学习需求。

（一）高职院校数字化课程资源调查数据

截至 2020 年 3 月，历经 10 年建设，资源库已立项建设国家级项目共计 203 个，覆盖了所有专业大类和 156 个二级专业类。目前已有 1 330 余所职业院校（其中 1 200 多所高职院校）和 3 100 余家行业企业参与建设；标准课程总量已达 6 067 门，个性化课程超过 15 万门，资源库项目资源总量达 371 万余条，初步形成了国家、省、学校三级互补的优质资源共建共享体系，有力地推动了信息技术在职业教育专业教学和职业培训领域综合应用。

在高职院校中，应用资源库开展信息化教学已基本成为共识和应用常态，资源库共有注册用户 1 278 万余人。按用户身份类型统计，教师用户 57 万余人，学生用户 1 100 万余人，社会学习用户 33 万余人，企业用户身份 21 万。其中，应届普通高中毕业生 915 万余人，应届中职毕业生近 42 万人，退役军人 1.6 万余人，下岗职工 1 000 余人，新型职业农民 2 000 余人。用户总访问量超过 22 亿次，资源访问总量 7.13 亿次，用户互动交流次数 676 万余次，其中 2019 年度扩招学生访问资源总量达 7 535 万余次。

（二）高职不同生源对象的数字化学习需求

以数字化课程为代表的信息技术应用正在推动着教育服务模式和教育体制进入重构与变革的拐点，信息技术应用于教育行业已经历基础环境建设、技术应用普及阶段，逐步进入教学模式和管理模式创新融合阶段，学生学习主体地位逐步体现，教师从课堂主角渐变为学习设计者和辅助者。

1. 高职教育学习主体有着较为明显的类型特征

对于高职院校的学生来说，在学习习惯和信息化学习能力等方面其与普通本科院校学生相比，具有比较明显的区别。

一是学生的自我管理能力相对较弱，大多数学生的学习状态由教师进行指导和推动，具备独立学习和自觉学习能力的比例相对较少。

二是学生的信息收集利用能力相对较弱，具备较强信息资源的收集、分析和处理能力的比例相对较少；部分学生将使用互联网作为一种娱乐工具。

三是对现有的互联网学习方式较为消极。一方面学习平台资源整体质量还有提升空间；另一方面学生的学习欲望支撑其主动学习的动机不足。

2. 扩招群体多样性给数字化课程应用场景带来多样性需求

一是半工半读群体不能集中学习的分散场景需求，必须采用网络学习方式才能较为统一地完成学习进度的控制。

二是专业特征明显的群体对于理实一体的学习方式较为认可，需要针对性强的学习资源与实际工作需求相结合的学习场景。

三是文化层次和理解水平不一导致个性化学习需求强烈的学习场景需要网络学习作为主要补充。

四是实际工作岗位需要虚拟仿真或模拟教学的学习场景，为真实工作场景提供即学即用的有效学习资源。

五是各类学习群体各类学习场景均需要即时在线交流和辅导练习的公共场景，在线学习平台提供了重要的学习场所。

（三）高职院校数字化课程建设与应用特征

资源库持续深化产教融合、校企合作，充分利用信息技术和资源优势，共建共享大批优质教学资源，引领了教育教学改革，丰富了"互联网＋职业教育"模式，在引领职业教育教学改革、服务多样化学习群体等方面发挥了重要作用。

1. 引领高等职业教育教学改革

一是是拓展了教学时间和空间。资源库有机整合传统课堂和在线教学的优势，深化线上线下混合式教学模式改革，实时记录分析学习轨迹，为随时随地学习提供支持。例如，苏州市职业大学随新生录取通知书发放资源库学习账号，学生可选修智能制造时代的工匠精神课程，入学报到就已先修两个学分的通识课程。

二是探索了学习成果认证、积累和转换机制。资源库基于优质专业课程，组建全国同类专业院校参与的共建共享联盟，实行校际学分互认。例如，物流管理资源库28所参建院校签订了合作协议，共同制定了《在线学习学分认定管理办法》，参建院校互认学习成果。

2. 服务高等职业教育多样化学习群体

一是惠及大批中西部学生。资源库第一主持单位中，东部地区职业院校占比71.4%，但中西部注册用户比例达到42%。东中西部平等地享有优质资源，缩小了区域之间的数字鸿沟。

二是惠及"三农"。例如，农产品检测资源库设置了"农民"账户，建设了网上"农民大学"，为广大农民提供在线学习、信息浏览、考证报名、在线测试、信息发布、信息查询等服务。作物生产技术资源库开发了新型职业农民培训课程和新技术培训课程，建立了线上虚拟新疆种子工程学院，直接服务新型职业农民培养培训。

（四）扩招百万带来的高职数字课程建设机遇

数字化课程的核心不是技术，而是教育观念。不论运用什么样的教育方式和媒介，都应该以学习用户为中心，了解和掌握学习用户在学习过程中的立场、体验和感受，选择适合的数字化教学资源和信息化教学方法，以构建"有效、有用、有趣"教学场景，让学习用户"易学""好（hào）学""好（hǎo）学"。经过多年的相关项目建设，高职院校已经汇聚了一批优秀的学校和企业投入职业教育资源建设应用，带动了一批专业提升信息化教学水平，建设了一批高质量的教学资源，打造了一批专业教学和信息技术相结合的教育团队。

1. 实施分类管理灵活学制确保"质量不降"培养目标

各职业院校都认真进行学情分析，制订各具特色的培养方案。以湖南汽车工程职业学院汽车检测与维修技术专业为例，该专业共招收企业职工生源36人，其中26人来自北汽株洲分公司，10人来自株洲、长沙等地的8个单位。调研显示：86.1%的学生具有与本专业相关工作经历或基础，88.9%的学生希望以线上学习为主、线下学习为辅的方式进行，94.4%的学生希望尽可能将教学场所安排在企业，97.2%的学生希望采取半工半读的形式学习，所有学生都希望取得学历文凭的同时，在知识、技能和素质方面得到切实提高。对此，学校与企业紧密合作，有针对性地实行"工学交替""弹性+特色"人才培养模式，既体现学校与企业双主体育人、工学结合的要求，也体现教学时间、地点、形式和途径等方面的灵活性。

2. 为满足不同学习需求的群体，需要建设更丰富的数字资源

一是建设覆盖面更广的数字化课程以适应不同的学习场景。

二是需要建设更多面向生产生活一线的实践性、技能性的数字化课程。

三是需要建设更多虚拟仿真或模拟现实的数字化课程以适应产业高端和高端产业的技能提升需求。

四是需要加快质量较差的数字化课程淘汰进度，制作符合新技术、新规范、新产品生产需求的优质数字化课程。

五是需要建设更为人性化、个性化的学习平台，以更好服务不同生源。

（五）高职数字化课程资源建设典型案例

高职院校数字化课程建设呈现了与普通高校非常不一样的特征。

一是系统规划，从专业整体发展需求出发，规划数字化课程建设体系。

二是集团作战，一般都会成立跨校建设团队，集聚全国优秀教师组成建设团队。

三是教改结合，学校出台配套的政策文件，鼓励推进教学改革。

四是强化推广，依托共建共享联盟或者各类行业组织，大力推广和应用建设成果。

1. 浙江工贸职业技术学院

浙江工贸职业技术学院以资源库项目建设与日常专业教学改革相结合的建设思路，进行了"举全校之力管项目、集全员之长建资源"的数字化课程共同建设维护应用的实践探索。

一是创新管理机制。学院成立数字化课程资源建设领导小组，分设资源建设组、应用推广组、技术支持组、质量督导组、经费管理组。

二是创新督导审核机制。对所有新建数字资源内容严格把关，每一条资源均由质量督导组审核通过才能发布，确保资源质量、表现形式及获取应用均能高标准满足需求。

三是创新推广应用机制。坚持边建边用的原则，在所有参建单位中通过引进专业课、跨专业选修课、公共选修课等多种方式形成常态化应用模式；同时，还依托全国光机电职业教育联盟在全国职业院校中推广，依托全国光学会激光加工专委会在行业企业中推广。

2. 陕西铁路工程职业技术学院

陕西铁路工程职业技术学院坚持"三个强化"，组建多元主体共建共享联盟，健全推广应用机制，强化应用导向，完善用户激励机制；全面推行混合式教学模式，着力打造课前、课中、课后全过程的智能、高效课堂，形成边建边用、以用促建的良好生态。

一是强化组织领导，建立健全推广应用体制机制。全面推进数字化课程的共建共用，探索校际资源共享、学分互认机制。

二是强化互认共享，充分发挥参建单位推广作用。引导企业积极参与建设应用，定期举办信息技术和资源库应用培训。

三是强化教学改革，深化数字化课程在教学中的应用。加强新形态一体化教材建设，推进核心课程 MOOC 化，推进线上线下相结合的混合式教学模式。

（六）高职数字化课程与教育教学深度融合问题

相较于 21 世纪初，高职院校数字化普及和应用程度得到了非常大的提升，不管是数字化课程建设的数量还是学习用户的数量，抑或是教师的信息化应用水平等，都有了长足的进步。不过在日常应用中，学校的重视程度、专业的改革深度、教师的应用广度、学习者的易学易用度、平台的服务效度等方面，还是存在不尽如人意的地方，存在着与信息化飞速发展不相匹配的问题。

1. 高职院校尚未完全适应以信息化为手段创新教学与管理的改变

面对新时代职业教育高质量发展新要求，在实际应用中，受到学校信息化水平、教学改革制度环境、资源质量、教师能力等因素影响，不同地区、不同学校处于数字化课程不同发展阶段。高等职业教育数字化课程的整体发展还是存在认识程度深浅不一、建设进展不一、重视程度不够、满意度欠佳等问题。这些问题，主要是一些学校领导对以数字化课程为代表的信息化建设不够重视、专业教育教学改革未考虑信息化带来的变化、整体信息化资源建设基础比较差等原因造成的。

3. 数字化课程学习平台尚未适应服务职业教育实际需求的转变

作为数字化课程建设和应用平台本身，应该在伴随和引领数字化课程发展中发挥重要作用，不能成为发展的短板，但实际发展过程中，以资源库为代表的各类学习平台，存在专业覆盖度不够、资源质量欠优、产教融合程度不深、社会服务不强、对外交流广度不够等问题。这些问题，主要是由于资源库建设项目规划和应用者在理解和服务职业教育自身发展规律、职业教育服务国家发展战略需求、深化复合型技术技能人才培养等方面存在欠缺等原因所造成的。

四、推进高职数字化课程建设的对策建议

必须构建开放创新的服务体系来解决深层次教育问题。

一是从院校自身出发，整体把握数字化课程建设与学校信息化建设、专业教育教学改革和规划资源建设等方面的关系，在构建创新型信息化服务机制、创新教学与教学管理模式、切合数字资源应用场景和类型等方面进行创新改革。

二是从资源服务平台和课程资源建设者出发，进一步落实"为各级各类学校和全体学习者提供海量、适切的学习资源服务，实现从'专用资源服务'向'大资源服务'的转变"的要求。

（一）满足高职院校多元化生源数字化学习对策与建议

为确保扩招生源的人才培养质量，各高职院校应根据生源多元化、发展需求多样化的特点，深入开展学情分析，以数字化课程建设为重点，将信息技术融入扩招生源人才培养全过程，加强扩招后教学管理工作的顶层设计，坚持"标准不降、模式多元、学制灵活"，实施分类培养，务求精准施策。

1. 开展学情分析，制订"分层分类、数字融合"人才培养方案

一是全样本开展面向扩招生源的学情分析，按需求制订培养方案。掌握学生的基本情况、求学动机及学生对今后学习、生活方面的诉求，形成基于专业的分析报告。充分考虑到学生年龄结构、学历层次、认知程度等实际情况，组建不同班级，采取一个专业一个方案，一类群体一个对策，制订更加精准、精致的设计人才培养方案。

二是在模块化课程建设中，设计递进式课程模块，开发分阶专业拓展课程，将通用知识与专业知识相结合，形成"分层分类、定位精准"的人才培养方案。

三是在数字化课程中融入人才培养方案，优化培养模式。发挥资源库公共平台提供的优质在线开放课程作用，创新聚集公开性平台资源，健全在线开放课程质量保证体系，遴选和共建一批资源库课程，完善试点专业的线上课程、线下课程相结合的课程体系，探索建立"内培外引"相结合的在线课程应用模式。

2. 实施量身定制，建构"模块菜单、数字渗透"课堂教学体系

一是在课程设置方面，按照扩招生源实际学习需求，对接产业需求和企业用人要求，对各专业原有的专业课进行调整，构建更能满足学生需求的"模块化课程"体系。以工作过程系统化课改为基础，探索符合扩招生源的认知规律、突显高职特性、体现实践性的信息化教学模式，通过信息化模式改革突破时间和空间的限制，明确每门课程的信息化教学基本要求和信息化教学环境支持等，要求教师开发并利用信息化教学资源。

二是改革教学模式，创新信息化教学融入课程教学。在教学内容设置方面，主要以实践过程和解决企业生产过程中的技术难题、关键问题为主，把理论讲授融入实践教学，避免单一的理论传授。改革课程评价方式，加强试题库建设，以"互联网+"支撑教学评价，制订信息化学习指南和信息化考核评价方案，引导学生利用信息化教学条件自主学

习，提升教学效果。

3. 灵活编制教材，建设"互联网+""数据诊改"数字课程资源

一是线上线下，开发"立体式"教材。专业基础课教材则选高质量、公开出版的教材；对于专业课和实践课教材，为满足生产的需要，及时更新教材内容，适应混合式教学、在线教学等教学模式的需要；借助资源库丰富的资源体系，配套采用或者开发"互联网+"数字资源、案例和教学项目，建立动态化、立体化的教材和教学资源体系，使专业相关教材能够跟随信息技术发展和产业升级情况，随时调整更新。

二是线上线下使用数字化资源。根据培养方案和课程教学要求，采用资源库等在线教学平台，一方面服务扩招生源的教学和学习，一方面分析平台上产生的学习数据，通过"数据诊改"，随时改进教学过程中发现的问题，提升服务学习需求的针对性，确保教学效果和学习成效。

4. 推行弹性学制，创新"协同培养、虚实混合"教学组织模式

一是在教学管理上，建议根据扩招生源情况单独编班，实施"双班主任制"或"双导师制"，即在学生集中地区（企业）和学校各指定一名班主任（导师）指导学生的学习和生活；同时，借助资源库或其他在线教学管理系统，建立"互联网+课堂"，通过大数据精准了解学生学习进度与学习成效，及时"查缺补漏"。

二是坚持"以生为本"的理念，充分满足扩招生源的学习需求，采取灵活的教学组织方式。可以灵活选择弹性学习时间（2~5年较合适），可以集中教学与分散教学相结合，也可以校内教学与校外教学相结合，注重线上教学与线下教学相结合，将混合式学习融入课堂教学，创新学习模式。通过"互联网+课堂"，实现技术赋能的课堂教学模式变革，构建课前、中、后紧密结合的混合式教学方式与泛在学习的生态，改善教与学的关系，提高学生的参与度和成就感，从而构建优质高效课堂，创新学生学习模式，提升课堂教学效率，使扩招生自己真正成为学习"主体"。

5. 深化校企合作，形成"双元共育、远程协作"教学保障机制

一是通过服务扩招生源的学习需求，形成校企"师资融合"机制。因扩招生源中大多为企业在职或准企业员工，相关企业有现实需求和现实意愿开展深入合作，在某种程度上促进了产教融合和校企合作。为了保障培养质量不降低，双方共同研讨制订人才培养目标与方案，通过"双班主任制""双导师制"，设立企业教师岗位，共同参与学校教学管理及各项活动。

二是通过搭建学习群体虚拟实训基地，形成校企"基地融合"机制。如江西电力职业技术学院由江西省电力公司投资2 600万元建成全国首条500kV/220kV/110kV超高压混合模拟教学输电线路实训场，建设网络培训中心、新能源实训室、电力营销仿真培训中心、变电站运行仿真中心、600MW发电机组集控运行仿真中心等实训基地，通过教师、企业员工协作，在服务扩招生源学习中发挥了重要作用。

三是通过扩招工作倒逼学校和企业加强合作，形成校企"双元育人"机制，提升了企业的积极性，特别是利用数字化手段建设数字化课程资源和虚拟仿真资源等方面，初步解决学校企业合作"两张皮"的问题，期待实现"无缝对接""不分彼此"。

（二）高职院校数字课程融入教育教学发展的对策与建议

教育信息化是教育现代化的基本内涵和显著特征，是《中国教育现代化2035》的重点内容和重要标志。高职院校要顺应"互联网+"和人工智能发展趋势，把教育信息化作为教育系统性变革的内生变量，支撑引领教育现代化发展，推动教育理念更新、模式变革、体系重构，促进教育教学现代化，提高管理服务水平，提升数据治理水平。

1. 数字化课程建设与高职院校信息化建设相结合

（1）构建创新型信息化服务机制。

一是要加强教育信息化建设的顶层设计，将校园信息化建设定位为学校发展战略。"一把手"统筹学校信息化建设的规划与发展，强化制度保障和经费投入。

二是要改变信息化建设理念，推进信息化建设应从原来的"管理为主"转变为"服务为主"。改变过去"由业务部门负责、以部门管理为主、服务分散"的状况，建立"以用户为中心、全校统一实施"的服务模式。

三是要转变部门信息化建设职责，从关注软件系统开发转为重点研究业务流程和应用管理数据，推动信息技术与高校"人才培养、学术研究、社会服务、文化传承创新"功能的深度融合。

（2）构建创新型信息化应用机制。

一是要改变传统教育教学观念，建立信息化的人才观、教学观和质量观，在遵循教育教学规律和人才成长规律的基础上，形成信息化时代的新型人才培养模式。

二是要改变传统教育教学体制，创新顺应教育信息化发展的教学管理和学生管理体制，调整教学组织形式及学习环境设置，完善教育教学质量控制体系，优化教师考核标准和课堂教学评价标准，重视学生学习效果跟踪和综合评价技术应用。

三是要改变传统教育教学方式，探索教师教学和学生学习并重的混合式教学方式，关注教师在信息技术和专业教学整合过程的能力架构，关注学生自主学习、合作学习和探究学习的引导方式。

2. 数字化课程建设与专业教学改革工作相结合

（1）树立以人才培养为核心的观念。

一是脚踏实地做好专业人才培养方案。以行业企业需求为导向，分析主要就业岗位和典型工作任务，梳理岗位人才应掌握的基本知识、技能和素养点，构建结构清晰、逻辑紧密、体系完整的结构化课程，形成富有职业教育特色的专业教学标准。

二是同步做好数字化课程体系建构工作。以服务专业人才培养为目标，根据专业教学需求，结合信息化教学特点，对数字化课程的知识结构、资源属性和运行平台功能等进行整体设计。

三是利用大数据分析完善人才培养。让数字化课程在应用过程中产生的数据"说话"，聚焦教学过程及其评估，紧扣影响教学效果的关键因素，及时改进教师教学方式或修订人才培养方案。

(2) 创新与变革高职教育教学和教学管理模式。

一是建立与之相适应的管理措施，改革学分管理、学制管理、教学管理和学业评价制度，在教师职称评聘、考核评价等方面建立激励制度，探索建立基于数字课程资源应用的学习成果认证、积累和转换机制。

二是优先关注教师的信息技术应用能力，发挥教师自身在信息技术和专业教育教学整合过程中的重要作用，构建老中青结合的复合型、多面手教育教学团队。

三是通过数字化课程应用驱动教育教学变革，在日常教学活动应用过程中改造与提升教学方法和管理模式，在教育教学改革与发展的过程中不断推出新的应用、实现新的应用。

3. 数字化课程服务平台与职业教育发展需求相结合

(1) 打造优质资源共建共享平台。进一步整合现有数字课程运行平台。选择综合实力强、专业水平高，能有效保障资源建设者知识产权、做好内容质量把关的数字化课程主流运行平台作为数字化课程资源共建共享的长效服务平台，依托其高聚集度的现有资源和用户，积极稳妥集成其他平台资源和用户，通过标准化、规范化运营，提升服务质量和应用水平。

(2) 持续扩大资源库的专业数字课程覆盖面。发布数字课程资源建设指导性目录，以遴选、认定为抓手，引导职业院校、职业教育培训评价组织、产教融合型企业等数字化课程资源建设主体；依托各类项目，建设并持续更新紧缺急需的资源库数字化课程，进一步提高优质数字化课程教学资源专业覆盖面，更好地服务专业发展和人才培养。

(3) 集合职业院校、行业企业、教科研机构等多方力量，制订并不断完善数字化课程资源认证标准。充分利用人工智能等技术手段，发挥牵头单位和专业机构的内容质量审核把关能力，调动各类用户在数字化课程资源评价中的积极性，在资源汇聚、分发和应用过程中贯彻认证标准，实现优胜劣汰，不断提高优质数字化课程资源的占比和应用覆盖率。

4. 数字化课程建设与职业教育教师数字化素养发展相结合

(1) 建设国家级职业教育教师教学科研资源平台。我国职业教育教师队伍庞大，学科较多，且区域发展很不平衡，虽然已有很多支持教师发展的政策和资源，但总体上依然不能满足教师专业发展的现实需要，急需建立一个面向全国、互通共享的职业教育教师发展的在线数字化课程资源平台。平台上按照学科专业、数字化素养两大领域，通过遴选，建设、共享一批典型课程案例、优秀教学成果、典型教学科研结合成果的线上学习内容；尝试提供现代教育技术应用实践精品孵化和数字化教学重点教学科研项目支持，促进职业教育教师持续发展；通过技术手段，惠及更多职业教育教师，缩小城乡和区域数字化差异，为数量众多的职业教育教师职后发展和持续成长提供保障。

(2) 建立校级多部门协同的数字化素养培训机制，建立教师数字化素养与技术实训基地。推进成立以院校校领导牵头，教务部门、信息技术部门、教学部门多部门协同的数字化教学资源建设机制；集中教育专家、技术专家、学科专家和一线教师，成立教师数字化素养培训中心；针对教师发展核心素养和专业能力、数字化教学资源和技术支持、学科发展及其结构进行深入研究，结合一线教师的应用和参与，保证培训中心机制灵活、高效，内容建设适切、有效。

扩招百万带来的现实状态和职业教育未来发展的需求，需要我们建立一种能够面向人人、服务终身的数字化学习服务新模式，以服务学校内外、课堂内外、岗位内外各类学习群体的终身学习需求，信息技术革命为实现这种新模式提供了技术基础和新机遇。我们需要大胆创新数字化资源供给方式，利用先进的互联网信息技术手段，将优质职业教育与培训资源的数字化课程放到开放性网络平台上，让更多的人能够分享、受益，变"职业学校数字化课程"为"职业教育数字化课程"。探索建立基于数字资源应用的学习成果认证、积累和转换机制，建立信息化建设和教育教学相结合的"生态系统"，为形成灵活开放的终身教育体系、促进学习型社会建设提供条件和保障。

附：数字化课程资源研究分会简介

数字化课程资源研究分会成立于2017年1月16日，坚持应用驱动、研以致用，开展数字化教学内容的建设、应用和共享模式研究，建设优质数字化课程资源，推进高校数字化与教学深度融合，促进高校教育教学改革和教学模式创新，提高教育教学质量。分会现任理事长为清华大学人文学院张文霞教授，秘书长为高等教育出版社外语出版事业部贾巍巍博士。分会秘书处办公地址设在高等教育出版社。

第三编

学生与教师发展

第十一章

加强高校职工队伍建设
构建职工职业发展体系

——薪酬管理研究分会专题报告

高校职工是指学校依法聘用的主要从事管理、教学研究辅助等其他专业技术工作、服务等事务的工作人员。高校人才队伍是高校发展的生命线,建设世界一流大学需要一流的教师队伍,同样也需要一流的职工队伍,职工队伍对高校的运行起着不可或缺的作用。教师队伍和职工队伍的共同进步是高校稳定、高效运行的必要保障,是丰富、创新人才管理体制的必要前提。当前高校制定了一系列吸引、激励优秀教师人才的政策,却在一定程度上忽视了职工队伍的建设。从高校实际情况来看,目前我国高校职工队伍存在职业发展路径不清晰、专业化水平较低、激励措施不完善、受重视程度较差、人员流动性高等问题,这在一定程度上影响了高校的运行。因此,探索完善职工职业发展体系可以有效提升高校的行政效率,保障教学、科研等工作的顺利开展,为"双一流"建设打下坚实基础。

为增强"双一流"高校综合竞争实力,实现科学化管理的高校人才战略思路,本报告综合已有国内外有关高校职工职业发展的研究成果,归纳了高校职工职业发展的现状特点,阐述了高校职工职业发展应面临的问题并探究分析原因,提出了新时期推动高校职工职业发展的对策建议,为高校职工职业发展体系的构建提供借鉴与思路。

一、高校职工职业发展的现状特点

(一)高校职工的年龄、工作年限分析

从职业内容来看,高校职工专职从校务管理、教育服务以及后勤事务等行政性工作,岗位职业与义务明确。据一项调查研究表明:高校人员的年龄结构主要以31岁至40岁的

中青年人为主；学历结构以本科和硕士为主；职称结构集中在中级；来源结构除了毕业生应聘之外，还呈现出解决家属、人员安置等多样化的特点；专业结构中教育学和管理学人才的占比不到1/3，且基本覆盖所有学科专业；工作年限未满10年及以下者占六成。高校职工整体呈年轻化趋势发展，从事本行业的工作时间较短，人员结构学历素质水平呈上升趋势。聘用方式包括事业编制与人事代理等。

（二）高校职工的人力资本特点分析

高校职工职业发展的本质是增强其职工队伍的人力资本水平。人力资本是指凝结在人体内、能够物化于商品或服务、增加商品或服务的效用，并以此分享收益的价值。要获得入职资格，"双一流"大学职工必须具备职业起步阶段的人力资本，其学历、知识、技能、经验等综合价值，构成特殊价值的生产能力。高校职工是高校人力资源管理和组织体系的重要组成部分，其数量多少并不直接决定办事效率与服务质量。高校职工职业发展要求在人力资本科学分工后，高校职工必须了解高校科研工作的基本知识和技能，并且要熟悉管理学科知识在高校工作中的应用方法。

作为高校管理的执行者，高校职工的工作质量在一定程度上影响着"双一流"大学建设的进程。人力资本转化是提高工作能力和服务效能的重要因素。在职工进入工作岗位后，高校不仅要为其人力资本潜能提供适合发挥和释放的通道，还要加大对职工人力资本的投资，促进职工工作能力的提升，通过人力资本的增值使其工作贡献更为杰出，改善高校运行成效。为了促进职工队伍人力资本的积累，高校一方面应根据其战略需要逐步引进专业化、职业化、国际化的人才优化队伍结构，同时还要为既有职工提供教育培训等职业发展机会。要增加教育投资、培训投资以及其他办公硬环境和软环境的投资力度，用以促进人力资本的大量积累。通过外部引进和内部挖潜的策略，高校可提升职工队伍的人力资本水平，促使职工队伍为高校发展创造更大的价值。

（三）高校职工的价值观、职业动机分析

职业定位是在个人与工作情景的互动中相互作用形成的，与其价值观、职业动机、发展需要密切相关。职业定位的核心内容主要包括个人的职业动机、职业发展需要，在职业实践中发展起来的职业能力以及由各种生活工作经历塑造的工作态度和价值观。对自身职业定位的确认可以帮助个人有目的地积累工作经验、有针对性地发展职业能力，思考如何提高工作效率和创造工作成就。组织通过对个人职业定位的识别可以了解其职业抱负和成功标准，有助于促进个人和组织目标的有机结合，促进组织的整体发展。

高校职工就职于各职能部门，为高校教学、科研活动正常运转提供各项服务与支持，但部分高校职工的个人价值感普遍较低、职业发展动力不足，只是将目前的工作看作是谋生的手段，并非追求并向往的事业，缺乏自主职业发展意识。该现象主要由以下四方面原因造成。

一是组织重视程度不足。高校发展与竞争，强调教师与学生的主体地位，大力引进高层次学术人才、重点扶持科研工程，一般职工的社会地位相对教师较低，特别是在高校"去行政化"的趋势下更表现出一种不被认同的感受。胜任需求、自主需求和归属需求是

个体普遍存在的三个基本心理需求。行政管理人员在高校的正常运行中充当着重要角色，得到领导和同事的尊重和认可是一种正常的心理渴望。随着高校招聘门槛的日益提高，高校职工要求具备硕士研究生及以上学历，高学历伴随而来的是对自我价值实现的高期望。然而非领导职位相对不受组织重视，高校职工长期从事重复性事务工作，工作方法按部就班，难以发挥专业知识，影响转岗优势的积累，职工难免缺失工作进取心，不能创造性开展工作。

二是激励机制不完善。在收入分配上，高校人力资本投入明显倾斜于教学、科研人员，行政工作具有烦琐性、程序性、重复性，难以在短期内产生显著可量化成效。重复化和程式化的劳动特质导致高校职工整体工作状态缺乏热情与动力，加上转岗交流难度大、职称评定困难多、职务晋升渠道窄，任务的繁忙与价值实现的不均衡产生巨大矛盾，易导致行政人员产生价值失落感；加之面临着生活压力，高校职工会不自觉地进行横向比较，进而产生心理失衡，导致许多高学历的年轻管理人才在进入高校行政队伍后离职倾向显著。同时，职业发展问题和岗位管理问题也在一定程度上受到编制问题的影响，如编制问题带来的职称晋升问题和职业生涯规划问题，编制导致的不同聘用形式和管理两条线问题等。

三是职业成长空间小。就高校职工的职业发展而言，自身素质及能力的提高是实现自我价值的需要。由于存在岗位技能水平和学术水平的差异，高校职工以行政事务为主要职责，不易出教学科研成果；职业成长和提升职业附加值的机会较少，报酬来源相对单一；坐班制导致其少有自由支配时间，未能通过业余时间自我成长。高校资源分配上严重倾斜教学、科研岗位，"两级分化"的现象愈演愈烈，在出台教师培养、培训政策的同时，很少提及管理人员，对管理人员"重使用、轻培养"的现象普遍存在。由于考核制度不完善、晋升渠道有限、职业发展认知模糊，高校职工的职位认同感整体偏低，易产生"干一天、混一天"和"干好干坏一个样"的职业倦怠心理。

四是市场经济的冲击。当前，职工购房、子女教育等经济压力陡增，职业动机面临更多挑战，部分高校职工在职业发展中奉献精神缺失，急于求成的短期行为时有发生。由于高校新旧体制和政策的交替，在实施的过程中没有兼顾到所有人的利益，对执行某项行政管理政策可能引发道德意识和思想观念上的变化缺乏预见性，容易给管理人员造成心理创伤、认识扭曲，从而引发职业道德的失范。这对他们的敬业精神和工作积极性产生了一定的负面影响，甚至导致他们对原本的价值观产生怀疑甚至否定，继而接受功利性的价值观念，利益至上，纪律观念淡薄，服务意识不强，对工作缺乏激情，这些都对高校行政管理人员的职业道德产生不利的影响。

二、高校职工职业发展存在的问题

（一）专门机构缺位，实施主体不明

当前高校大部分职工的职业发展意识不强，没有明确的职业发展规划；工作烦琐、加班严重，无暇顾及自身职业提升。由于传统观念的制约，高校职工的职业发展需求往往得

不到学校的足够重视甚至会被忽略；发展路径单一，导致行政人员对职业定位不明确，千篇一律的考核指标不能适应众多岗位，考核不能真实有效地反映出真实工作能力及工作绩效等，这都导致高校职工对个人的前途感到迷茫，缺乏职业规划，需要由专门的机构负责引导。学校人力资源管理部门、职工任职部门和职工等多方主体应该充分参与职业发展规划的制定、职业发展活动的开展。在高校职业发展活动中，高校人力资源管理部门往往占据主导地位，有可能会忽视职工职业发展的个性化需求。因此，在高校管理者和职工个人之间要在专门部门领导的基础上，加强沟通机制，充分发挥职工的积极性和主动性，让多元主体共同参与职业发展战略规划的制定，充分反映职工诉求，推动高校建设专业化、高水平的职工队伍。

长期以来，高校对各岗位的职工的吸收、培养、使用缺乏长远的规划和专门化、系统化的管理，专门指导机构的缺位导致职工职业发展规划的实施主体不明，没有机构牵头指导各个院系开展职工职业发展工作。组织战略目标的实现需要优秀的职工队伍，而优秀职工的培养则需要合理的职业发展管理。真正想发展自我、突破自我的非教学职工缺乏良好的职业成长环境，管理队伍职业化和专业化缺乏专业指导与管理，队伍稳定性有待提升。高校要对职工进行职业生涯设计、规划、开发、评估、反馈和修正等综合活动，加大职业培训投入和支持力度，帮助职工确定职业发展目标与定位，进行自我职业规划。同时，高校尚未构建职业发展组织管理体系，人事部门、职工任职的机关部门和院系缺乏专业的负责人，未能对职工职业发展规划提出修改和完善建议，并根据学校战略规划、工作需要和职工具体情况进行实施。高校有必要开展科学规划的职业发展管理活动，打造一支职业能力高度发展的职工队伍，以促进高校发展战略的实现。

（二）已有经验过时，发展通道不畅

高校职工队伍规模大、人员差异化程度高，高校在人才引进、培养、保留、激励等工作领域相对落后。同时，高校在职工职业发展上未采用制度化、规范化的管理方法，人员招聘、职业培训、绩效考评和职业晋升等相应制度有待加强和完善，急需建立起有据可循的管理机制，推动职工职业发展工作的展开。非教师岗位职工的职业发展空间相对狭小，只有行政体制内的职位晋升及向教学转岗两个路径。大多数高校尚未建立明确具体的各类别管理人员的职业晋升机制，一般职工职业发展通道不畅，发展路径单一。职工在职业发展体系中难以明确属于自己的发展愿景，只能寄希望于千军万马走具有领导职务类岗位的独木桥，因此其归属感和职业满足感偏低。

当前高校存在管理人员和专业技术人员不能互通的僵化格局，存在考核标准单一、缺乏定量考核、普通职工上升渠道狭窄、职业发展受阻等问题。相比薪酬待遇的增加，行政管理人员更关注职务晋升机会和职称提高政策，因此高校要完善职业发展路径，在职务晋升、职称提高等方面给予行政管理人员切实的支持与帮助，努力为该群体提供公平、灵活的职业发展路径，鼓励通过工作实绩公平竞争上岗，建立职务能上能下、能进能退渠道来实现良好的职业发展，让基层行政管理人员看到职业未来发展的希望，激发他们工作的潜能和进取心，提高工作积极性。

(三) 资金人员不足，实施保障欠缺

在行政人员录用定岗上，高校吸纳人才的门槛日益提高，新进人员都要求具备高学历，而行政管理工作大多是事务性工作，造成招聘岗位要求与实际工作内容落差较大。高校一般对行政人员的深造、培训帮扶力度不大，除了所在职能部门提供的常规业务培训以外，行政人员长期处于"充电少、放电多"的状态。

高校为职工职业发展活动的顺利开展需要为其建立必要的资源保障制度，配套专项资金和专职人员。高校应当在对职工职业发展的成本、价值、收益进行合理评估的基础上，建立起必要的资金投入制度，设立专门预算，促进职业发展规划的实施。除了资金保障以外，高校还应配备专职人员，为职工提供咨询、规划、培训等专业服务，专门负责职工职业发展规划的实施。高校和相关部门应该加大教育投资、培训投资以及其他办公硬环境和软环境的投资力度，用以促进人力资本的大量积累。要将重心放到如何提升基层行政人员的知识、技能等方面来。人力资本的核心在于智力资本，因此高校应该重点关注基层行政人员的能力提高，提升他们的智力资本。在对基层行政人员的晋升考核过程中，高校应该建立统一多层次的选拔系统。

三、高校职工职业发展问题的原因分析

（一）从系统功能的角度看待职工队伍的重要性

为了切实推动职工职业发展，高校管理层必须从系统功能的角度看待职工队伍的重要性。在高校中，教师队伍负责教学科研活动，处于高校的核心地位，因而教师队伍的建设常常被管理者视为高校人事工作中的优先事项。但是随着我国高教事业的发展，高等教育活动的规模和复杂程度日益增加，对高校的行政管理提出了更高的要求。缺乏有效的行政管理工作，高校日常的教学和科研活动会受到极大影响，其整体运行也将出现问题，因此，不应因职工队伍整体的学历低，简单地将职工队伍和教师队伍进行比较，而应该把大学看作一个系统，从系统功能有效发挥的角度看待职工队伍功能及其职业发展的重要性。当前许多高校虽然在政策宣传上强调职工队伍的重要作用，但还未真正将职工队伍建设提升到战略规划的高度，在实际工作中仍有轻视职工队伍的倾向。因而要以现代人力资源管理理论和实践经验为基础，通过全面实施高校职工职业发展战略，促进职工队伍职业素质和工作能力的提升，不断提高职工队伍的职业化、专业化水平，努力建立一支乐于奉献、负责、高效的职工队伍。

（二）要注重职业发展中的多部门协同配合

职工职业发展是一个全面的系统工程，建立完备的职工职业发展管理机制需要多个部门和院系的协调配合。高校职工分散在学校的各个部门和院系，但是每个部门有着不同的利益要求，对职业发展工作的认识程度不同，对这一工作的开展可能对本部门工作产生的影响存在顾虑，因而难免会产生推诿扯皮、工作难以推进的问题。因此，在实施职工职业

发展的过程中，首先，高校应从顶层配套相应规章制度，组建或指定专门机构牵头统筹相关工作，明确各单位之间的分工，建立起有据可循的工作机制。其次，各相关单位之间还要建立起有效的沟通机制，促进信息互通共享，形成有效的协同机制。最后，为增强各个部门和院系对职工职业发展重要性和必要性的认识，可以尝试将职工职业发展成效纳入部门考核，并对绩效优异的单位予以奖励。

（三）要根据职工所处的不同阶段因人施策

高校职工队伍是在较长的历史时期内积累发展起来的，其人员构成较为复杂，在年龄、资历、受教育程度等方面存在很大不同。如果对职工职业发展采取"一刀切"的处理办法，会使一部分职工产生抵触情绪，因而职业发展管理需要因人施策、因不同群体施策。这就要求高校要充分掌握职工队伍实际情况，根据其职业生命周期和不同职业阶段的特点实施专门的职业发展管理。

（四）关注岗位调整中的职工心态问题

高校职工队伍建设难免会涉及岗位调整乃至人员辞退的问题，这会在职工队伍中产生恐慌情绪，从而直接影响到业务工作的稳定性乃至学校内部的秩序。因此，高校要密切关注岗位调整过程中的职工心态问题，要做好"人的工作"，做好"人心的工作"，做好"暖人心的工作"，切实保障高校职工队伍建设过程中的稳定问题。一方面，高校进行职工岗位调整要掌握好循序渐进的原则，配合高校职工职业发展的整体规划，逐步完成岗位调整任务，避免大幅调整对职工心态和高校业务工作产生不良影响；另一方面，高校对岗位调整涉及的人员要做好心理疏导工作，促使他们正确认识岗位调整的意义，更好、更快地适应新岗位的工作，鼓励他们在新岗位上追求新的职业成就。对于被辞退的职工，也要及时做好安抚工作，为他们提供必要的物质和精神上的帮助，保证业务工作交接和人员过渡的顺利进行，避免产生不稳定事件。

四、推动新时期高校职工职业发展的对策建议

在明确规划实施主体的基础上，高校应充分借鉴政府机关、大型企业和社会组织在人才引进、培养、保留、激励等工作领域的先进经验。这些单位员工规模大，人员差异化程度高，与高校职工队伍有很大的相似性，因而对高校的职业发展管理有着较好的借鉴意义；同时，高校实施职工职业发展管理必须要结合自身实际，坚持制度化、规范化的管理方法，不断完善人员招聘、职业培训、绩效考评和职业晋升等相应制度，最大限度地消除职工职业发展的制度性阻碍，建立起有据可循的管理机制，推动职工职业发展工作的展开。

（一）开展职业评估和规划

高校首先应鼓励职工开展自我评估，促使职工对其性格、爱好、价值观、学历和工作经验等自身要素形成清晰的认识，找准职业定位，初步确定个人职业发展目标。在职工自

我评估的基础上，高校可运用科学评估工具分析职工职业能力和发展趋向，结合内外因素评估其职业潜力。在职业评估的基础上，职工和高校应当共同完成对其职业发展生涯的设想，制订发展规划，包括选择相应岗位、确定发展目标、开展教育培训等活动。明确职业规划后，高校应为职工发展提供必要的支持，从而增强规划的可实现性，提高其追求职业成功的信心和动力。随着职业规划的实施，高校还应根据工作需求和职工自我认识与工作能力的变化，对其职业规划进行重新评估和修正。

（二）构建职业培训体系

职业发展规划的实现既需要职工自身的不懈努力，也需要高校为其提供优质的职业培训和充分的进修机会。在开展培训时，高校必须要考虑其岗位特点、工作需要，结合职工职业发展规划，制订专门的培训计划，落实培训任务。在培训过程中，高校应通过各种手段提高职工的主观能动性，鼓励职工积极参与，促使其能力持续扩展和提升。开展职业培训既可以帮助职工提高工作技能和工作效率，也可以作为一种激励手段，使其在发展过程中具有成就感和满足感；同时，随着职工职业能力的提高，其工作效率和成效不断改善，组织也能更好地实现战略发展目标。

（三）实行岗位轮换机制

除了加强职业培训以外，高校还可实行岗位轮换来促进职工职业发展。岗位轮换旨在帮助职工在不同岗位的多次尝试中明确自己的职业定位，对自己的优点和缺点有更深刻的认识，并在不同的锻炼中全面发展自身能力，为日后承担更重要的工作做好准备。对于新进的职工，在其结束就职培训、初步进入工作部门时，可以安排在多个岗位上轮换工作，使其通过亲身体验更真切地认识到所在部门工作的全貌，培养全面的工作能力，为今后工作中的协作配合打好基础。高校也能在这一过程中对职工的工作能力和适应能力有更为全面的认识，为其安排更适宜的岗位，使其发挥更重要的作用；同时，岗位轮换也可以培养出工作的多面手，使同一岗位上有多个备用人选，降低人员流失造成的风险，提高业务工作的稳定性。

（四）设计职业晋升路径

职工职业发展要根据其工作情况、职业规划的特点，为其提供相应的职业晋升路径，以保障其职业规划的有效实现。职业晋升路径是职工在高校岗位序列中的职业发展通道，是职工有计划、有方向地实现其职业目标的重要指向。传统的单一职业晋升路径意味着职工只能在行政管理岗位序列内进行晋升，造成职业晋升路径狭窄的问题，限制了职工的职业发展积极性。在横向职业晋升路径中，允许职工在不同岗位间进行横向调动，这可以增加职工的工作新鲜感，但向上晋升的趋势不明显。因此，针对高校职工队伍中存在大量管理人员和专业技术人员的现象，高校可以设计"H"形职业晋升混合路径，职工不但可以在管理岗位或专业岗位内获得同等的发展机会，还可以在不同岗位序列之间转换，从而满足其职业晋升的需求。

（五）加强核心员工管理

在高校职工职业发展管理中还要特别关注对核心员工的培养。高校的核心员工是指具有较强工作能力、负责核心业务、掌握关键资源、有着极高的职业素质、工作绩效优异、对机关和院系工作产生重要影响的员工。随着合同制的引入，高校职工队伍的流动性提高，因此为了保证业务工作的稳定性，职工队伍建设的重要任务之一就是在人员新陈代谢的过程中筛选、培养和保留业务工作中的核心员工。核心员工的确定，重点在于对岗位重要性和职工的能力及职业目标进行合理评估，从而确定核心员工的具体范围，并根据需要及时调整。高校要明确核心员工的待遇，根据单位需要帮助其实现进一步的职业发展。高校应将核心员工作为职工队伍建设的标杆和榜样，激励其他职工努力工作并发展职业能力，从而带动整体职工队伍水平的提高。

根据新时代高校发展的需要，完善高校职工职业发展体系是高校人事工作的重要任务之一。优秀的高校职工队伍能保障高校的稳定运行、促进高校战略发展目标的实现，因此这一重要人力资源需要高校的重视与大力开发。高校职工职业发展体系的完善，可以使职工信心倍增，明确其自身发展方向及途径，能够有效激励职工的工作积极性和主动性，增强其工作责任感和进行自我提升的意愿；可以激发高校职工不断产生新的思想和理念，促进职工职业素质和职业能力的开发，从而在一定程度上改善行政效率低下和职工队伍人员流失等问题，为高校日常运行和教学科研等工作提供良好的行政保障；同时，职工队伍水平的提升和高校战略规划的稳步推进存在着相辅相成的良性循环关系，能够形成双赢局面。

高校应充分认识到职工队伍建设的重要意义，高度关注职工职业发展中的关键问题，真正把职工队伍建设作为完备大学系统的重要工作。高校管理者要站在高校战略发展规划的高度，从实际出发，充分分析当前本校职工队伍建设中存在的问题和切实需要，结合职业发展相关理论和先进经验，做好顶层设计和配套实施制度，理顺职业发展规划的实施机制，减少职工职业发展体系完善在制度和实践中存在的障碍；要完善符合高校和职工个人发展需要的职业发展体系，促进高校行政管理队伍的职业化和专业化，打造一支乐于奉献、负责、高效的优秀职工队伍，营造现代化的高校行政管理体系，提升高校行政服务效率，为"双一流"建设提供更充分的人力资源保障和行政服务保障。

参考文献

[1] 聂伟进. 高校管理人员专业化的现状调查与分析——以江苏省 11 所高校为例[J]. 黑龙江高教研究, 2012, 30 (10): 50-54.

[2] 李忠民. 人力资本：一个理论框架及其对中国一些问题的解释[M]. 北京：经济科学出版社, 1999.

[3] 肖敬武. 高校基层行政人员能力建设现状与提升策略——以 H 大学为例[D]. 广州：华南理工大学, 2015.

[4] 施恩. 职业的有效管理[M]. 仇海清, 译. 北京：三联书店, 1992.

[5] 周园园, 孙东杰, 韩雪莹, 等. 如何助推高校行政管理人员职业生涯"终身成

长"[J]. 人才资源开发, 2020 (9): 48-49.

[6] 杨璐, 王建武. 新时代高校职工队伍人事制度改革探析[J]. 清华大学教育研究, 2019, 40 (1): 72-78.

[7] 杜英芳. 高校管理人员职业认同调查[J]. 教育与职业, 2011 (16): 42-44.

[8] 罗双平. 职业生涯规划[M]. 北京: 中国人事出版社, 1999.

[9] 郭晓勋, 刘立民. 健全职工职业技能培训体系及机制研究[J]. 中国劳动关系学院学报, 2015, 29 (1): 59-63.

[10] 梁俊. 国有企业员工职业生涯管理研究[D]. 成都: 西南交通大学, 2004.

[11] 杨光. 研发人员的"H"形职业生涯路径设计激励[J]. 科技管理研究, 2006 (12): 162-163.

[12] 谢琨. 高校行政管理人员的职业生涯管理研究[D]. 成都: 电子科技大学, 2007.

附：薪酬管理研究分会简介

薪酬管理研究分会成立于2005年8月10日，以薪酬管理研究为重点，以薪酬制度改革为要点，以建立科学合理的薪酬分配体系为目标，为高校人才队伍建设和人才强校战略服务，促进高等教育的改革与发展。分会现任理事长为清华大学常务副书记姜胜耀教授，秘书长为清华大学教务处处长曾嵘教授。分会秘书处办公地址设在北京化工大学。

第十二章

聚焦师德评价主体
提升高校师德建设实效

——高等教育管理分会专题报告

教育大计，教师为本；教师之本，师德为基。2018年5月2日，习近平总书记在北京大学师生座谈会上发表重要讲话时指出："评价教师队伍素质的第一标准应该是师德师风。"可见，师德师风建设是教师队伍建设的首要内容，而师德评价在很大程度上影响着师德师风建设的方向以及成效。在师德评价过程中，谁来评价，即师德评价主体作用的发挥至关重要。本报告聚焦高校师德评价主体，结合已有的文献资料及当前高校师德建设现状，梳理高校师德评价主体现状及若干问题，提出发挥高校师德评价主体作用的政策建议。

一、高校师德评价现状观察：聚焦多元评价主体

高校师德评价是评价主体按照相应评价标准，基于综合了解和观察，对教师思想状况、道德情操、教书育人成效、职业道德规范等方面进行分析评判、评估与考核，以确定教师师德师风整体状况。师德评价是世界性难题。当前，我国高校师德评价受到普遍关注，实践也在不断推进，但还处于探索阶段。总体上来说，评价主体的多元化、评价方法的多样化、评价内容的综合化以及评价结果的公开化，是新时代高校师德建设的重要议题以及必然趋势。

（一）当前高校师德评价面临多方面困境

一般而言，师德评价基本涉及评价内容（评价什么）、评价方法（怎么评价）以及评价主体（谁来评价）三个方面。

1. 评价什么

师德是为人师表的精神品质与道德规范，本身是无形的，其作用始于教育的功能，具

有教育正向作用，高校师德更是关系着人才培养、科学研究、社会服务、文化传承的教育功能。各高校依据相应的政策要求进行师德评价，但其评价内容有较大差异，缺乏一致性以及体系化，造成整体师德评价缺少着力点，主观性大，可操作性不强。

党的十八大以来，我国教师队伍建设取得了长足的发展，高校师德建设工作开始迈向制度化和科学化，先后出台了《关于建立健全高校师德建设长效机制的意见》《关于全面深化新时代教师队伍建设改革的意见》《关于加强和改进新时代师德师风建设的意见》等一系列重要文件，制定实施了《新时代高校教师职业行为十项准则》，进一步明确了新时代高校师德建设内容，划定教师职业规范基本底线，有力加强了新时代高校师德师风建设。然而，在高校师德评价方面，仍然非常薄弱，在实际操作中缺乏相应的指导和统一要求，评价内容仍然缺乏共识，评价成效参差不齐。

2. 怎么评价

当前，高校师德评价过程和方法主要存在以下情况。

一是师德评价指标体系不完善，评价设计与实施缺乏标准化和系统化的指导。

二是普遍存在重显性指标（教师的外在表现、"五唯"）的量化评价，轻隐性指标（教师内在品质）的质性观察。在师德评价实施中，通常重视终结性评价，忽视教师教书育人的隐形过程表现。教师普遍认为，师德本身是难以量化的内容，评价标准只注重量化考核（例如，倾向于教学和科研工作量），难以客观公正地反映教师默默耕耘、无私奉献的工作投入状态。

三是教师的日常职业表现、言传身教的效果与作用等很难通过一次性或者阶段性评价体现出来。

3. 谁来评价

当前，师德评价主体仍突出以学校为主。学校是制订师德评价方案、操作实施评价的执行者，在师德评价过程中大多是从高校的角度出发，立足于学校整体发展层面提出一些评价方案，而对国家和社会等宏观层面，以及教师自身、学生需求等微观层面关照较少。高校师德评价主体包含学校管理者、教师自身及其同行、学生、家长及其他相关社会人员。目前，师德评价主体存在两种比较普遍的情况：一方面是高校普遍支持多元评价主体，但各评价主体之间的权重、作用发挥程度以及相互关系缺乏系统研究和科学规范，对多元评价主体的评价结果整合不够，使得多元评价效果并不理想；另一方面，各评价主体之间缺乏有机统一，不同评价主体对彼此之间的评价侧重点认识不够，以某类群体为主体的评价，往往又容易忽略其他评价主体的作用，造成评价结果出入较大或难以综合，影响多元评价的综合性、互补性、协同性、公正性的有效发挥。同时，评价主体的评价意识、能力素质以及对师德本身的认识和重视等方面均有待提升。

概而言之，由于当前高校师德评价还面临上述诸多问题和困境，导致评价走形式，误差大，客观性、科学性受到质疑，评价结果难以实现公平公正。由此，从发展的角度看，师德评价工作面临全方面推进任务，高校师德评价需要设计科学的评价标准，完善师德评价内容，采取客观的评价方法，丰富评价主体，强化评价监督，健全反馈机制等一系列工作推进。其中，评价主体贯穿于评价过程始终。由此，进一步充分发挥评价主体作用，对于提高师德建设成效格外重要。

(二) 高校师德评价主体差异分析

基于对当前高校师德评价工作大样本的观察发现，不同评价主体关注的评价内容、价值取向与评价尺度存在差异。

1. 高校管理者评价

学校依据本校师德评价机制和教师考核办法进行的教师考评，通常既涉及师德师风又包含专业能力和业务要求，评价形式倾向于结果性评价。师德评价作为其中的组成部分，在"一票否决制"的前提下，更侧重于高校教师在人才培养、学校发展中的作用，而对教师自身专业发展的现状与需要关注不足。

2. 教师及其同行评价

该评价包括教师自评与同行互评。教师自评是对自身师德情况和工作情况进行自我总结的评价，教师在评价中更加关注的是其自身价值的实现程度及职业融入性；同行互评亦是以教师为主体的评价方式，同行之间在共同职业的基础上，依据所在单位师德考核标准，基于相互了解而进行的"职业认同"评价。

3. 学生评价

学生依据学校已有的学生评价机制流程，参与任课教师和导师的师德评价。在评价中，学生更加关注教师师德修养与专业能力，并结合自身价值取向、学习需求和直观感受反映教师师德情况。

4. 家长及其他社会人员评价

家长更加关注的是教师的职业素养和专业能力在培养学生方面的影响，其他社会人员更加关注的是教师在社会发展中的作用。在具体实践中，各高校主要以学校管理者、教师及其同行、学生作为评价主体实施师德评价，家长和社会人员参与评价的比重偏低。

师德评价中涉及上述四类评价主体，每类都有各自的特点、定位及功能，其价值取向和需求都关乎师德评价内容、标准、手段以及结果。有效的师德评价应是以评促发展的生态循环过程，多元评价主体应主动、充分发挥各自主体作用，以过程性评价和诊断性评价为主，关注评价过程中作用于师生发展的过程性结果，也就是通过评价达到什么样的效果，及时地对教师的师德情况作出判断，肯定成绩，找出问题。在评价过程中，过程性评价主体应侧重教师与学生，评价标准应充分结合量化和非量化的指标，评价工作贯穿于教育教学工作始末；诊断性评价主体侧重学校管理者、教师及同行，通过他评和自评的量化考核和质性分析，查漏补缺，及时整改，动态促进师德建设活力。

(三) 高校师德评价主体价值取向分析：基于社会舆论和传统道德框架

当前，技术变革与人的发展对教育的要求越来越高，教师作为教育之本，其素质能力和师德表现不断受到社会各界的广泛关注。高等教育四大功能之一的社会服务功能使得高校教师承担了更多的责任，更加受到社会的高度关注。《高等学校教师职业道德规范》明确规定，高校教师要爱国守法、敬业爱生、教书育人、严谨治学、服务社会和为人师表。这不仅是高校教师从业的规范和要求，同时也成为社会对高校教师的关注维度和对标内容。道德是通过内心信念、社会舆论、传统习惯来维系的，在传统师德观的传承下，当社会对高校教师有更多的期待和关注时，高校教师的师德评价也呈现在社会舆论之中。

社会舆论与传统道德框架下的师德评价是基于师德表现结果的主观性反应，倾向于传统道德本位与师德标签塑造，是教育系统之外的评价主体对教师的道德认知和师德状况作出的评价，具有公众性、导向性和传播性。

在社会舆论与传统道德框架下，学校管理者的评价更加侧重教师在人才培养、科学研究、社会服务、文化传承等高等教育功能层面的作用发挥程度，并将其作为师德评价的变量，考核教师职业能力与师德表现情况。教师及其同行更多是立足于学高为师、身正为范、为人师表的师德标准，关注社会舆论导向，通常将师德作为内在品质的表现融入教育教学工作之中，并不能量化处理自身师德评价结果；学生对师德评价仍以自身学习需求、个人主观意愿与价值判断为依据，突出个人的价值取向，不可避免掺入更多主观好恶；同时，受社会舆论影响，学生对"好老师"的形象有了更高的期待。由此，高校教师不止是学校的、学生的，更是社会的，高校教师的角色不断演变，高校师德内涵逐渐趋于多维的道德价值体系，拓宽了师德评价主体范围，师德评价则更需多元评价来保障。

二、高校师德评价案例观察：评价主体多元视角

为贯彻落实中共中央、国务院《关于加强和改进新形势下高校思想政治工作的意见》文件精神，高校陆续专门设立教师党委工作部统筹开展师德师风建设和师德评价工作。通过高校师德评价大样本分析，在开展师德师风建设和师德评价工作过程中，高校普遍采取"教师自评、学生测评、同事互评、单位考评"等形式进行师德评价。评价主体具有明显的多元性特征，分为单位、教师及同事、学生三类。其中单位考评形式比较多样，有的高校专门成立考核工作小组或者指导委员会综合评定、考评，有的高校是系（室）评估、院（部、中心、所）综合评估、部门考评、学校审核，有的高校是在学生的课堂上通过随堂听课、教学监督进行考评。除评价形式外，各校的评价标准也是因校制宜，有的高校以《高等学校教师职业道德规范》要求为考核标准，有的高校专门制定本校师德评价具体标准，有的高校以社会主义核心价值观为维度制定考核内容。下面分别从三类主体视角，进一步探讨不同评价主体作用的发挥以及推进方向。

（一）学校为评价主体：自上而下的监考性质

以学校为主体的师德评价是根据学校师德师风建设管理办法（师德建设长效机制）实施年度考核，每年一次，遵循学校制度建设，从人才培养和学校发展的角度出发，结合教师工作过程表现以及学生评价等内容，以量化考核为主，结合师德监督机制，采取个人自评、学生测评、同行互评、单位（部门）或指导委员会考评等多种形式进行师德评价。

根据师德师风建设长效机制建设的统一要求，高校致力于建立并完善多元主体评价机制进行师德评价，而在具体落实过程中，往往倾向于注重学校主体的终结性评价，带有自

上而下的监督性质，多元评价机制的建设和落实，尤其是教师主体作用的发挥仍然相对薄弱。多数省份和高校也都意识到这一问题的存在，在推进师德师风建设过程中不断对完善师德评价作出明确的要求。例如，健全完善学生评教机制，充分发挥教职工代表大会、工会、学术委员会、教授委员会等在师德建设中的作用，全方位了解教师的思想、工作和生活状况，加强师德监督，有效落实多元主体评价机制建设。四川省《关于落实高校师德建设长效机制的意见》，要求构建高校、教师、学生、家长和社会多方参与的师德监督体系。例如，湖南省落实高校师德建设长效机制要求：师德考核应充分尊重教师的主体地位，符合教师职业性质，促进教师专业发展；坚持公平、公正、公开原则；采取教师个人自评、家长和学生参与测评、考核工作小组综合评定等多种方式进行。

在具体实施过程中，以学校为主体的师德评价更多是作为一种外在的管理制度，把师德师风建设视为教师个人职业任务来对待，容易造成教师淡漠自身的职业荣誉感和教育主体责任感，从而形成被动的考评现状，缺少评价的生命力和主动性。另外，师德评价和师德监督各自为政现象也比较普遍，两者缺少机制的衔接与标准的统一。教师在日常工作中体现出来的师德细节，只有教师同行和学生才会有直观体会，而作为师德监督主体的教师同行、学生的主体作用发挥，显然不足。

学校是多元主体评价的组织方和推进方，以学校为主体的师德评价本质上应该是兼顾多主体并存的多元化评价格局。在健全完善多元主体师德评价机制过程中，一些高校的做法值得学习和借鉴。例如，山东大学将评价与监督相结合贯穿于师德评价过程之中，充分发挥教师主体、学生主体评价作用与工会、教师委员会、家长等的监督作用，注重从教师本体层面自律自治，将师德建设内化于心外化于行。中山大学通过组织教师个人自评、学校组织考评与民主评议等形式，注重定性考核与定量考核相结合，并充分听取教师本人及其同行、学生的意见和评价，充分发挥评价利益相关者的作用，提高评价的实效。可供参考和借鉴高校案例如表12-1所示。

表12-1 部分高校的师德评价主体和要求

学校	师德评价主体和要求
中国人民大学	师德建设小组与监督小组负责实施。爱国守法、敬业爱生、教书育人、严谨治学、服务社会和为人师表为考核标准，构建高校、教师、学生、家长和社会多方参与的师德监督体系
西北农林科技大学	采取个人自评、学生测评、同事互评、单位考评等多种形式进行，积极构建学校、教师、学生、家长和社会"五位一体"的师德监督体系，不断健全完善学生评教机制
陕西师范大学	师德考核包括教师自评、学生测评、教师互评、系（室）评估、院（部、中心、所）综合评估、学校审核等环节
中国地质大学（武汉）	通过随堂听课、个人自评、同事互评、学生测评、部门考评等多种途径，及时把握每位教师践行师德师风的表现
中山大学	采取个人自评、民主评议、组织考评等形式，定性考核与定量考核相结合的方式，并充分听取服务对象的意见和评价，对教师的德、能、勤、绩、廉进行年度考核

续表

学校	师德评价要求
中南大学	通过随堂听课、个人自评、同事互评、学生测评、部门考评、家长反馈等多种途径,及时把握每位教师践行师德师风的表现
山东大学	通过采取教学监督、学生测评、接受投诉等措施,及时掌握和了解师德动态信息,及时纠正不良倾向和问题;充分发挥教职工代表大会、工会、学术委员会等组织的监督作用,发挥教师群体的自律自治作用;逐步构建学校、教师、学生、家长和社会多方参与的师德监督体系
厦门大学	进一步丰富师德考核评价形式,尊重教师自我评价,建立学生评教制度,引入同行评价制度,健全综合考评机制

(二) 学生为评价主体:师生共同发展

以学生为主体的师德评价贯穿于教师教书育人全过程。学生评价反映在教育实践中主要基于师生关系的判断与衡量。师生关系是教育活动中最为普遍和主要的伦理关系。在教育教学活动中,学生是最直接的接受者、观察者、参与者,对教师师德情况的了解更为直观;同时,学生的反馈对"教学相长"和师生关系和谐发展具有明显的正向作用。但在实际评价中,学生评价机制并不健全,学生的师德评价往往放置于师德监督体系之中,缺少专门的基于教师职业道德领域的学生评价维度。学生往往基于自身的主观认知、价值取向和利益诉求,对教师实际的职业态度、教学行为等表现进行评价,评价结果参差不齐,难以达到师生良性循环互动的评价目的。

有关研究表明,学生对师德内涵、价值以及师德评价对自身发展、教育事业发展作用的认识程度不一。学生期待的师德品质程度最强的为"真诚关心帮助学生",接下来依次为"平等公正对待学生","给予学生专业指导和实践培养","较强的责任心","较强的教学能力","高尚的品德和人格"。学生对师德内涵的理解更倾向于教师的教学作为、能力与师生关系。相比对教师本身的品德、人格以及思想政治素养进行评价,学生更为关注教师是否行使教书育人职责,是否具有相应的专业能力。同时,由于利益诉求捆绑或冲突,学生在评教过程中存在缺乏客观理性的现象,往往造成给个别教师师德评价过高或者过低。

进一步发挥学生师德评价主体作用,需要进一步提高学生对新时代师德重要内涵与价值的认识,重视师德评价对自身发展及教育事业的重要意义。建立健全学生评价机制(评教制度)仍是当前高校师德建设中正在努力的方向。在这一过程中,学生自身发展和教师职业发展是两个基本维度,如何有效地运用学生评价手段,促进师生共同发展仍是需要进一步思考的课题。

(三) 教师为评价主体:唤醒内在的自觉

以教师为主体的师德评价能够激发教师师德建设的紧迫感、自觉性和主动性。在日常教育教学过程中,教师很容易陷入繁忙的工作之中,对自身道德建设、政治素质乃至于日常行为举止对学生的影响重视不足,而在师德评价的自评以及互评过程中,可以激发教师道德反思意识，推动教师自身修养提升。但是，在师德评价实践中，教师如何开展自我评价以及互评，充分发挥出应有的作用，亦缺乏引导性，影响师德评价效果。

有关研究表明，有的高校教师马克思主义理论修养不足，对党和国家的教育方针政策了解和学习不及时主动，在日常的教学和管理过程中出现思想认识模糊和偏差；有的高校教师抱着自己仅是一名教书匠，只负责教书、不负责育人的错误观念，对学生的个人思想发展和个性发展不予重视，立德树人使命感和责任感有待加强；有的高校教师仍存在形式主义等不实的工作作风，工作按部就班，缺乏主动性，甚至存在学术造假和个人学术不端行为；有的高校教师心理松懈，对教学应付了事，缺乏教育责任感，把更多的精力投放到个人利益的追索之上，不能承担起立德树人的教育任务。教师在这些情况下进行师德评价，往往会降低自身考核标准，削弱教师评价考察的辅助作用。还有一种观点认为，师德不是评出来的，也不能是讲出来的，而是教师职业本能的显现，无形贯穿于教书育人过程之中，严以律己、身正为范是本能行为无须专门评价。上述现状和错误认知，往往导致教师发挥师德评价主体的积极性和能动性不足，教师自评的作用达不到预期的结果。教师往往是在监督或是面对待遇不公和评价争议时才重视师德评价工作。

重视教师在师德评价中的主体作用，其立足点始终应该是促使教师提高自身道德自律，发挥师德师风建设的主人翁意识，自觉遵守职业道德规范，自觉贯彻落实新时代师德建设要求，充分发挥师德内生作用力，不断激发潜心教书育人的责任感和使命感。

三、发挥高校师德评价主体作用政策建议

新时代高校师德评价应从师德内涵入手，以习近平总书记关于师德师风建设的系列重要讲话和国家政策文件为导向，建立科学、合理、系统、公正的考评体系，充分发挥师德评价主体作用，进一步强化高校师德评价的制度建设。

（一）深刻认识新时代高校师德内涵与师德评价基本特征

新时代高校师德内涵要以习近平总书记提出的"四有好老师""四个引路人""四个相统一"为指导，集中体现教师的道德修养、精神品质和职业能力，具有道德性、制度性、专业性。

其中，理想信念、道德情操、仁爱之心是师德道德性的体现，也是最基本的师德表现，是对教师自身的基本要求；教书和育人相统一、言传和身教相统一、潜心问道和关注社会相统一、学术自由和学术规范相统一是师德制度性的体现，加强师德建设需要教师、学校、社会多方的配合；有扎实学识的高校教师作为学生锤炼品格的引路人、学生学习知识的引路人、学生创新思维的引路人、学生奉献祖国的引路人，这是教师师德专业性的体现，是师生关系的新方位，是教与学的新统一。

总的来说，新时代师德内涵在教师自身职业素养的基础上更加突出了集体观念，在长期的、不断发展的教育实践中，表现为学校、教师、学生及社会共同的师德观和价值理念，因此，师德评价呈现出以人为本、多元主体性特征。

其中，突出教师的主体作用是师德评价人本化的主要体现。在制定师德评价标准、考

核办法时应充分考虑教师的主体作用,切实关注教师身心发展与专业发展现状,明确师德评价的作用和目的,科学研究师德评价给教师带来的正向影响以及负向作用,结合教师客观现实条件,及时检验评价效果,真正做到以评促建、以评促发展。

学校考评、教师自评、同行互评、学生评价、家长反馈等是师德评价多元化的体现。各评价主体应深刻了解和认识师德内涵与评价意义,形成合力,建立师德"自评"与"他评"的多元反馈机制,充分发挥自身及时有效的评价作用,依据师德师风建设的相关政策和要求实施科学评价,突出评价的实用价值,真正促进师德建设的科学开展。

师德内涵的制度化决定了师德评价的规范化。目前急需制定统一的高校师德评价标准,进一步明确新时代师德评价内容。突出时代发展性,以立德树人为教育的根本任务,及时更新教育发展理念,强化师德文化熏陶和理论研究,促使师德师风建设制度化、现代化,引导高校在师德评价机制建设中结合学校具体情况形成科学有效的师德评价特色。

(二) 系统把握高校师德评价要素与基本原则

高校师德评价要素包括评价主体、评价目标、评价内容、评价途径、评价环境等五个主要方面。

首先,师德评价主体是多元的,任何以单一力量为主体的评价都存在评价弊端。在师德评价中,既要重视教师自身在师德评价中的作用,又要注重科学实施"他评"力量,形成以学校管理者、教师同行、学生、家长为代表的多元评价主体,致力于公正有效的师德综合性评价。

其次,评价目标和评价内容是紧密对应的。在统一评价标准的顶层设计下,以新时代师德内涵和师德建设政策文件为指导,评价的导向最终作用力在于立德树人和人才培养上。

再次,评价途径是师德评价机制建设特色的表现。评价能否顺利实施并取得成效取决于学校制定的具有本校发展特色和时代发展特征相结合的评价办法,形成自身的评价风格。

最后,评价环境是评价实施与取得成效的保障因素。从充分发挥评价主体作用的角度来说,评价环境包括国家治理背景、高校管理制度以及教师发展现状,因此,国情、教情、教育环境、学生需求、社会需求都体现在师德评价环境之中,是师德评价的重要坐标。

随着时代的发展和科技的进步,教师在教育活动中的角色不断演变,在传统道德观的基础上赋予了师德新的内涵。新时代的师德评价在坚持正确方向、坚持尊重规律、坚持聚焦重点、坚持继承创新的原则基础上,还应遵循传统性与时代性相统一、全面性与多样性相统一、科学性与合理性相统一、主导性与人本性相统一的原则,突出教师课堂育德、突出典型树德、突出规则立德的师德建设机制。通过多元参与的评价方法,注重形成性评价,强化监督与反馈,充分研究评价过程的科学性(评价理念、计划、行动符合自然规律)、可行性(评价标准的客观条件和评价对象的主观因素)、创造性、社会性(教育的社会性),以"教书"和"育人"为基本站位,着力构建学校、教师、学生、家长和社会各方参与的师德评价及监督体系,使得师德评价的价值与师德本身的价值得以充分体现。

(三) 科学实施高校师德评价

首先,以国家顶层设计为导向,遵循教育发展和师德建设政策要求,做到师德评价有理有据，科学规范，形成符合时代发展的评价理念，确保师德评价在落实立德树人根本任务中的作用得到全面发挥。

其次，以高校制度建设为保障，建立科学的师德评价机制和监督机制，有机统一多元评价和监督力量。师德评价主体作用应与师德监督主体作用相统一，构成动态的评价监督机制，严格落实考评、监督、惩处全过程，引导家庭、社会协同配合，推进师德师风建设工作制度化、常态化。

再次，以教师发展为动力，综合教师自身发展规律、教育发展规律和师德师风建设规律，突出教师为本的评价理念，关注教师尤其是青年教师的责任、技能、心理、工作强度及环境等发展现状，在严格落实评价制度的同时动态调整评价策略。高等教育功能与师德内涵是新时代高校师德评价的价值基础，师德评价主体既要面向教育实践的需要，也要应对教师发展的驱动，以此保证师德评价的有效性，促进教师形成良好的正确的职业观，自觉强化自身师德师风建设。

最后，以立德树人为根本，重视学生发展需求。教师是学生的引路人，学生是教师师德评价的主体之一。在评价过程中应重点引导学生从"四个引路人"的维度出发，结合学生发展需要，建立学生评价师德的内容和标准，建立健全学生评教机制，充分发挥学生评价的主体作用。

（本研究报告系国家教育行政学院师德智库2020年度成果之一。）

参考文献

［1］徐荟华. 高校师德师风研究的热点内容分析［J］. 江苏高教，2019（12）：85-88.

［2］赵静. 新形势下高校师德评价机制的重构［J］. 中国成人教育，2016（3）：49-51.

［3］糜海波. 辩证把握师德评价中的几个关键要素［J］. 思想理论教育，2018（3）：85-89.

［4］董娟梅. 基于"红七条"的高校师德问题的调查研究［D］. 昆明：云南大学，2016.

［5］周强. 新时代高校教师师德建设长效机制构建［J］. 中国高等教育，2019（23）：52-54.

附：高等教育管理分会简介

高等教育管理分会成立于2003年，是中国高等教育学会所属分支机构，是由全国各类高校院校长及管理人员、高教管理研究人员、教育行政管理人员组成的全国性学术团体。分会自成立以来，积极开展学术活动，通过组织学术研讨会和课题研究等形式，全面推进群众性高等教育管理科学研究活动。分会现任理事长为清华大学副校长彭刚教授，分会秘书处办公地址设在清华大学教育研究院。

第十三章

加强高校辅导员队伍建设
提高专业素养和职业能力

——辅导员工作研究分会专题报告

一、全国高校辅导员队伍建设发展基本状况

（一）全国高校辅导员队伍概况

高校辅导员是开展大学生思想政治教育的骨干力量，是高等学校学生日常思想政治教育和管理工作的组织者、实施者、指导者。高校辅导员应当成为学生成长成才的人生导师和健康生活的知心朋友。近年来，全国高校辅导员队伍不断发展壮大，在完成立德树人根本任务、培养德智体美劳全面发展的社会主义建设者和可靠接班人的崇高使命中发挥了十分重要的作用。

目前，全国高校专职辅导员已达14万名，兼职辅导员达5万名。在党中央的高度重视和亲切关怀下，在教育部的周密部署和大力推动下，在各地各高校和各有关方面的共同努力下，高校辅导员队伍建设有了长足发展，队伍规模不断壮大，结构日益优化，素质能力不断提升，专业化、职业化建设理念深入人心。广大辅导员工作条件、干事平台、待遇保障、发展空间有了明显改善。广大辅导员坚持关照学生、围绕学生、服务学生，在一系列重点时期、重大活动、重要事件中发挥了突出作用，成为教育引导学生健康成长、维护高校和谐稳定的中坚力量。一支专兼结合，规模及结构日趋优化，政治强、业务精、纪律严、作风正的辅导员队伍已经基本形成。

（二）全国高校辅导员队伍素质能力现状分析

1. 高校辅导员的专业素养和职业能力不断提升

广大辅导员们按照《普通高等学校辅导员队伍建设规定》要求的九项职责开展工作；

按照《高等学校辅导员职业能力标准（暂行）》的要求，主动提升专业素养和职业能力，明确自身职业发展努力方向和目标。在各项实践锻炼中，辅导员的理论水平和政治素养不断提升，创新开展思想政治工作的能力不断提升，运用新媒体开展大学生思想政治教育的能力不断增强，理论宣讲和科研能力不断增强，语言文字和表达能力不断增强，维护校园和社会安全稳定的能力进一步增强。例如，第十一届"高校辅导员年度人物"、华南理工大学辅导员张冬利，在工作中不断磨砺，不断提升专业水平，主持多项教育部思想政治教育课题和省级课题，发表论文 20 余篇，多次获得全国高校辅导员工作优秀论文一等奖、二等奖；承担建设省级"高校学生事务管理精品项目"，出版思政理论专著一本；通过"文化自信"系列课程，引导学生实现"五个对话"。

2. 高校辅导员工作科学化水平不断提升

（1）辅导员工作目标科学化。党中央精神为辅导员工作目标科学化指明了方向，高校辅导员深感责任重大、使命崇高，坚定信念、履职尽责，为高等教育立德树人根本任务的完成和中华民族伟大复兴作出贡献。

（2）辅导员的工作内容不断深化。按照《普通高等学校辅导员队伍建设规定》的九项职责，广大辅导员深入开展各项工作，增强工作的专业内涵；高校辅导员工作方法不断创新，注重提升解决问题的能力和水平，主动适应新时代的新发展和新趋势。广大辅导员把握高校青年学生的思想动态，因势利导，准确施教，不断提高自身的综合素质和思想政治教育能力；转变教育模式，利用新媒体加强学生思想教育。比如，曾经参加学校思想政治理论课教师座谈会并受到习近平总书记亲切接见的安徽工业大学辅导员赵颖虹，在工作中积极探索，形成"思想教育加深度、学风建设强力度、服务育人添温度、社团活动增亮度、科技创新提高度"的"五度"工作思路，工作业绩和育人实效突出。第十一届"高校辅导员年度人物"、哈尔滨工程大学辅导员刘铁，不断探索创新教育方法，按照典型引路、分类指导的方式，解决学生困惑，精心绘制学生的"成长路线图"，从"学以致用"的角度引导学生，成长为学生心中的"金牌辅导员"。

3. 高校辅导员开展思想理论教育和价值引领的水平不断提升

思想理论教育和价值引领是高校辅导员的首要工作职责。高校辅导员按照习近平总书记在学校思想政治理论课教师座谈会上的重要讲话精神，不断提升自身开展思想政治理论课教育教学的水平。

2019 年 3 月，辅导员工作研究分会组织召开了"习近平总书记在学校思想政治理论课教师座谈会上重要讲话精神学习研讨会"，以"守好一段渠，种好责任田，上好思想政治理论课，做好辅导员——学习贯彻总书记在学校思想政治理论课教师座谈会上重要讲话精神"为主题，邀请参加学校思想政治理论课教师座谈会的部分高校辅导员、思政工作者，围绕辅导员与思政课教师协同育人、高校形势政策课程、思政小课堂与社会大课堂、辅导员如何提升素质能力等开展研讨，在高校辅导员队伍中引起强烈反响。近年来，全国"高校辅导员年度人物"中也涌现出很多思想政治理论课教育教学的典型。他们注重思想教育和价值引领，因材施教、分类引导、注重实效，开辟网络微课堂，线上线下配合，巩固思想教育成果。一批优秀辅导员在全国高校"学习新思想千万师生同上一堂课"活动中与思政理论大家同台,向同学们传播知识、传递信念,深受欢迎。比如,曾参加学校思想政治理论课教师座谈会并受到习近平总书记亲切接见的第十一届"高校辅导员年度人物"、北京科技大学辅导员孙晓丹,曾获全国高校辅导员素质能力大赛一等奖,入选"首都百万师生同上一堂课"讲师团,还多次作为高校辅导员代表赴全国各地宣讲习近平新时代中国特色社会主义思想,磨炼了扎实的业务功底和过硬的素质能力,成为高校辅导员专家化的典型代表。

4. 大力推进协同创新,全员全过程全方位育人理念深入人心,取得实效

各地各高校加强顶层设计,建立健全培训研修中心管理体制和运行机制,组织、宣传、统战、学工、安全保卫等党政干部和共青团干部、辅导员、班主任、心理咨询教师等思想政治工作队伍培训研修大格局逐步形成。辅导员同思想政治理论课专职教师,辅导员同班主任、导师、心理咨询教师,学生工作部门同组织、宣传、统战、安全保卫等部门协同育人、协同创新的实践探索不断深入,高校协同创新开展"三全育人"的研究不断深入。

辅导员工作研究分会近年与中国高等教育学会联合设立"高校辅导员队伍建设与发展"专项课题,课题包括"'三全育人'背景下高校辅导员协同育人的个案研究""'三全育人'的具体实施路径研究""高校辅导员与任课教师协同育人研究""高校辅导员参与思想政治理论课教学的方法与路径研究"等,对全国高校思想政治工作队伍在理论以及实践、个案方面进行深入研究,推动"三全育人"在高校落地。

二、加强高校辅导员队伍建设的举措和成效

(一)顶层设计,完善辅导员队伍政策制度

为深入贯彻落实习近平新时代中国特色社会主义思想,学习贯彻习近平总书记关于教育的重要论述,加快构建高校思想政治工作体系,培养德智体美劳全面发展的社会主义建设者和接班人,教育部在全国高校实施了一系列思想政治工作队伍建设发展的举措:强化政策支持,大力推进发展,发挥高校思想政治工作委员会的专家咨询作用;加大高校思想政治工作创新发展中心、思想政治工作队伍培训研修中心、省级高校网络思想政治工作中心建设力度;开展第二批新时代高校党建示范创建和质量创优工作,开展第二批"三全育人"综合改革试点工作;注重价值引领,提升素质能力,选拔树立"最美高校辅导员""高校辅导员年度人物"等先进典型;持续提升思想政治工作和党务工作队伍素质能力和专业水平,实施思想政治工作中青年骨干队伍建设项目,建设高校思想政治工作精品项目,开展人文社会科学研究专项任务项目(高校思想政治教育工作)研究;组织开展国家示范培训、海内外访学研修、在职攻读硕士博士学位等专项计划。

各地各高校严格落实中央关于高校思想政治工作和党务工作队伍配备的指标性要求,完善高校专职辅导员职业发展体系,建立职级、职称"双线"晋升办法;切实履行辅导员选聘工作的主体责任,按照专兼结合、以专为主的原则加强辅导员选配工作;完善兼职辅

导员和校外辅导员培训、管理、考核制度。

（二）加强配备，优化辅导员队伍结构配置

各地各高校按照教育部要求，下大气力做好辅导员队伍的选聘和配备工作，保证总体规模，优化队伍结构。许多学校出台了相关的政策文件，保障辅导员队伍建设发展。如山东大学出台了《中共山东大学委员会关于进一步加强辅导员队伍建设的工作方案》，严格落实国家关于辅导员队伍建设的相关政策，紧密围绕立德树人根本任务，拓展补充渠道，在足额配备人员的基础上，不断完善制度建设，加强人员管理，激发队伍活力，建设一支信念坚定、素质过硬、敬业负责的辅导员队伍。

（三）大力培养，拓宽辅导员队伍发展渠道

1. 辅导员工作研究分会开展卓有成效的活动

辅导员工作研究分会在教育部思政司指导下，在全国范围内开展了一系列卓有成效的辅导员培养培训活动，引领辅导员队伍建设发展方向。

（1）组织开展 2019 年"最美高校辅导员"以及十一届"高校辅导员年度人物"推选展示工作，举办了七届全国高校辅导员素质能力大赛，选拔树立了一批辅导员先进典型，把辅导员荣誉首次纳入国家荣誉体系，增强辅导员的自信心和自豪感，提高辅导员队伍整体凝聚力和向心力。

（2）举办全国高校辅导员工作创新论坛，开展国内高校辅导员交流等活动，加强辅导员工作交流研讨，拓展辅导员视野，推进辅导员多岗位实践锻炼。

（3）开展全国高校思想政治工作优秀论文征集活动，办好学术期刊《高校辅导员》；与中国高等教育学会联合开展"高校辅导员队伍建设与发展"专项课题研究等，引导辅导员加强科学研究、提升理论素养。

2. 各地开展辅导员培养培训工作

各地各高校十分重视辅导员培养培训工作，不断探讨并拓宽辅导员发展渠道。北京、上海、山东、陕西、广东等多地实施辅导员名师工作室建设，培养辅导员领军人物。

（1）山东高校辅导员名师工作室在前两批建设 19 个工作室的基础上开始了第三批 11 个工作室的（含培育）建设。山东高校辅导员高级研修班已连续举办 11 年，在培养辅导员骨干方面发挥重要作用。

（2）上海连年举办高校辅导员团队拓展活动，通过体育项目和团队拓展形式，为辅导员搭建交流平台。

（3）山东大学制定并实施《山东大学辅导员育人能力提升专项方案（2019—2021年)》，对辅导员育人能力提升的目标、路径、标准、内容及措施等进行具体安排指导，全面提升辅导员素质能力。

（4）武汉理工大学紧密围绕立德树人根本任务，以"新时代领航计划"为统领，着力推进思想领航、管理护航、服务助航、名师导航"四大行动"，不断提高学生思想政治工作队伍的专业素养和育人能力，努力形成"工作有条件、干事有平台、待遇有保障、发

展有空间"的队伍建设体制机制和文化氛围。

（四）宣传引导，提升辅导员队伍社会声誉

近年来，辅导员队伍建设受到高度关注和广泛好评，中央和地方媒体纷纷报道，产生了良好的社会反响。

（1）"高校辅导员年度人物"中涌现出党的十九大代表陈小花、徐川，"时代楷模"曲建武等杰出代表，辅导员职业的社会美誉度不断提升，社会认同和职业公信力不断提升。

（2）2019年，中宣部、教育部联合开展"最美高校辅导员"评选活动，从历届在岗辅导员年度人物中遴选出10位"最美高校辅导员"，首次纳入全国"最美人物"系列，在中央电视台举办发布仪式，为每位辅导员年度人物录制专题片，在社会上引起良好反响。由中宣部、中央网信办和教育部联合指导，中国教育电视台精心打造"我是辅导员"电视访谈栏目，从全国高校优秀辅导员中遴选访谈对象，从不同角度生动展示辅导员在学生成长过程中的重要作用。

（3）在中华人民共和国成立70周年之际，全国高校辅导员围绕高校辅导员的使命和担当、新时代高校思想政治工作的理论和实践探索、高校辅导员队伍专业化职业化建设等开展了一系列学习研讨活动，反响强烈。

（4）中国高等教育学会辅导员工作研究分会网站、官方微信号"高校辅导员"以及《高校辅导员》期刊均对高校辅导员队伍先进典型和先进事迹，以及高校思想政治工作优秀案例进行宣传展示，受到广大辅导员热烈欢迎。如今，高校辅导员队伍已经成为教育战线的一张亮丽名片。

三、辅导员拔尖骨干人才培养路径探析：典型做法及优秀辅导员案例

（一）"高校辅导员年度人物"和"最美高校辅导员"推选展示

为切实引领青年开拓创新、奋发有为，中宣部、教育部首次从历届在岗的"高校辅导员年度人物"中评选出10名"最美高校辅导员"，这是将辅导员荣誉首次纳入国家级"最美人物"系列，提高了辅导员荣誉的含金量，增强了辅导员队伍的荣誉感和自豪感。中国高等教育学会辅导员工作研究分会至今连续组织了11届"高校辅导员年度人物"推选展示活动，并全程参与了2019年"最美高校辅导员"评选组织工作。历年来，中国高等教育学会辅导员工作研究分会注重选树辅导员先进典型，加强对推选出的辅导员年度人物的跟踪培养，打造出全国范围内的辅导员领军人物和创新发展人才。

一是注重思想引领，强化辅导员职业认同。在对全国辅导员优秀典型培养选树的过程中，教育部思政司和中国高等教育学会辅导员工作研究分会注重对优秀典型人物进行思想和价值引领，并将这种引领融入各项辅导员培养培训活动中。在开展全国"高校辅导员年度人物"推选、全国高校辅导员素质能力大赛、全国高校辅导员工作创新论坛、全国高校

思想政治工作骨干示范培训、开展学习宣传贯彻党的十九大精神1 000名高校优秀辅导员"校园巡讲"、开展"高校辅导员队伍建设与发展"专项课题研究、《高校辅导员》办刊的过程中,均以习近平新时代中国特色社会主义思想为引领,考察辅导员学习贯彻落实和宣讲践行中央精神的水平能力,不断提升辅导员队伍的思想境界、理论素养和道德水平。第七届"高校辅导员年度人物"、陕西科技大学辅导员李萌谈及自己的体会:"教育部、中国高等教育学会辅导员工作研究分会经常组织优秀辅导员参与全国巡讲、骨干培训、会议研讨等活动,进一步加深了我对优秀辅导员群体应当具备的道德水平与专业知识的认识,加速了自身的内化历程。"

二是提升素质能力,开展全方位培养锻炼。教育部思政司和中国高等教育学会辅导员工作研究分会重视推进全国高校辅导员队伍专业化、职业化、专家化建设,面向全国高校辅导员队伍不断开展各项素质能力提升活动,全方位培养锻炼辅导员,推动高校辅导员为培养德智体美劳全面发展的社会主义建设者和接班人而努力奋斗。比如,曾荣获全国高校思想政治工作优秀论文评选一等奖并在C刊发表思政类文章多篇的华南理工大学辅导员徐喜春,多年来树立职业理想,发挥专业优势,主动走专业化、职业化发展道路,在教育部思政司以及中国高等教育学会辅导员工作研究分会提供的各类培养培训中不断磨炼自己、提升素养,在职业实践中积极作为,在思想政治教育的理论和实践研究中取得优异成绩。

三是完善考评监督,打造科学化成长平台。教育部发布《普通高等学校辅导员建设规定》进一步明确了高校辅导员的工作职责,强调了高校辅导员配备选聘的相关要求,强调要坚持"同工同酬",实行"双线"晋升,进一步明确高校辅导员队伍的专业培训要求和高校专职辅导员队伍的发展通道。《普通高等学校辅导员职业能力标准(暂行)》确立了辅导员职业的知识和理论体系,确定了辅导员职业概念,丰富了辅导员工作的专业内涵,规范了辅导员的工作范畴,明晰了辅导员的岗位职责和工作边界。教育部和中国高等教育辅导员工作研究会在开展的各项辅导员队伍建设举措或活动中,着力贯彻落实文件政策要求,推动高校辅导员队伍建设发展。第六届全国辅导员素质能力大赛一等奖获得者、郑州大学辅导员胡波,建议相关高校坚持"学院考核与学校考核相结合、考核与激励相结合、定性考核与定量考核相结合、过程考核与结果考核相结合、组织考核与学生评议相结合"的原则,并建议把《高等学校辅导员职业能力标准(暂行)》规定的辅导员应该担负的大大职能细化为若干项二级指标作为考核的依据。

(二)山东高校辅导员名师工作室建设

为深入贯彻全国教育大会、高校思想政治工作会议和学校思想政治理论课教师座谈会精神,切实加强山东高校思想政治工作队伍建设,培养和打造一批辅导员行业的领军人物,加强辅导员人才梯队建设,充分发挥优秀辅导员的示范引领作用,山东省委教育工委联合高校思想政治工作队伍培训研修中心(山东大学)组织开展了第三批山东高校辅导员领航工作室申报评选工作,并于2020年3月确定了11个入选工作室(含培育)名单。这是在原有的第一批、第二批山东高校辅导员名师工作室建设的基础上,确定的第三批山东高校辅导员名师工作室。山东高校辅导员名师工作室建设取得了良好成效。

此前,山东省委教育工委联合高校思想政治工作队伍培训研修中心(山东大学)于

2013年5月起启动实施了山东高校辅导员名师工作室建设计划，遴选确定了第一批8个辅导员名师工作室；2016年11月，遴选确定了第二批12个辅导员名师工作室。几年来，山东省委教育工委和高校思想政治工作队伍培训研修中心（山东大学）对各工作室精心培育和建设，以项目委托、选派进修、培训考察、实践锻炼、经费支持等方式，努力培养一批山东高校辅导员的领军人物和专家型骨干辅导员。

（1）强化保障，建设辅导员名师工作室。

①完善制度规范。山东省先后出台了《中共山东省委高校工委关于实施高校辅导员"十百工程"建设计划的通知》《山东高校辅导员名师工作室建设与管理办法（试行）》《关于进一步加强山东高校辅导员名师工作室管理的通知》《关于加强山东高校辅导员名师工作室建设成果管理的通知》《山东高校辅导员领航工作室建设管理办法》等文件。加强组织领导，理顺工作机制，在工作室授牌、主持人变更、研究方向变更、研究成果应用、主持人师德师风以及财务学术纪律方面深化管理。

②加强经费保障。山东省委教育工委每年为第一批、第二批每个工作室投入经费3万元，工作室所在高校每年最少配套经费3万元，连续实施3年；山东省委教育工委为第三批每个工作室投入20万建设经费，支持工作室建设。

③配备办公场所。工作室均以主持人名字命名，并举行挂牌仪式。各工作室所在高校为工作室提供办公场地，并建立图书室及信息化设备和系统。

（2）精心培育，打造"山东高校辅导员名师"。

①指导工作室聚焦当前大学生思想政治教育和辅导员队伍建设发展中的热点、焦点、难点问题开展研究，如学生分类指导、网络思想政治教育、辅导员工作精准化流程等，注重为工作室凝练研究重点，指明建设路径，制订工作计划，指导其做好发展规划和年度计划。

②在工作室申报国家级、省级大学生思想政治教育工作相关课题、发表论文、出版著作、辅导员和学生开设课程和讲座、考取职业资格证书等方面予以支持和指导，帮助工作室按照建设研究方向产出成果。

③组织工作室主持人赴国内外高校学习研修，推荐工作室主持人和成员在全省和全国各类学术论坛、学术会议、高级研修班上做典型发言和经验交流，参加国内高校交流活动等。为工作室聘请国内思想政治教育方面的专家担任导师。推荐指导工作室主持人及骨干成员参与全国和山东省各类辅导员评奖评优活动，宣传山东高校辅导员优秀事迹，展示山东高校辅导员队伍建设成果。

④建立完善的工作室考评制度，以考核促建设，每年对工作室开展年度考核。采取主持人集中述职答辩和专家实地考评的方式进行，考核注重日常工作开展与主持人作用发挥相结合的方式，要求工作室取得与研究方向一致的标志性成果，且成果具备可操作性和推广价值。

（3）建设梯队，构建辅导员名师工作室发展长效机制。

①指导各工作室建设取得标志性成果。聊城大学唐玉琴工作室研究开发了"家庭经济困难学生认定系统"，于2015年10月起在山东高校正式推广使用。山东大学（威海）于培丽工作室编制出版了《高校辅导员工作手册》，其创建的辅导员精准化工作流程，被省

内外多家高校学工部和辅导员使用。齐鲁工业大学左殿升工作室开发了移动 APP "工大悦班"、微信公众号"工大司令"、专题网站"悦班网"等，在学生中运用广泛，反响强烈。

②对名师工作室主持人跟踪培养，推动其典型示范作用发挥，推荐参评全国"高校辅导员年度人物"，指导申报教育部和省级人文社科项目，提供获得学历提升、海外研修、参加比赛和论坛以及为各级培训班授课的机会。在省级辅导员名师工作室的带动下，各工作室还在校内孵化出一批校级辅导员工作室，推动了辅导员队伍专业化发展水平。

（三）优秀辅导员案例

1. 优秀辅导员——山东大学范蕊

范蕊为学生写下 1 300 多篇、100 多万字的原创文章。范蕊的微信公众号"陌上花开"拥有粉丝近两万人；范蕊开设的选修课爱情与婚姻每学期选课爆满，情感教育正逐步打造成新的教育品牌；范蕊的专著《在海滩上种花——一个大学辅导员的工作日志》《奔跑吧，青春——一个大学辅导员的工作日志》得到学生和同行高度认可……

13 年来，范蕊坚持每周去一次学生宿舍，每天至少和一名学生面对面沟通一次，每周撰写工作日志。她说："工作中只有两件事情能让我兴奋，一是跟学生谈话，一是给学生上课。"她用信仰与爱陪伴学生成长。13 年来，她一直是学生心中最值得信赖的"范范"。

（1）网络引领：指引学生人生方向。

"在信息多元的互联网时代，在学生可以自由在网络上发出声音的时代，在学生需要有人引领的时代，辅导员应该成为网络思政的先行者，以学生喜欢的方式和他们对话，引领和陪伴他们成长。"范蕊是这样说的，也是这样做的。

从人人网到 QQ 空间，从新浪微博到微信公众号"陌上花开"，13 年来，范蕊一直坚持利用网络这一载体与学生交流；13 年来，她坚持记录下和学生相处的点点滴滴；13 年来，她坚持在网络上为学生答惑解疑。很多家长表示，学生和家长都需要有这样一个老师为学生指引人生的方向。一个辅导员说：范蕊的文字温暖美好，真实感性，却又不流于说教，给学生和家长带来直抵人心的力量。

微信公众"陌上花开"是范蕊和学生沟通的桥梁。不仅是本校学生，很多外校的学生也将自己的困惑、烦恼在"陌上花开"后台留言倾诉。有问必答，是范蕊对学生的承诺。外校的学生也慕名而来，13 年了，她早已忘记到底帮助过多少学生。一个学生说："范蕊老师对很多同学都有帮助。在这样一个通信便利的社会里，我们的思想就像徘徊在十字路口的雏鸟，无处安身，幸好，您一直都在。"

"陌上花开"微信公众号逐渐成为立足本校、辐射全省乃至全国的有温度、有特色的校园媒体品牌。

（2）情感教育：探索思政工作品牌。

工作多年，范蕊发现很多大学生存在不同程度的心理问题，其中情绪、情感问题最为突出。为此，她自学心理学，成立范蕊情感教育工作室，面对全校学生开展情感与情绪教育。为了让学生更容易接受，她精心设计每一次活动和讲座；为了让学生树立理性的爱情观,她率先在学校开设选修课——爱情与婚姻,这一开就是四年。和她的其他课程一样,选修课爱情与婚姻年年爆满,被学生评为最适合青年学生聆听的课程。

"如果只能二选一,你是想要健康的食物还是无条件的爱?""你了解你的情绪吗?""你真的以为你有抑郁症吗?"她在讲座和课堂上娓娓道来,气氛轻松愉快,学生在不知不觉中就接受了知识。

范蕊努力把情感教育工作室打造成一个学生可以自由交流和沟通的平台,一个可以更好地服务学生的品牌。

(3)信仰与爱:用心陪伴学生成长。

习近平总书记指出:"大学生正处于人生成长的关键时期,知识体系搭建尚未完成,价值观塑造尚未成型,情感心理尚未成熟,需要加以正确引导。"作为辅导员,应尽最大的努力帮他们"扣好人生的第一粒扣子",打牢成长发展的基础。如何让大学生信任和接纳自己,做好他们的思想引领工作,是每个辅导员面临的共同命题。范蕊给出的答案是:信仰与爱。

范蕊认为,作为辅导员要努力成为社会主义核心价值观的坚定信仰者、积极传播者和模范践行者;一个有信念的辅导员会让学生尊敬,但是仅仅尊敬还不够,还需要学生的亲近。范蕊说,辅导员要有仁爱之心。爱是一个辅导员工作中最有用的法宝。2 000多人次面对面的沟通,200多场形式各异的主题班会,几十场读书沙龙,10 万多条简讯,范蕊用爱与智慧点亮无数个学生的成长之路。

学生需要一个聪明成熟的老师来引领他们成长,范蕊也一直努力变成这样的老师。从本科到硕士到博士,一路走来,她从未放弃过学习,文学专业出身的她,先后出版了4本书籍,承担教育部、省部级课题3项,地厅级课题10几项,发表论文20余篇。她的学习理念深深影响着学生。一位学生说:"范老师,我也要多读书,希望未来可以变成和你一样的人。"

范蕊特别喜欢马克思的一句话:"如果我们选择了最能为人类谋福利而劳动的职业,那么,重担就不能把我们压倒……我们的幸福将属于千百万人,我们的事业将默默地,但是永恒发挥作用地存在下去。"在她看来,她的工作就是为学生负责。每个学生的背后是一个家庭,一个家庭的背后是一个国家和民族。为每一个学生负责,其实便是为国家与民族负责,这是她的初心,更是她的使命。

2. 优秀辅导员——哈尔滨理工大学任佳伟

(1)个人简介。

任佳伟,男,汉族,中共党员,副教授,国家二级心理咨询师。曾任哈尔滨理工大学国防生专职辅导员,现任校少数民族学生专职辅导员。省级品牌工作室"石榴籽"工作室创办人、主持人。任佳伟是第十届"高校辅导员年度人物",第十届"黑龙江省高校辅导员年度人物",黑龙江省教育系统十九大精神"百人宣讲团"成员,全国高校"学习新思想千万师生同上一堂课"讲师团成员,黑龙江省重点培育智库和高校智库成员,思想政治教育省级领军人才梯队核心成员。2019年3月,任佳伟作为黑龙江省高校辅导员代表参加了习近平总书记主持召开的学校思想政治理论课教师座谈会。

（2）成长发展特点。

①立志成为一名优秀的思想政治教育工作者。对任佳伟来说，从他做学生干部，初进思想政治教育专业门径的那天起，"开启学生思想和心灵"就成了他的职业梦想。任佳伟毕业于哈尔滨师范大学思想政治教育专业。读书期间，他早出晚归，抓紧点滴时间汲取知识营养，学习成绩优异，多次获得国家级、省级和校级各类奖学金，曾任班长、校研究生总会主席、《哈师大研究生报》副主编、黑龙江省学联副主席，并获得黑龙江省三好学生、黑龙江省优秀毕业生等国家、省、学校荣誉30余次。专业知识的积累和多年的学生干部经历，坚定了任佳伟立志成为一名高校思想政治工作者的决心。2011年，通过黑龙江省事业单位公开招聘考试，他以笔试、面试第一名的成绩成为哈尔滨理工大学辅导员。在入职时，他庄严承诺："己欲立而立人，己欲达而达人。帮助学生不患位之不尊而患德之不崇，不耻禄之不伙而耻智之不博，是我一生矢志不渝的奋斗目标，我要在立德树人的岗位上永远坚守。"

②在陪伴学生中更加深刻感悟职业使命。任佳伟始终怀着那颗初心，坚定理想信念，情系学生成长，做学生的良师益友，成为新时代高校辅导员队伍中的佼佼者。8年间，他两次担起学校党委赋予的重任，在国防生和少数民族学生这两个特殊学生群体培养过程中，探索出一条"以思想引领促进行动自觉"的新时代大学生思想政治教育路径。

刚工作时，任佳伟就担任了国防生辅导员。当时国防生实行分散教学，集中管理难度很大，增进师生情谊、对接学院工作更是千头万绪。工作虽难，可他始终坚信"理想信念的问题解决了，一切问题就会迎刃而解"。他配合学校把"忠诚"教育作为鲜明主题与核心内容，让学生树立对党忠诚的坚定信念指引人生航标。他带领学生用脚步丈量黑龙江3 000公里边境线，连续6年坚守，60余次实践，总计达20 000公里路程，这背后是无以计数的汗水和时刻铭记的梦想。忠诚犹如一粒种子，在他与学生的心中拔节开花，任佳伟也更加懂得如何忠诚自己的岗位与使命。

由于担任国防生辅导员期间的优异表现，重担再次落在了他的肩头。2016年，学校党委选派任佳伟担任少数民族学生专职辅导员。国防生与少数民族学生在很多方面都有很大的差异性，当时有人劝任佳伟转岗，因为他在国防生培养中已经取得了很多成绩，也获得了第二届全国高校辅导员素质能力大赛二等奖（全国排名第4），创造了黑龙江省历年来最好成绩，同时还获得全国高校辅导员优秀博文奖等多项荣誉。而学校刚刚招收少数民族学生，无培养经验可循，一旦工作做不好就会对自己影响很大。

面对这种情况，任佳伟并没打退堂鼓，坚守着他的育人初心，服从安排，踏实工作。在少数民族学生培养中，他依然坚信"理想信念问题解决了，一切问题就会迎刃而解"，他们都是好学生，只要找到正确方向，成长空间无限。在国防生思想引领的成功经验基础上，经过多方调研、了解，他采用大数据分析了学校1 564名少数民族学生特点，确定了"自信促自强，融入促融合"的工作思路，以个性帮扶与互助帮扶相结合的方式打牢民族团结根基。

③在收获成长中更加坚定职业信仰。工作8年来，任佳伟多次拒绝学校机关部门调岗的机会，放弃省直机关借调的机会，放弃解放军某部正式调任的机会，因为他坚守着"点亮学生理想的灯，照亮学生前行的路"的初心。多年的深耕细作结出金秋硕果：以理想信

念教育为核心的国防生"精英式"管理模式,火箭军在全国签约高校中推广;"砺剑实践团"被评为"黑龙江省大学生道德模范群体";他探索出的以爱国主义教育为核心的少数民族学生"互助融合"培养模式,成为黑龙江省高校少数民族学生工作的品牌;"石榴籽"工作室在宣讲习近平新时代中国特色社会主义思想、促进民族团结中充分发挥了青春榜样作用。

任佳伟善于用青年的话语体系讲述青年的故事,他先后深入多所高校宣讲党的先进理论,引起广大青年学生的强烈共鸣,得到师生的高度评价;他主讲的心理健康、就业指导课堂堂爆满。公开发表本专业论文13篇,参与课题20余项;获得第十届"高校辅导员年度人物"等各级奖励17项;连续四年担任省辅导员素质能力大赛评委;连续五年担任省辅导员培训和研修基地主讲教师;赴省内外50余所兄弟院校与近万名辅导员分享经验。

(3) 成长归因分析。

①学生干部经历和专业背景让他明确初心。担任学生干部期间配合学校和辅导员开展相关活动,锻炼了任佳伟的组织策划、沟通协调能力,思想政治教育专业学习是做好学生工作的理论支撑。任佳伟在读书期间没有投过一份简历,决心毕业后从事高校辅导员工作,这也是他最大的职业梦想。参加工作以后,任佳伟上手很快,他没有三心二意,也没有把辅导员工作当成跳板,而是把这项工作当成事业来做。他的初心很明确,他的思想很坚定。

②学校重视与培养让他感受到温暖。工作以后,任佳伟很快就感受到了领导的亲切、辅导员同事的真诚。初期开展工作时,多位同事都给予了他热忱的指导和帮助,让他非常愉快地融入了辅导员工作队伍,他越来越深刻地感受到学生工作这个集体拥有的独特魅力。学校非常重视辅导员队伍的建设与培养,考虑到任佳伟的专业优势和个人特点,学校安排任佳伟担任国防生辅导员,这对任佳伟忠诚品质的培养非常重要。任佳伟慢慢体会到军人坚毅果敢、不怕困难、勇往直前的崇高品质,养成了严格、规范、坚守、服从的好品格。在担任少数民族辅导员期间,他善于思考,坚持"因材施教"的理念,认真地对待每一名学生,坚持"尊重不放纵,关爱不溺爱"的原则,以教育引导和服务为主,努力把思想政治教育工作做到学生心里,把少数民族学生最难理解的故事讲清楚、讲明白,不断提升自己的思想理论水平。

③对学生的爱和情谊让他坚守岗位。任佳伟说:"坚守在辅导员的岗位上不易,需要奉献与付出。我们每个人都经历过这样或那样的困惑,体验这样或那样不被理解,感受过这样或那样的蹉跎,但是我们仍坚守在这里,仍奋战在学生工作的第一线,这种坚守就源于我们对学生的爱,和学生给予我们的感动。"担任国防生辅导员期间,他利用假期到部队当兵锻炼,与战士同吃住、同学习、同锻炼。他坚信只有"同甘苦,共患难",才能切实体会学生的感受,才能真正融入学生。

担任少数民族学生辅导员期间,他为消除隔阂、真正融入学生,他先从陪伴入手,借助"午餐心里话"这个每周坚持的小活动,慢慢地打开了学生的心扉;创建"石榴籽"工作室,打造电子商务平台,支持少数民族学生借助网络宣传家乡,销售土特产;千方百计联系社会爱心企业为经济困难学生提供御寒物品、争取路费补贴;联系爱心教师与孤儿学生进行情感和经济帮扶,累计征集金额达到10万元。现在,他已经是少数民族学生心中最信赖的"汉族佳哥"。

任佳伟用日复一日真情付出赢得了学生的信任、尊重和爱戴。那一条条挤满手机的节日祝福，那一次次毕业生绕路来哈尔滨的深情探望，还有他那装满 10 大盒的工作日志和数 10 万字的记录，就是他 8 年如一日、不离不弃的最好诠释。

④成绩的获得与视野的拓展让他坚定信念。近年来，任佳伟在辅导工作和学生培养中取得了一些成绩，这让他有了与国内同行交流学习的机会，通过参加各种级别会议和座谈，他开阔了视野，更加深刻了解到大学生思想政治教育工作的使命崇高、责任重大。他现在更加坚定信心在立德树人的岗位上作出更多的成绩，并且带领更多的年轻辅导员坚守初心、踏实前行，从懂理论的实践者向会实践的理论者目标不断迈进。他将理论成果写在学生成长成才的道路上，写在学生扎根基层的情怀里，培养更多德智体美劳全面发展的社会主义建设者和接班人。

四、当前高校辅导员队伍建设发展中存在的问题

（一）育人能力尚有差距，专业化水平待提升

1. 高校辅导员队伍育人能力尚有差距

部分辅导员思想理论教育和价值引领能力不足，未能将思想理论教育和价值引领贯穿学生教育管理服务全过程；对错误思潮辨别不清，掌握学生思想行为特点及思想政治状况，并对症下药有针对性地帮助学生处理好思想认识、价值取向、学习生活、择业交友等方面具体问题的本领不足；部分辅导员对马克思主义理论和思想政治教育相关学科知识理解掌握不充分，理论素养不高，实践探索不深入，无法对学生开展深刻的思想理论教育和说服力强的价值引领工作；辅导员科研能力普遍有待提升，许多辅导员研究水平不高，参与科研项目的层次水平不高，科研论文撰写水平不高；在工作中忙于事务管理，系统的科研思维欠缺，科研训练不充分。

2. 高校辅导员队伍专业化水平有待提升

辅导员学科背景普遍不够专业。辅导员作为大学生思想政治教育工作的中坚力量，必须政治过硬、素质全面，具备较高的学历层次和完备的知识结构才能胜任工作的需要。目前，许多学校在招聘辅导员时仅对辅导员的学历水平有限制，没有关注辅导员的学科背景，这导致辅导员中思想政治教育、教育学、心理学等思想政治教育工作相关学科出身的辅导员较少，有些辅导员的专业知识水平离《普通高等学校辅导员队伍建设规定》要求还有一定差距。

（二）工作职责边界不清，角色定位有待明晰

尽管《普通高等学校辅导员队伍建设规定》明确了辅导员的九大工作职责，但在执行过程中，经常出现辅导员工作职责不清的情况。辅导员的主业是思想政治工作，但日常承担的事务性工作和非本职工作过多。除学生工作部门外，研究生院、教务处、组织部、财

务处等多部门都有直接或者间接面向辅导员安排的工作,学院的党务、教务、工会甚至办公室工作都需要辅导员协助,很容易造成辅导员面临"多头使用,无人管理"的问题。大量的事务性工作让辅导员们疲于应付,耽误了最应该做好的本职工作,出现工作本末倒置的现象,并进而影响着其工作的积极性。大批辅导员感觉日常事务性工作过多,难以顾及思想政治教育工作。部分高校在落实辅导员"双重身份"时存在角色定位不明的现象,有的高校没有真正将辅导员纳入教师培养序列,未实现"同工同酬",使辅导员发展受限。有高校辅导员游走于教辅人员与行政人员之间,部分辅导员还承担了组织员、人事专员等工作,在一定程度上分散了辅导员工作的注意力和集中度。

(三)工作质量仍需提高,培养培训有待加强

在全国"高校辅导员年度人物"推选展示活动、全国高校辅导员素质能力大赛、全国高校思想政治工作优秀论文征集活动开展的过程中,从辅导员的表现来看,高水平的培训对于提升辅导员的职业能力和专业素养尤为重要,辅导员在各项全国活动中表现出来的素质短板也急需高水平培训来弥补和提升。对骨干辅导员的培养来说,高水平的培训尤其重要。目前,从整体来看,辅导员培训主要以学校培训为主,省级以上培训数量相对较少;辅导员参加校级培训、省级培训、国家级培训的平均次数逐级递减,参加培训的人次以及质量和水平都有待提升。从近年辅导员参加培训的情况,比如全国"高校辅导员年度人物"推选展示活动报名的情况来看,许多辅导员仍然缺乏省级以上的培训经历,参加的培训形式也比较单一,接触的培训资源不够丰富。许多高校的辅导员参加的培训并不系统,获得的培训信息比较零散,没有实现全员化、全覆盖。有些培训也没有完全贴合辅导员的职业特点、发展规律和成长需求,课程体系需要进一步完善。各地各高校在开展辅导员培养培训时没有做到立体分层开展培训,没有完全做到靶向精准、个性化开展,培训的过程评估和效果跟踪不够。目前全国高校辅导员参加过国内外交流的海外短期培训、学术会议论坛以及其他项目学习的整体比例很低。总体来看,辅导员参加各类学习交流和研修深造的机会总量少、覆盖率低,缺乏针对性。

(四)编制问题急需解决,条件保障有待完善

一些高校的专职辅导员为非事业编制人员,相当一部分学校尤其是民办高校,采用劳务合同、劳务派遣等形式招聘和管理辅导员,他们的待遇问题也值得关注。中央和教育部均对辅导员的"双线"晋升提出了明确要求,但许多高校辅导员在行政职务晋升和专业技术职务评聘上都受到限制。前者受限于中层(处级)管理岗位的数量和职务竞争的激烈;后者受限于学生管理事务的复杂和困难,无暇进行教学科研活动。这种"边缘化"的发展导致辅导员的职业发展出现瓶颈。辅导员职称和职务总体偏低,职业发展现状不容乐观,这在一定程度上影响他们工作的积极性,部分辅导员会担心今后的前途和出路,工作精力投入不足,对辅导员工作热情不高,一定比例的辅导员有转岗的倾向。专职辅导员的工资水平虽然在同工同酬后有所提高,但是专职辅导员除了工资收入之外,没有课时收入,与专业教师相比,收入还是偏低。

五、政策建议

高校辅导员队伍建设发展应该彻底抛弃过去粗放式的发展模式，在工作精准化、研究深入化、发展内涵化、建设导向化上下功夫。要按照政策文件规定，精琢细磨、深挖细究辅导员队伍深入建设、创新发展的举措，实现辅导员队伍的规划化内涵发展。

（一）加大选聘力度，规范职业准入

严格落实《普通高等学校辅导员建设规定》，按照1∶200比例配备专职辅导员。各地教育主管部门应协调组织、人事、财务等有关部门，为高校做好专职辅导员配备工作提供支持。高校要构建科学的准入机制，严格选拔程度和选拔标准，每年选拔一定数量的优秀人员进入辅导员队伍，保证人员数量和合理结构。在辅导员编制方面，高校应加大事业编制辅导员的选聘配备，在辅导员编制待遇保障方面予以大力支持，减少或避免用劳务合同、劳务派遣等形式招聘和管理辅导员。应按照《普通高等学校辅导员职业能力标准（暂行）》各项要求，引导辅导员完善职业知识和理论体系，主动提升专业素养和职业能力。高校也应参照这一标准及时调整和完善高校辅导员培养培训方案、工作职能设置、考评考核指标等，逐步明晰辅导员的岗位职责和工作范围。

各地各高校要将党中央精神和辅导员队伍建设相关政策文件作为本地区、本高校辅导员队伍建设的根本方向和基本准则，建立健全辅导员队伍建设发展体系，完善辅导员选聘、培养、考核、激励、退出等管理制度，进一步优化辅导员队伍的规模和结构，保障辅导员的合法权益，形成科学有效的辅导员队伍管理和督导机制；要紧密结合实际，制订贯彻落实政策文件的具体措施，进一步规范和明确辅导员工作职能和角色定位，制定辅导员准入标准；做好岗位聘任和职称评定工作，完善辅导员培养培训方案，做好辅导员队伍整体建设发展规划，健全辅导员工作绩效考核和管理机制；辅导员要把党中央精神和辅导员队伍建设相关政策文件作为提高自身专业水平、职业能力和综合素质的根本方向和行为准则，在实践中锤炼品行、磨炼意志、提升素质水平。

（二）明确职业边界，推动"三全育人"

各地各高校应按照中央和教育部要求，落实《高校思想政治工作质量提升工程实施纲要》要求，对辅导员工作职责进一步明确，规范辅导员工作内容和范围，在促进辅导员工作精准化、研究深入化、发展内涵化、建设导向化上下功夫。各高校应结合自身实际，建立明确的辅导员工作考核和评价指标，将考核评价结果与辅导员职称职务晋升挂钩。各地各高校要深化"三全育人"格局，完善"十大育人"体系，整体推进高校思想政治工作队伍建设。辅导员队伍建设要在提升协同育人意识和能力上下功夫，推动形成育人合力。要重视发挥教育部培育建设的高校思想政治工作创新发展中心和高校思想政治工作队伍培训研修中心作用，实现新时代高校思想政治教育工作目标，创新高校思想政治教育工作局面。

（三）加强专业培训，提升育人能力

高校辅导员是履行高等学校学生工作职责的专业人员，要经过系统的培养与培训，具有良好的职业道德，掌握系统的专业知识和专业技能。要建立国家、省级和高等学校三级辅导员培训体系，有层次、有规划地实现对辅导员的岗前培训、日常培训、骨干培训和专题培训；要做到精准培训、因人施策、分门别类，科学化开展辅导队伍培训研修活动，增强辅导员培养培训的针对性和实效性，注重过程控制和效果跟踪；建设辅导员培训师资专家库，编写出版培训教程、高级研修教材和精品课件等；推进辅导员培训课程体系建设和网络培训平台建设，扩大对辅导员进行培养培训的覆盖面，使更多辅导员有机会参加高水平的培训研修；加强辅导员网络文化建设，提升辅导员的网络素养和新媒体使用能力；在培训中注重提升高校思政队伍理论素养和理论宣讲能力；要积极选拔优秀辅导员参加国内国际交流学习和研修深造，创造条件支持辅导员到地方党政机关、企业、基层等挂职锻炼；扩大省级以上辅导员培训覆盖面，使更多辅导员有机会参加高水平的培训研修；大力实施学历学位提升计划，帮助更多辅导员提升学历水平，丰富专业背景；打造长效化的辅导员队伍培养培训品牌，提升辅导员队伍培养培训效果。

（四）畅通发展通道，搭建成长平台

各地各高校要建立健全辅导员队伍发展体系，落实"双线晋升"制度，做好辅导员职务职称评聘工作。要广泛听取一线专职辅导员的意见，研究制订专职辅导员晋升专业技术职务单列计划，制定单设标准、单独评审的政策。评聘标准要突出学生工作特点，充分体现工作实绩与科研成果相结合的原则，将优秀网络文化成果纳入专职辅导员的科研成果统计、职务（职称）评聘范围，为辅导员的晋升发展提供更有力的政策支持。要继续开展好"高校辅导员年度人物"推选展示、高校辅导员素质能力大赛、高校辅导员工作创新论坛等活动，大力实施辅导员工作精品项目、辅导员工作室建设、辅导员访问学者计划等，为辅导员成长发展搭建平台，提升辅导员职业认同感，实现辅导员专业成长与发展。

要加强理论研究与实践创新，搭建辅导员成长平台，推动辅导员在锻炼中树立问题意识、提升理论素养、加强创新研究，全面提高自身能力素质。各级教育主管部门、相关行业组织等要为辅导员开展科学研究提供更多的平台和空间，设立课题研究项目，引导辅导员积极开展创新研究，支持辅导员和大学生思想政治教育工作领域学术期刊建设发展；继续培育建设辅导员工作精品项目和辅导员骨干专项研究课题，重点资助一批具有决策咨询价值和推广示范意义的理论和实践成果；培育高校辅导员访问学者，实施思想政治工作人员在职攻读博士学位专项计划，提升辅导员学历层次，鼓励辅导员承担思想政治理论课等相关课程的教学工作；鼓励辅导员们参加各种成果评选、素质能力竞赛等。

（五）狠抓工作落实，强化督导检查

各地各高校要以"踏石有印、抓铁留痕"的韧劲，抓好中央和教育部关于辅导员队伍建设有关部署的落实工作。要切实将辅导员队伍建设作为教师队伍和管理队伍建设的重要内容，统筹规划、整合资源、完善机制，确保数量质量、优化队伍结构、提高待遇水平。

各级教育主管部门要加大督导检查力度,重点检查高校在辅导员选聘配备、工作职责、培养发展、待遇保障等方面的落实情况。对于督查中发现的问题,要督促高校进行整改;对于存在问题且整改不力的,要及时进行处理,追究相关责任人责任。

附:辅导员工作研究分会简介

辅导员工作研究分会成立于 2008 年 7 月,从事辅导员队伍建设方面的理论探索和实践研究,以提升辅导员专业素养和职业能力。分会理事长为山东大学原党委书记李守信,分会秘书处办公地址设在山东大学。

第 四 编
学校发展与管理改进

第十四章

构建高校资助育人体系
做好学生精准资助工作

——学生工作研究分会专题报告

一、问题的提出

（一）当前国家扶贫和高校学生资助工作的背景

近年来，精准脱贫工作在全国各地区各领域全面展开，取得了丰硕的成果。2020年将是我国打赢脱贫攻坚战、全面建成小康社会、实现第一个百年奋斗目标的决胜之年，是完成"十三五"规划、开启全面建设社会主义现代化国家新征程的重要一年。教育事业是国家发展的重中之重，发展教育是国家富强、民族复兴的重要推动力，现阶段教育脱贫对于高校而言，重中之重就是要做好学生精准资助工作。精准资助是党和政府扶贫工作理念在高等教育领域的贯彻实施，做好精准资助工作是坚持高校坚持立德树人根本任务的基本保障，是高校学生资助育人工作不断创新发展的内在需求，也是习近平新时代中国特色社会主义思想丰富内涵的重要体现。做好新时代资助育人工作将为构建完善的育人体系、促进教育公平、实现现代化人才培养目标、培养德智体美劳全面发展的社会主义建设者和接班人提供重要保证。对学生精准资助与育人实效有机融合的新时代高校资助育人体系，对于实现全员全程全方位育人、提升高校思想政治工作质量具有重要的意义。

（二）国家关于精准扶贫及高校学生资助的政策

2013年，习近平总书记在湘西考察时首次提出了"精准扶贫"，并指出"扶贫要实事求是，因地制宜"。精准识别、精准帮扶和精准管理是实现科学精准扶贫任务的基本要义。2015年，《中共中央国务院关于打赢脱贫攻坚战的决定》中指出：扶贫开发贵在精准，重在精准，必须解决好扶持谁、谁来扶、怎么扶的问题，做到扶真贫、真扶贫、真脱贫，切实提高扶贫成果可持续性；要着力加强教育脱贫，加快实施教育扶贫工程，让贫困家庭子女都能接受公平有质量的教育，阻断贫困代际传递。2016年出台的《教育脱贫攻坚"十三五"规划》中明确提出：要实现精准扶贫，必须找准目标，明确扶助个体，保证从县到家，从家到个人的精准扶贫，实现教育脱贫，保证贫困家庭子女能有学上，让贫困家庭子女享受平等教育。习近平总书记在党的十九大报告中强调，要动员全党全国全社会力量，坚持精准扶贫、精准脱贫，坚持大扶贫格局，注重扶贫同扶志、扶智相结合。

近年来，经过不断的探索和完善，我国大学生资助工作体系已经完成大步发展并取得一定成效。当前，国家针对本专科学生教育阶段形成了以国家奖学金、国家励志奖学金、国家助学金、国家助学贷款、基层就业国家资助、应征入伍服兵役国家教育资助、师范生公费教育、新生入学资助项目、勤工助学、绿色通道、学费减免及其他辅助项目等为主要内容的"奖贷助勤补免+绿色通道"等多元混合资助的工作体系。研究生教育阶段全面享受本专科生政策，其奖助学金标准更高，并且设置了研究生"三助"（助研、助教、助管）岗位，为其提供"三助"津贴。在此基础上，许多高校探索了学校自设奖助学金、社会捐资奖助学金、临时困难补助、隐形资助、发展型资助育人项目等，将"扶智"与"扶志"相结合，努力构建物质帮助、道德浸润、能力拓展、精神激励有效融合的资助育人长效机制。

二、典型案例推介及案例分析

（一）中国矿业大学（北京）学生资助育人工作体系

中国矿业大学（北京）秉持育人这一主线，多措并举，在精准资助上下功夫，将资助做在学生心上，将资金花在刀刃上。

（1）学校构建了"12345"工作体系，以"资助育人"为核心，抓住"精准"与"宣传"两个重点，建设好勤工助学服务中心、大学生服务总队、新长城自强社三个学生社团；开展"四大育人"活动——勤工助学月活动、"助人·育人·树人"思想引领系列活动、"诚信校园行"活动、优秀学生榜样示范系列活动，实施"经济解困工程""感恩励志工程""健康身心工程""成长成才工程""代偿服务工程"五大工程，全面提升资助工作育人成效。

（2）在进一步健全家庭经济困难学生认定机制，构建大数据分析"智慧资助"动态管理机制，完善资助工作单项评估考核机制等的基础上，结合学校、学科及学生特征，深入推动以基层就业为导向的资助育人工作。

（3）通过搭建文化平台，思想引领导向基层。组织开展"学煤爱煤"主题教育、"杰出校友讲坛""志在四方"优秀毕业生报告会，邀请能源行业领域企业家、国内外学者、劳动模范做报告，开展以基层就业为主要内容的微视频、微电影等比赛，激发学生投身基层、服务煤炭能源行业的责任感、使命感。

（4）搭建实践平台，实习实践走向基层。开展"溪水行动"走访调研活动，走基层、下乡村、进农户，培育扎根基层、奋斗奉献的责任担当；与基层一线企事业单位共建实习基地458个，组织学生考察实习，为学生了解基层、投身基层打下良好基础。

（5）搭建服务平台，服务保障指向基层。精心做好基层就业毕业生的学费补偿和国家助学贷款代偿工作，认真落实大学生基层就业政策。

（6）实施"六到位"工作法：认识到位，机构到位，制度到位，人员到位，措施到位，服务到位。尤其是在补偿代偿之后的管理服务方面，形成了"三个定期"操作办法：定期与学生联系、与家长联系、与单位联系，确保政策落实到位。该项工作取得了良好的育人成效，培养了一大批主动献身基层、服务国家能源战略、服务地方经济发展的优秀人才，打造了一批资助育人品牌项目。

（7）以"溪水行动"为主题的家庭走访活动，实现了走访与学生思想政治教育紧密结合、与宣传党和国家资助政策紧密结合、与深入了解基层社情民意紧密结合，效果突出，中国教育报以《脚板下的思政教育》进行了专题报道。以勤工助学学生为主体的"镜湖印象传媒工作室"，拍摄的关于该校毕业生励志基层就业为主题的微电影《抉择》获得了全国微电影比赛二等奖；拍摄的《大梦牵小梦》，描述了该校毕业生扎根乡村，带领乡亲脱贫致富，获得了"我心中的思政课"全国高校大学生微电影展示活动三等奖等。涌现出了一大批基层就业先进个人，该校许多受资助学生在岗位上取得了优异业绩，成为行业领军人物和优秀人才。

【案例分析】

（1）该校将"精准"与"宣传"相结合，在学生群体里形成了重要的资助工作服务和宣传队伍；将勤工助学中心、学生社团融入资助育人的工作体系中，形成了良好的普及效果，让资助工作更加"接地气"，使学生对于资助工作的认识更深刻。

（2）该校实现了文化育人平台与资助工作相结合，打造了多种品牌项目工程；通过多样的比赛活动，通过新媒体形式记录，达到了资助政策、资助育人典型事例等方面的宣传效果。

（3）该校将学科特征与资助育人工作相结合，将就业指导和教育有机地融入资助育人的工作中来，实施"六到位"工作法，并且形成了"三个定期"操作办法，确保资助政策落实到位；利用资助育人工作帮助学生树立正确的就业观和远大理想，促进学生提升自我、实现自我。

（二）哈尔滨工程大学：学生资助育人工作体系

为实现资助育人，哈尔滨工程大学实施"天蓝计划""雁阵计划"和"领航计划"三项计划。

（1）"天蓝计划"着力深化"围绕学生、关照学生、服务学生"的要求，学校将学习指导中心、生涯指导中心与心理咨询中心合并更名为学生发展指导中心，全方位打造"扶贫又扶志、扶困又扶智"的多维资助育人工作体系。开展调查研究，建立受助对象精准识别的数据模型，实现受助对象的精准识别与资助配置模型对接，用客观、科学、动态的算法来解决家庭经济困难学生资助问题。

（2）"雁阵计划"着力构建资助育人载体，形成多方合力、多维融合的育人路径，作为常态化育人工作，推进从资助到滋养的内涵式发展；实现由"点"及"面"、从"部分"到"整体"的资助育人目标的转变，探索成才模式。通过开展"雁阵计划"励志典型访谈，研究300名家庭经济困难优秀学生的受助经历，探寻其成长路径、发展要素、成才归因，为受助学生成长成才规律的资助育人工作新模式提供借鉴和参考。

（3）"领航计划"着力持续选树和宣传自强自立、感恩诚信、担当奉献、勤奋创业的学生典型，开展内容丰富、形式多样的宣传活动，大力营造"学有榜样、行有标杆"的良好氛围，为广大学生健康成长、全面发展注入强大的精神动力；选取百余名先进典型作为样本，调查研究其对周围同学、学弟学妹、家人及社会的积极影响和领航效果，分别从"学习领航、创新领航、励志领航、奉献领航、实践领航、知名校友"六个方面进行示范引领和教育引导。三项计划实施一段时间后，取得了良好的成果，创建了以"人生分阶体验""互帮互助""工程学子中学行""爱心基金""生涯体验""诚信实践""志愿服务""广泛宣传"等为内容的育人平台。

【案例分析】

（1）该校建立了包括学业指导、生涯指导和心理健康教育在内的多维资助育人工作体系，将全员全程全方位育人落实到了资助工作体系中，从多方位育人角度入手，在对家庭经济困难学生的经济资助的同时，结合其他育人工作，"扶贫又扶志、扶困又扶智"，实现育人效果。

（2）该校在资助育人的工作体系构建中，通过"天蓝计划"打造多维资助育人体系；通过"雁阵计划"对家庭经济困难优秀学生成才案例进行研究，探寻其成长路径、发展要素、成才归因，以更好地探索完善的资助育人模式；通过"领航计划"营造学习榜样的良好氛围，并研究树立榜样典型的影响和效果。三种计划有机结合，形成可持续发展的育人平台。

（三）中北大学学生资助育人工作体系

中北大学学生资助工作围绕高等教育立德树人的根本目标，坚定贯彻"爱心、和谐、育人"的工作理念，以"促进学生健康成长和全面成才"为核心目标，结合多年来把"扶困"与"扶智"和"扶困"与"扶志"相结合的资助育人传统，加强资助工作顶层设计，已成功构建物质帮助、道德浸润、能力拓展、精神激励有效融合的资助育人"一三五"长效工作机制体系，即"坚持一个理念"，"夯实三项基础"，"打造五项工程"。

（1）坚持使家庭经济困难学生"学习生活有保障、发展成才有空间"的理念，通过两大体系（即精准资助服务体系、精准资助育人体系）构建完善资助工作格局。

（2）科学规划"一盘棋"思维，完善精准资助服务体系，经过多年探索与实践，已经形成了融"奖、贷、助、勤、补、免、偿"为一体的完备的学生资助保障服务体系，形成了以"政府资助为主导，学校资助为辅助，社会资助为补充"的全方位资助工作格局。

（3）做好机构建设、队伍建设和制度建设，为精准资助工作的开展奠定良好的基础，保障资助工作的高效运行。以特色平台推动重点工作实施，实施"五项工程"。通过"建设动态精准认定工程""一年一话资助主题教育工程""勤工助学实践育人工程""榜样育人品牌工程"及"假期关爱工程"推进资助育人工作有效开展。

(4) 依托奖学金、助学金评审发放工作，深入开展励志教育和感恩教育，培养学生爱党爱国爱社会主义意识；依托国家助学贷款办理工作，深入开展诚信教育和金融常识教育，培养学生法律意识、风险防范意识和契约精神，形成良好风尚。

(5) 实施"勤工助学实践育人工程"，为学生励志成长赋能。以"太行精神"为指引，坚持推进"勤工助学实践育人工程"建设20年，在实践中磨炼学生的意志，锻炼学生自我教育、自我管理的能力，实现励志成长。

(6) 重点开辟岗前培训会、优秀人物评选、成长心语三个资助育人主阵地。通过岗前培训会，对学生进行劳动意识、感恩意识的初步培养，引导他们在勤工助学的平台上实现个人成长和发展。通过月优秀人物、年度优秀人物评选，营造争先创优的氛围，为学生树立榜样和成才的信心。通过成长心语表现上岗的收获，既能促使学生对自己的成长做系统的回顾和总结，也在整个勤工助学队伍中形成了相互鼓励、自强不息的精神。

(7) 实施"榜样育人品牌工程"，指引学生励志成长方向。学生成长报告会面向全体学生，讲述家庭经济困难学生的励志成长故事。勤工助学年度人物获奖者、国家奖学金获奖者、中国大学生自强之星、山西省十佳励志之星、中北大学校长奖章获得者，讲述励志的青春成长故事，鼓励同辈在逆境中磨砺和锻炼自己。

(8) 实施"假期关爱工程"，打通资助育人最后一公里。推行寒暑假"九个一""六个一"关爱工程。

①在寒假留校学生中开展"九个一"关爱活动，即一次集中安全教育、一张爱心回家车票、一份勤工助学工作、一次家访送温暖活动、一次宿舍探访慰问、一份新春爱心礼包、一份春节爱心补助、一次迎新春团拜会、一次集体看春晚活动，让广大留校学生在学校能感受到新春佳节的喜悦和家一样的温暖。

②在暑假留校学生中开展"六个一"关爱活动，即一次安全温馨提示，一份勤工助学工作，一次走访慰问经济困难学生家庭活动，一次"学生资助宣传大使"宣传工作，一项生源地助学贷款志愿服务，一次给新生的爱心电话。

假期"九个一""六个一"关爱工程的建设实施为切实发挥资助育人功效、提升学生资助科学化水平打下坚实的基础，同时也促进了学校教育和家庭教育的融合，让国家资助政策深入人心，温暖人心，深化育人效果。

【案例分析】

(1) 该校最为突出的是已经形成规模和具有传承性的"勤工助学资助育人品牌工程"。基于该校的军工教育特色及历史发展传统，以"太行精神"为指引，坚持推进"勤工助学实践育人工程建设"20年。该项育人工作已成为学校精神传承的良好抓手，通过形成体系的管理、考核和育人模式，在实践中磨炼学生的意志，锻炼学生自我教育、自我管理的能力，实现励志成长。

(2) 该校利用寒暑假期间为家庭经济困难学生送温暖活动形成的"九个一""六个一"工程，通过学生资助工作的社会舆论"敏感期"、国家资助政策宣传的"黄金期"，做好家庭经济困难学生家庭走访慰问工作，了解他们的诉求，对他们进行精准的帮扶。依靠"学生资助宣传大使"传播国家资助政策、学校资助项目，为经济困难学生打消顾虑，安心上学，让受助学生回报社会、国家，将爱心传递下去。在这个过程中还能进一步了解学生家庭实际的经济状况，为精准认定和帮扶提供第一手信息，实现学生资助"解困—育人—成才—回馈"的良性循环。

三、当前高校学生资助育人工作的热点及难点问题

（一）精准认定方面的问题

任何科学的资助工作都以精准的资助对象认定为基础，做好精准认定对于保证资助公平公正，使国家和学校资助政策能帮扶到真正需要的家庭经济困难学生，实现新时代资助工作的育人效果。目前我国高校学生的资助政策总体框架和工作内容比较全面，但在实际的操作中，还有一部分具体的资助工作效果难以保证，其中最为关键的是家庭经济困难学生认定工作。在高校的实际操作中，学生的家庭经济情况决定了学生是否能够获得国家助学金、国家励志奖学金或者其他以受助对象为家庭经济困难学生为前提的学校或者社会捐资助学金。目前，在实际操作中，还存在一些制约精准认定的问题。

1. 学生家庭经济困难证明力相对有限

2019 年之前高校在进行家庭经济困难学生认定工作时，主要的认定根据是学生出具的由当地民政部门提供的贫困证明材料。全国各地不同区域的学生经济困难程度存在相对的差异，各地民政部门对于贫困认定的标准也不尽统一，甚至存在开具的贫困证明并没有经过严格的审查和了解，导致证明不真实可靠，这对高校家庭经济困难学生认定工作的精准性造成了巨大的障碍。2019 年出台的《教育部关于取消一批证明事项的通知》（教政法函〔2019〕12 号）中取消了《教育部 财政部关于认真做好高等学校家庭经济困难学生认定工作的指导意见》（教财〔2007〕8 号）以及《教育部办公厅关于进一步加强和规范高校家庭经济困难学生认定工作的通知》（教财厅〔2016〕6 号）规定的高校学生申请资助时需由家庭所在地乡、镇或街道民政部门对学生家庭经济情况予以证明的环节，改为申请人书面承诺。将证明材料改为个人书面承诺，这对于学生的诚信程度具有较大的考验，对于学校的诚信教育也提出了新的要求，对于学生家庭经济状况的真实性把握也有了难度。

2. 相关部门与学校的联动还未完全实现

学校开展认定工作是对提出家庭经济困难认定申请的学生，需要根据民政、人社、扶贫、残联等部门的信息数据的共联来实现准确的评估和判断，否则对于认定对象的甄别会有很大的难度。但现阶段，这些部门与学校的联动还不能完全实现，并且关于家庭成员个人收入的申报监控相关机制并不完善，同时对学生个人诚信的记录也不能实现有效的掌握，无法为精准认定提供准确的数据支撑。

3. 学校对学生真实生活经济情况掌握不全面

家庭经济困难学生是指学生本人及其家庭的经济能力难以满足在校期间的学习、生活基本支出的学生。在认定工作展开时，通常班级评议是该项工作的第一步。高年级班级评议小组对于本班级学生家庭经济情况掌握较多，例如中北大学在内的一些高校利用寒暑假走访慰问经济困难学生家庭过程中，对于困难学生家庭的具体情况有更详尽的掌握，对于

高年级学生认定的工作相对容易把控。但对于新入学的大一新生家庭经济实际情况掌握还存在一定的空白,以至于在各项资助评议时针对学生的实际情况和受助等级较难确定。评议小组主观意识成分较大,存在一定的情感倾向、关系倾向、人际倾向,导致认定界限模糊、资助不精准,这不仅会影响到资助的公平性,还会影响资助的效率。

(二) 资助管理工作方面的问题

1. 资助管理工作队伍专业性及配比存在缺失

目前,各高校学生工作队伍正在不断扩充,尽力配齐辅导员与学生1∶200比例,但对于各类专项工作的细分配比还未达到科学理想的程度,尤其体现在资助工作中。以中北大学为例,该校本科生人数高达34 000余人,平均每年认定家庭经济困难学生人数达8 000余人次,负责统筹全校资助工作的人员只有两名,各学院配备负责本学院资助专项工作的辅导员只有一名。随着新时代高校资助育人工作复杂性和多面性不断增强,对于各项资助工作的管理标准和规范化操作也提出了更新、更高的要求,但目前高校的资助工作管理人员在该项工作的专业性上有一定的欠缺,工作方法大多还是依靠经验和原始材料的积累,在庞大数据量和信息量的情况下,很难实现工作的准确化,从而无法实现资助精准化,甚至拖延资助工作的进度。

2. 资助管理工作体系不够完备

要实现家庭经济困难学生的精准资助,就需要精准化的资助管理工作体系。总体来看当前高校的资助管理工作状况正在不断向前探索和发展,高校学生的各类资助信息已经逐步录入到全国学生资助管理信息库,这对于学生资助工作的信息管理是一项重大的进步。但目前对学生信息的大数据分析工作,各个高校的分析全面性、精准性和应用性情况不一。有的大数据分析较为片面,大多数只能针对学生在校的饭卡消费情况进行统计和分析,对于家庭经济困难学生的精准认定和资助起到的作用还是有限。高校各项资助工作的流程存在框架性和具体性方面的冲突,如若框架性太强时,在学院、班级的具体操作时容易出现失误,导致资助的公平性和精准性不高;如若具体性太强,因为各个学院和班级的基本情况不一,导致无法适用于全部的认定和评选工作。

(三) 资助育人实效方面的问题

高校从家庭经济困难认定开始,到各项资助评定工作,主要依据绝大多数学生的家庭经济困难情况。学生在申请资助、评定资助、接受资助的同时,更多关注的是是否能被认定、被资助,是否能解决经济上的困难。在这个过程中,学生精神上的扶志效果较少,学生主观上的精神提升也很匮乏。随着高校资助体系的逐渐完备,教育扶贫效果良好,家庭经济困难学生得到了公平的教育机会,但是家庭经济困难学生精神贫困的问题还存在,这一亟待解决的问题对资助工作的育人效果提出了新的挑战。在国家、地方和学校的资助政策下,许多家庭经济困难学生得到了生活和学习上的资金帮扶,在很大程度上缓解了经济压力。但在一定程度上还未解决在长期受到家庭经济困难的影响下,所产生的思想和心理的问题。许多家庭经济困难的学生存在自卑、敏感、人际交往中不自信,自强自立意识薄弱、焦虑、孤僻、诚信和感恩意识缺失等情况；也有一部分家庭经济困难学生由于各种原因导致在校表现一般甚至出现偏差的情况，例如学习成绩差，参与校园活动不积极，在班级里的存在感低，同学人际冲突多，存在自私自利心理，有的学生甚至出现了行为失范的情况，影响毕业和就业。学校在资助学生的过程中对于学生正确认识资助的教育引导还未深入人心，导致资助和育人脱离。

（四）宣传体系方面的问题

1. 资助育人工作宣传理念创新性不足

近几年来，高校的资助育人工作精细化不断加强，资助工作涉及面也越来越广泛，但宣传工作的开展及其在学生群体中的影响还未达到与具体资助工作同步，宣传工作对于资助育人的正面促进效果还未全面发挥出来。这在很大程度上源于对于资助育人工作的宣传理念闭塞以及创新性不足。当前高校负责资助工作的专门人员本身较少，并且在繁重冗杂的日常工作之余对资助育人工作的宣传不够重视，未形成相配套的日常性宣传体系和工作模式，在宣传方式上也有待与时俱进，内容上大多停留在资助政策、评定通知等信息的公布、转发，在育人工作中起到的作用和影响较小。

2. 资助育人工作宣传较为局限

目前，各高校的资助工作宣传范围、程度和效果良莠不齐。高校宣传的方式大多集中在学工网络页面、学院网页、学生常用的社交平台以及主题班会；大多数高校的资助工作宣传主要在本校范围内，资助育人实效的宣传以及创新方式的探索与社会及其他院校的沟通借鉴较少，涉及范围较小，社会影响也较小。在工作方式上，资助育人宣传的工作主要由负责资助专项工作的人员进行，其实质上对于宣传工作本身的专业性不够高，对于信息规律的把握以及宣传工作的质量也有限，与专门的宣传工作的部门联系存在局限。宣传内容、方式、工作体系、专业性等方面的局限性最终导致宣传工作对于资助育人起到的效果存在局限。

四、构建新时代高校学生资助育人工作体系的对策和建议

（一）创新精准认定工作方法和途径

做好精准认定工作是实现新时代高校资助育人的基础。高校是科学技术创新最为前沿的阵地，要努力将大数据、云计算等先进的数据分析等专业技术运用到日常工作中来，尤其是基于大量学生信息和数据的资助工作。家庭经济困难学生的认定要以客观、充分、全面的数据分析为基础，将各类数据信息整合，掌握学生的实际生活情况，实现精准识别和精准认定才能实施精准帮扶和管理，资助育人工作才能实现其应有的作用。

高校在创新技术手段针对客观数据信息进行分析时，也不能放松对学生的家庭经济情况、生活实际情况和日常消费情况等深入了解。要做好家访工作，建立相关的跟踪机制，探索动态的量化认定工作模式。将量化与非量化的因素相结合，开展学生家庭经济困难状

况调研和资助落实情况调研，充分挖掘在认定工作中存在的问题和不足，在新一轮认定之初加以改进和规范，努力向上级部门申请，协调各部门数据信息联动，为认定对象的识别打下更加坚实的基础。对真正需要帮扶的家庭经济困难学生实现精准的帮扶，实现育人实效。

（二）提高资助管理工作精细化、科学化

在具体的资助管理工作中，要不断追求精细化和科学化。要在把握资助育人总体任务的同时，加强操作时的有序管理，科学谋划和建设新时代资助育人工作体系，培养建立专业、高效、充分了解国家资助政策、掌握学生成长规律、充满干劲与创新活力的资助工作队伍。精细分工，将各项专项工作落实到人、责任到人，全面完善从学校、学院到班级的资助工作管理工作机制。将资助管理工作的各个方面内容纳入制度的轨道中来，让每一项实际工作有章可依、有迹可循、有法可施、有人负责，避免在资助工作中出现的不公开、不公平、不公正的不良情况。建立日常监督机制，严格实施责任追究，充分利用学校相关部门及学生组织，开展资助工作的日常监督。一方面规范资助管理工作，实现权责统一；另一方面及时核查认定对象，规范资助评选及发放工作，跟踪资助资金使用情况。对在管理工作过程中存在的不规范行为要严厉制止，对于违反法律和纪律规定的行为要严肃处理。开展资助工作成果的评估，实现资助工作的良性循环，提升资助工作质量，确保资助资金足额、准确、及时发放到受助学生手中。

（三）夯实资助育人实效

坚持"扶贫先扶志，扶贫必扶智"的育人原则，针对资助育人工作中普遍存在的诚信和感恩意识缺失的问题，不能一味地在资助工作结束后在总结式的主体班会上进行集中教育，这样的育人方式难以深入学生的心里，不能达到理想的育人效果。所以，要将教育贯穿于资助工作的始终，结合高校的资助工作传统和实际情况进行，在精细化的资助管理工作中加入诚信建设教育，进一步丰富诚信和感恩教育的形式和内容，从资助对象认定、资助工作评定、资金发放及使用等环节，加强教育和引导，探索多元化的帮扶，使资助工作深入人心。树立全员、全过程、全方位育人的理念，不能仅将资助资金发放完成作为资助育人工作的结束，应将家庭经济困难学生的各类帮扶渗透在资助工作的各个方面，如政策宣讲、心理辅导、励志教育、生活扶持、学业引领、就业指导、人际疏通、品质培养、隐形资助等，将帮扶工作做细，把育人工作落到实处，让学生在受助过程中树立诚信、感恩和自强自立的意识。

（四）完善资助宣传体系

学校要做到精准资助学生，实现应助尽助。要将需要资助的学生纳入资助范围中，尽可能地将学生帮扶落到实处，首先就要把资助宣传工作做细做实做精准。新时代高校资助育人宣传工作体系，依赖于国家资助政策、地方资助措施、高校资助实务等与宣传方式、媒介、队伍、监管等具体结合，既要发扬传统的优秀的资助育人宣传方式，也要探索更加切合新时代要求的保障措施和方法。因时而进，因势而新，结合高校的育人特点，因地制

宜，将立德树人贯穿在资助育人的宣传中。资助宣传工作要发挥更大的作用，就要在传统的思想理念、宣传形式和内容上进行综合改革，开阔思路，突出重点。

要进一步整合资助育人宣传资源，统筹发挥校内外资源，如生源地、对口扶贫县、地方民政及教育部门。要加强校内学生的宣传和学习，发挥资助育人工作的有效功能，加强学生教育引导，打造资助宣传工作共同体，形成家庭、学校、社会有机结合的协同资助宣传机制。要以资助工作各个环节的工作为基础，系统梳理归纳各个阶段、各个群体的宣传元素，融入整体制度设计和具体操作环节。各类宣传工作的重点和目标要落实在资助育人成效上，切实打通"三全育人"的最后一公里，形成可转化、可推广的一体化资助宣传机制和模式。

开展资助宣传工作研究、队伍培训、信息发布、导向把握、舆论监督等工作，加强理论研究和实践探索，推动整合院校两级资源，深入开展研判分析、舆情研究引导、资助宣传育人效果状况调查及测评等工作，统筹推动共建共享。

开展线上线下培训，加大培养培训力度，创新培训机制，不断提高资助宣传工作的覆盖面和受益率，推动成果转化应用。完善资助宣传工作队伍建设，加强专门力量建设，推动国家、地方、学校资助政策落地，整合校院两级资助工作队伍，充分发挥辅导员教师和学生的力量，开展长效的宣传工作机制。

在形成各类资助宣传平台和队伍建设的基础上，加强工作统筹、决策咨询和评估测试督导，保证各项目顺利实施。

附：学生工作研究分会简介

学生工作研究分会成立于2006年11月，从事高校学生工作理论和实践问题研究，以促进国内高校学生工作事业的繁荣与发展为目的，以提高大学生的综合素质和能力为目标。分会现任理事长为李忠人教授，秘书长为薛智教授。分会秘书处办公地址设立在中北大学。

第十五章

推动特殊教育改革
促进残疾人高等教育院校发展

——特殊教育研究分会专题报告

高等教育是社会发展的动力之源和重要依靠，在社会发展中具有重要的作用。残疾人高等教育是高等教育的重要组成部分。伴随着我国经济社会发展和社会文明的进步，我国残疾人高等教育从无到有，得到了良好的发展，特别是"以人为本"理念的普及和深入人心，残疾人高等教育更是受到了全社会的关注。残疾人高等教育是社会文明进步的重要标志，也是实现教育公平、保障残疾人受教育权利的重要途径。

一、问题的提出

我国有 8 500 万名残疾人。党和国家历来关心和重视特殊教育。改革开放以来，国家法律和相关政策文件中多次明确规定重视发展残疾人高等教育。我国 1985 年开始第一次集中招收残疾大学生，1987 年第一所残疾人高等教育院校成立。35 年以来，国家稳步发展残疾人高等教育，努力畅通残疾人接受高等教育的渠道。教育部发布的《残疾人参加普通高等学校招生全国统一考试管理规定》，为残疾人参加高考提供合理便利和必要支持。在普通高校招生录取工作中，教育部明确要求，对肢体残疾、生活能够自理、能完成所报专业学习且高考成绩达到要求的考生，高校不能因其残疾而不予录取，要切实维护残疾考生权利。为增加残障考生上大学机会，教育部批准同意 23 所高校面向残障考生采取单独考试、单列计划、单独录取。目前我国残疾人接受高等教育的主要途径一是通过参加普通高考进入普通高等教育院校学习，二是通过全国 23 所残疾人高等教育院校面向残障考生采取的单独考试、单独录取（简称单考单招）进入残疾人高等教育院校学习。2019 年，全国有 12 362 名残疾人被普通高等院校录取，2 053 名残疾人进入残疾人高等教育院校学习。残疾人高等教育得到了蓬勃发展。鉴于残疾人进入普通高等教育院校接受高等教育属于普通高等教育范畴,本文所指的残疾人高等教育主要是集中招收残疾人的残疾人高等教育院校。

与此同时,由于我国残疾人高等教育起步晚,基础薄弱,教育发展不平衡、不充分,残疾人高等教育面临的问题也日益凸显,残疾人高等教育院校结构和布局不尽合理;贫困地区、民族地区残疾人高等教育发展滞后;残疾人高等教育办学层次不高,学科专业设置单一;残疾人接受高等教育的毛入学率低,残疾人高等教育的规模和质量等方面都远远滞后于全国普通高等教育的总体水平。因此,深化与推进残疾人高等教育改革成为现阶段亟待解决的重要课题。残疾人接受良好的高等教育成为残疾人家庭的强烈期盼和全社会的共同心声。

二、我国残疾人高等教育院校的发展现状、问题与原因分析

(一)我国残疾人高等教育院校的发展现状

追溯中国古代社会的教育发展史,至今尚未发现有专门为残疾人办学的史料。近代中国,西方国家的特殊教育思想传入了中国,一些外国传教士开始在中国开办特殊学校。1874 年,英国传教士威廉·穆恩在北京开办了中国近代第一所盲校——瞽叟通文馆,即现在的北京市盲人学校。1887 年,美国传教士梅理士·查理夫妇在山东登州创办中国近代第一所聋校——登州启暗学馆,1898 年迁到烟台,改名为烟台启暗学校。此后还有一些外国传教士或教会、慈善组织在我国办了一些特殊学校。这些学校的创办推动了近代中国特殊教育的兴起和发展。

民国时期,一些中国人也开始创办自己的特殊学校。盲人刘先骥先生于 1916 年元月在长沙创办了湖南导盲学校,这便是中国近代史上中国人自己创办的第一所规模较大的特殊教育学校。1927 年,由国民政府创办的南京市立盲哑学校是近代中国第一所公立特殊教育学校,它的诞生标志着政府对特殊教育的直接参与。南京市立盲哑学校师范部成绩优秀的毕业生,可保送到国立中央大学特教学院就读,为听力残疾学生升入高校开辟了途径。

新中国成立之后,国家对特殊教育学校进行整顿和改革。1951 年 10 月,由周恩来总理签发的《关于改革学制的决定》规定:"各级人民政府并应设立聋哑、盲目等特种学校,对生理上有缺陷的儿童、青年和成人,施以教育。"从此,特殊教育作为人民教育事业的一个组成部分,被纳入新中国教育体系之中。残疾人的初等、中等教育有了很大的发展,少数视力残疾人、听力残疾人经过努力进入普通高校学习。"文革"期间,特殊教育也和普通教育一样,受到严重摧残,许多特殊学校被解散,教师改行。"文革"后拨乱反正,中国的特殊教育才得到恢复和发展。

改革开放以来,党和国家关心重视特殊教育,在国家法律和相关政策文件中明确提出办好特殊教育,重视发展残疾人高等教育。国家保障残疾人享有平等受教育权利,颁布并修订了《中华人民共和国残疾人保障法》《残疾人教育条例》,出台了《中共中央国务院关于促进残疾人事业发展的意见》,将残疾人教育纳入《国家中长期教育改革和发展规划纲要(2010—2020 年)》《中国教育现代化 2035》和《"十三五"推进基本公共服务均等

化规划》，制定实施两期《特殊教育提升计划》，着力办好特殊教育，努力发展融合教育，提高残疾人受教育水平。随着有关各种教育法规政策的颁布，我国残疾人高等教育飞速发展，取得了长足进步。

我国的残疾人高等教育始于20世纪80年代中期。1985年成立的山东滨州医学院医疗二系开创了我国最早集中招收残疾大学生的先河。1987年，北京大学首次招收了21名来自全国各地的残疾考生进入北京大学学习。此后，各省市地方政府陆续建立起专门招收残疾人的高等教育机构。1987年经教育部批准成立的长春大学特殊教育学院，是我国第一所开展残疾人高等教育单独考试、单独录取（简称单考单招）的院校。20世纪90年代起，南京中医药大学、天津理工大学、金陵科技学院、北京联合大学等院校相继开办残疾人高等教育。2000年，北京联合大学设立第一所相对独立的特殊教育学院。2000年起，我国的残疾人高等教育进入了蓬勃发展的时期，残疾人高等教育院校数量不断增加，残疾人高等教育规模不断扩大，残疾人高等教育院校办学模式逐步形成，办学体系日趋完善，办学条件得到较大改善，教师队伍建设不断加强，教育教学质量进一步提高。2003年，北京联合大学特殊教育学院在全国首次在成人高等教育中对殊疾人实行单考单招政策。2014年，北京联合大学特殊教育学院获批国内首个专门面向视力残疾人的临床医学（中医）硕士专业学位授权点，并实行单考单招，不仅完善了我国残疾人高等教育体系，也填补了国家残疾人高等教育研究生层次单考单招的空白。35年以来，我国残疾人高等教育事业取得了长足发展，残疾人受教育权利进一步得到保障。截至2019年，全国集中招收残疾人的残疾人高等教育院校已达23所，2万多名残疾人通过单考单招进入残疾人高等教育院校学习。残疾人高等教育进入了内涵式发展时期。

2001—2019年我国特殊教育普通高中班在校生情况和残疾人高等教育院校招生情况如图15-1、图15-2所示。

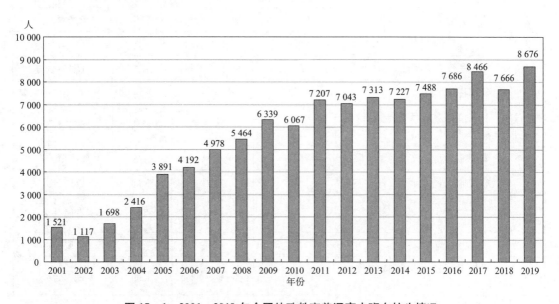

图15-1 2001—2019年全国特殊教育普通高中班在校生情况

资料来源：中国残疾人联合会公布的《中国残疾人事业发展统计公报》（2001—2019年）。

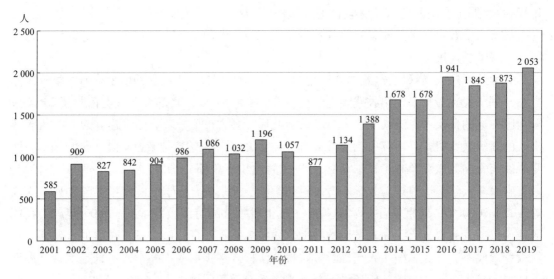

图 15-2 2001—2019 年残疾人高等教育院校招生情况

资料来源：中国残疾人联合会公布的《中国残疾人事业发展统计公报》（2001—2019 年）。

（二）我国残疾人高等教育院校面临的发展问题与原因分析

1. 残疾人高等教育院校管理体制问题

我国 23 所残疾人高等教育院校设置情况、管理体制、教育层次如表 15-1 所示。

表 15-1 我国残疾人高等教育院校的基本情况

序号	院校名称	招收残疾生类型	教育层次	区域分布	行政隶属
1	滨州医学院特殊教育学院	肢残、盲、聋	本科	东部	省属公办
2	长春大学特殊教育学院	盲、聋	硕士、本科	东北	省属公办
3	天津理工大学聋人工学院	聋	硕士、本科	东部	直辖市公办
4	北京联合大学特殊教育学院	盲、聋	硕士、本科	东部	直辖市公办
5	金陵科技学院	聋	本科	东部	省属公办
6	上海应用技术大学艺术设计学院	聋	本科	东部	直辖市公办
7	重庆师范大学教育科学学院	聋	本科	西部	直辖市公办
8	郑州师范学院特殊教育学院	聋	本科	中部	省属公办
9	西安美术学院特殊教育艺术学院	聋	本科	西部	省属公办
10	南京中医药大学	盲	本科	东部	省属公办
11	郑州工程技术学院特殊教育学院	聋	本科、专科	中部	省属公办
12	长沙职业技术学院特殊教育与学前教育分院	聋	专科	中部	省辖市属公办

续表

序号	院校名称	招收残疾生类型	教育层次	区域分布	行政隶属
13	南京特殊教育师范学院	盲、聋	本科、专科	东部	省属公办
14	广州中医药大学	盲	专科	东部	省属公办
15	广州大学市政技术学院	聋	专科	东部	省属公办
16	福州职业技术学院	聋	专科	东部	省辖市属公办
17	河南推拿职业学院	盲	专科	中部	省属公办
18	绥化学院教育学院	聋	本科	东北	省属公办
19	乐山师范学院特殊教育学院	聋	本科	西部	省属公办
20	辽宁特殊教育师范高等专科学校	盲、聋、肢残	专科	东北	省属公办
21	浙江特殊教育职业学院	盲、聋、肢残	专科	东部	省残联主管公办
22	山东特殊教育职业学院	盲、聋、肢残	专科	东部	省残联主管公办
23	云南特殊教育职业学院	盲、聋、肢残	专科	西部	省属公办

表15-1数据显示，我国现有集中面向残疾人的残疾人高等教育院校23所，学生残疾类型主要是视力残疾、听力残疾和肢体残疾。残疾大学生的教育层次分为硕士、本科、专科。23所残疾人高等教育院校分布在全国17个省份和直辖市，无教育部直属院校，办学形式全部为地方公办高校。其中21所隶属于省（市）、直辖市教育行政部门，2所隶属于省残联。管理体制上缺乏国家层面统一的宏观指导、统筹布局与管理，只能依靠地方层面根据社会需要进行建设。因此，我国的残疾人高等教育院校主要分布在东部省份和发达地区以及省会城市，中、西部边远欠发达地区数量较少。残疾人高等教育院校位于东部省份的有12所，占比52.2%；东北省份3所，占比13%；中部省份4所，占比17.4%；西部省份4所，占比17.4%。新疆、西藏、宁夏、青海、甘肃、陕西、广西、贵州等西部边远欠发达地区没有设立残疾人高等教育院校。这种院校分布的不平衡及大部分集中在省会城市，导致残疾人高等教育远远不能满足残疾人接受高等教育的需要。

我国高等教育体制的特征是"统一领导、分级管理"。现阶段我国高等教育体制结构正在向多元化方向发展。而残疾人高等教育院校目前的办学体制结构单一，在办学上全部由地方教育主管部门或残联管理，缺乏国家层面的统一管理与指导。残疾人高等教育不同于普通高等教育，在体制及其运行机制方面有其特殊性，在与国家的政治经济体制发展相一致的前提下，如何发挥管理职能的合理性与有效性是发展残疾人高等教育的关键所在。

2. 残疾人高等教育办学层次问题

目前我国残疾人高等教育的办学层次为硕士、本科、专科，没有博士层次的教育。调查数据显示，全国23所残疾人高等教育院校的在校生规模近8 000名，其中本科学生占40%，高职学生占59.9%，硕士生仅占0.1%。我国残疾人硕士层次教育开办时间较晚，只有三所残疾人高等教育院校开办硕士层次教育。北京联合大学特殊教育学院自2015年开始举办招收视力残疾的硕士研究生学生，每年招收4名。长春大学特殊教育学院、天津理工大学聋人工学院两所院校分别于 2018 年、2019 年获批以单考单召方式招收视障、听障硕士研究生。因此，与普通高等教育相比，残疾人高等教育在招生人数及教育层次上都有较大的差距，亟待提高。

3. 学科专业设置中的问题

我国普通高等教育的学科专业根据我国社会经济发展、科技发展和教育发展，依据高等教育发展中不同学科领域的构成状态，已形成了比较完善的学科专业结构。我国高等教育的科类结构经过多次调整后趋于更加合理，共设置 13 个学科门类，92 个专业类，506 种专业，专业设置更有利于培养与社会需要相一致的人才。相对于我国普通高等教育的学科专业门类，我国目前可供残疾人选择的高等教育专业相对较少，比较单一，且都以目录内为主。残疾人高等教育本科设置的专业依次涉及文学、医学、工学、教育学 4 个学科门类，专科设置的专业依次涉及艺术设计传媒、电子信息、医药卫生、公共事业、旅游、工程技术等专业大类。残疾人高等教育院校在设置专业时，更多地考虑的是残疾人的生理限制问题，只选择适合残疾人生理需要的专业。各院校之间专业设置的同质化现象非常严重：听力残疾学生集中于以艺术类、工学类为主的相关专业，视力残疾学生集中于以针灸推拿和音乐类为主的专业，而实际情况是残疾学生期待多元化的专业选择和就业可能。由于各院校的专业设置高度相近，在招生形式上都是采取单考单招，造成院校之间对生源的争夺，一些残疾学生往返于多个城市学校之间奔波应试，直接影响生源质量。这些问题的产生也与我国残疾人的支持与服务系统发展相对滞后有关。多学科、大专业、宽口径的设置应该为残疾人高等教育提供多元化的专业选择，关键是相应的支持性服务要配套发展。

我国残疾人高等教育院校专业设置情况如下。

（1）硕士层次。

视力残疾人招生专业：中医学（针灸推拿学）。

听力残疾人招生专业：美术、艺术设计、电子信息、艺术专业硕士。

（2）本科层次。

视力残疾人招生专业：针灸推拿学、康复治疗学、中医学、音乐学、音乐表演、应用心理学。

听力残疾人招生专业：视觉传播设计、计算机科学与技术、网络工程、服装与服饰设计、产品设计、绘画、动画、工商管理、口腔医学技术、眼视光学、康复治疗学、聋人教师教育与残疾人辅助技术、美术学、工艺美术、电子信息工程、公共事业管理、环境设计、电子商务、特殊教育。

（3）专科层次。

视力残疾人招生专业：中医按摩、康复治疗技术。

听力残疾人招生专业：计算机应用技术、工艺美术品设计、数字媒体艺术设计、电子商务、中西面点工艺、服装设计与工艺、视觉传播设计与制作、摄影摄像技术、艺术设计、动漫制作技术、广告设计与制作、视觉传播与制作、汽车运用与维修技术、特殊教育。

4. 残疾人单考单招中存在的问题

自 1987 年国家教育部批准长春大学开展残疾人高等教育实行单考单招制度以来，我国现有招收残疾人的高等特殊教育院校在残疾人高考中均采取单考单招的招生考试制度。国家对残疾人高等教育单考单招没有规定统一的考试科目和考试大纲。各高校在单考单招考试中均实行自主命题、自行组织考试。考试科目除语文、数学、英语三门主要科目外，另外结合专业增加 1~2 门专业科目，部分专业安排了面试环节。录取考生时，各高校根据教育部门审批的招生指标采取从高分至低分的录取模式，直到完成录取指标。这种单考单招的招生考试制度在一定时期内对于保障残疾人接受高等教育的公正性、公平性和受教育权利具有重要的意义。但随着近年来我国残疾人高等教育院校的增多，由于缺乏国家层面的统一管理，各高校之间的优质生源竞争越来越激烈，高校生源质量参差不齐，在一定程度上直接影响了残疾人高等教育的质量，并带来一系列问题，例如：考试科目、考试大纲和考试时间不统一，对高中正常教学秩序形成冲击；残疾学生奔波应试，参加多次高考，给残疾学生和家庭带来沉重的人力和经济负担；高校考试投入大，招生成本高，命题难度大，考试效率低等。残疾人高等教育院校、基础特殊教育学校以及残疾学生和家长都呼吁进行考试改革，残疾人高等教育招生考试改革已成为现阶段亟待解决的重要课题。

三、促进残疾人高等教育院校发展改革的政策建议

（一）平衡残疾人高等教育院校区域分布结构，兼顾西部残疾人高等教育的发展

高等教育空间布局是指区域内高等学校的数量、结构和比例构成。高等教育的区域分布结构的合理性是高等教育质量的重要体现与基本指标，也是高等教育强国的重要特征。我国现有的残疾人高等教育院校主要分布在东部省份和发达地区及省会城市，中、西部边远欠发达地区数量较少，西北区域尚无一所残疾人高等教育院校。我国残疾人高等教育院校分布结构的现状，与各地区经济发展、文化发展水平以及当地政府对残疾人高等教育的重视程度有关，这也是残疾人高等教育起步和初步发展阶段中的自然现象。党的十八大以来，强调公平正义是中国特色社会主义的内在要求。"努力让每个孩子都能享有公平而有质量的教育"则是党的十九大报告作出的庄严承诺。因此现阶段国家应加强对区域残疾人高等教育发展的宏观调控，坚持效率优先、兼顾公平的原则，正确处理区域残疾人高等教育发展中均衡与非均衡的关系，保证残疾人高等教育的均衡与协调发展。

未来 10 年，我国残疾人高等教育将会进入一个新的历史发展阶段，数量和质量上都会有一个较大的提高。如何对残疾人高等教育进行合理布局，将会影响到残疾人接受高等教育的权利与社会公平问题，需要从地域、经济、文化、人文意识、历史沿革、教育民主的高度等多角度、多维度进行综合规划。要合理调整残疾人高等教育院校的布局，尽量平衡地区差异；同时要加大对现有残疾人高等教育院校的建设力度，形成各自在残疾人高等教育方面的特色和优势，并以此为基点，辐射、带动周边及西部边远地区残疾人高等教育的建设和发展。西部地区的发展事关国家整体发展水平，西部残疾人高等教育的发展则事关中国残疾人高等教育实力的整体提升。残疾人高等教育的布局需要站在实现基本公共教育服务均等化的高度，努力让全体人民享有更加公平、更高质量的教育。

(二) 推进残疾人高等教育院校管理体制改革，明确教育管理运行机制的权责与归属

高等教育管理是指国家教育行政部门依据高等教育发展的规律和国家高等教育的目的，有计划地协调整个高等教育系统的各种关系和资源，确保国家培养高层次人才目标实现的过程。高等教育院校管理体制反映了高等教育行政主体、办学主体之间的关系，并且受国家制度、经济体制、国家政体形式及民族文化传统的影响和制约。我国地方普通高等教育院校的管理体制采用的是国家统一领导、地方自主办学。高等院校是在政府的直接领导和控制下办学，政府的直接领导提供了有力的保障和支持。我国现有的 23 所残疾人高等教育院校办学的主要形式是地方普通高校的二级学院。国家和地方政府层面都没有设立残疾人高等教育的管理部门，残疾人高等教育在运行过程中，中央政府负责什么、地方政府负责什么，并没有像普通高等教育那样明确。在这种不完善的管理体制和运行机制下，残疾人高等教育在顶层设计、整体规划、政策导向、学科建设、办学资金和条件、师资队伍培养等多个方面，缺乏宏观统筹、协调、管理和指导。随着教育事业和残疾人事业的不断发展，残疾人教育已经突破义务教育向两头延伸，从学前教育、义务教育、高中教育、职业教育到高等教育、成人教育的残疾人教育体系已初步形成。残疾人高等教育管理体制和运行机制需要尽快理顺，以利于残疾人高等教育持续、健康地发展。

(三) 加强残疾人高等教育学科专业建设，优化专业设置，提高残疾人高等教育办学层次与水平

加强学科建设，优化专业设置是高校进行人才培养和科学研究的基础性工作，也是提高学校办学水平，增强竞争力的前提和保障。我国残疾人高等教育院校以往在设置专业时，更多考虑的是残疾人的生理限制问题，在参考普通高等教育专业设置的基础上结合残疾人大学生学习的特殊性和所需的环境进行专业设置。各高校面向残疾人大学生的专业设置单一，学生选择面窄，极大限制了残疾人大学生潜能的发挥和自我价值的实现。面对残疾人高等教育专业设置的问题，各院校应该坚持"以人为本，一切为了学生，为了学生的一切"的理念，充分借鉴国外残疾人高等教育院校在专业设置方面的经验，根据社会的需求和发展趋势，在深入调研、论证的基础上，结合残疾人的生理和心理特点合理设置专业，进一步拓宽残疾人高等教育的专业设置范围，促进专业设置的多元化，更好地促进残疾人大学生的就业。

专业设置要从优势视角出发，用其所长，去其所短。要充分考虑学生的兴趣和与社会的融合，尽可能地给学生们提供更多的选择面，让学生充分享有专业选择权，逐步优化残疾人高等教育。近年来，随着社会经济的发展，无障碍辅助技术和学习支持性技术广泛应用，进一步拓宽了残疾人就业的领域，残疾人可以学习和从事的工作范围很广。以听力残疾人为例，我国残疾人高等教育院校面向聋人开设的专业主要为工科类、美术类等专业，而在美国等发达国家，听力残疾人选择的专业范围非常广，许多聋人选择学习语言、法律、心理咨询、经济类等专业。同时高校还应从学校的公共设施、教学设施等方面加强服务与支持系统的建设，为残疾人高等教育拓宽专业奠定基础，实现残疾人高等教育的多元化、多学科的专业设置。

此外，残疾人高等教育院校要重视和加强学科专业的内涵建设，逐步提高残疾人高等教育的办学层次，完善教育体系。进一步深化教学改革，加大学科专业建设的经费投入，积极改善办学条件，加强师资队伍建设、教材建设及实验室和校内外实习基地建设，全面提高残疾人高等教育的质量与水平。

（四）规范与完善残疾人高等教育单考单招考试管理制度，积极探索分类考试、综合评价、多元录取的考试招生模式

残疾人高等教育单考单招制度作为国家高考制度的重要组成部分，在选拔优秀的残疾人接受高等教育，保障残疾人受教育权利，满足残疾人学习的个性化和差异性等方面发挥了重要的作用。但与此同时，由于缺乏国家层面的统一管理，单考单招制度带来的问题也日益凸显。残疾人单考单招的规范化是伴随我国高等教育大众化和特殊教育发展中必须解决的问题。今后，残疾人单考单招工作应在教育行政管理部门的主导下实施。要加强对残疾人高等教育招生考试制度的研究，树立以残疾人为本的理念，从国家层面统一课程标准和考试大纲，统筹做好高等特殊教育院校与基础特殊教育学校之间的衔接。

残疾人高等教育院校及考试机构在组织残疾人单独考试工作中，要充分考虑残疾人的特点和身体上的残疾，加大对残疾人单考单招的考试支持，给考生提供更多的合理便利的人性化的考试服务保障措施。

国家教育部作为我国教育的最高管理部门，应将残疾人高等教育招生考试纳入国家统一管理的范畴，充分发挥政府在残疾人高等教育招生考试改革中的龙头作用，统筹全国特殊教育资源，加大对残疾人高考制度改革研究的支持力度；要结合我国残疾人高等教育的现实情况，充分考虑残疾人的生理和学习特点，借鉴国际上和国内普通高考先进的招生考试模式和经验，探索建立适合中国国情的有自身特色的残疾人高等教育招考制度，逐步地将残疾人单考单招纳入普通高考的整体方案中；搭建全国统一的面向残疾学生的单独招生考试和录取平台，建立以全国残疾人高等教育招生统一考试为主，与多元化考试评价和多样化选拔录取机制相结合，兼顾公平与科学，政府宏观指导、调控，高校自主招生、自我约束，社会有效监督的残疾人高等教育院校招生考试制度，实现残疾人高考的公平公正。

附：特殊教育研究分会简介

特殊教育研究分会成立于 2005 年 7 月。分会在中国高等教育学会的领导下，在教育部、中国残联的支持下，从事高等特殊教育的理论与实践问题的研究，努力搭建高等特殊教育学术交流主平台，为广大高校特殊教育工作者和残疾青年服务，为推动高等特殊教育的发展发挥着重要的作用。分会现任理事长为华东师范大学终身教授方俊明，秘书长为北京联合大学特殊教育学院院长滕祥东研究员。分会秘书处办公地址设在北京联合大学特殊教育学院。

第十六章

汇聚校友创新创业资源
推动校友工作深入开展

——校友工作研究分会专题报告

校友工作的有效开展，无论是对高校自身发展还是助力国家建设，都具有十分重要的价值和意义。党的十八大以来，我国高校的校友工作步入了快速发展的新局面，高校越来越重视校友工作，校友会等校友组织也成为发展最迅速、群体最活跃的社会组织类型之一。当前，我国高校的校友工作进入了新时代的发展期，为此我们梳理了近两年校友工作取得的新成绩以及典型案例，分析其中存在的问题，提出推进校友工作全面深入发展的思路和举措。

一、近两年我国高校校友工作取得的新成绩

（一）涌现了许多专门的校友组织

目前我国大部分高校都建立了正式（在民政部或民政厅登记注册）或非正式（有组织、有活动但未登记注册）的校友组织，建立了挂靠在学校综合管理部门的校友工作机构，在全国乃至全球按地域、行业、院系、年级（届别）组建了大大小小或紧密或松散的校友会分支机构，开展的校友活动也卓有成效。截至 2014 年年底，清华校友总会拥有海内外校友会组织 196 个，有众多专业、行业或兴趣校友组织，多个院系校友会组织。截至 2019 年 12 月，浙江大学有 149 个地方校友会，校友人数多达 65 万人，且遍及全球 20 多个国家和地区以及国内 31 个省区市和港澳台地区。此外，一些大学为了推进校友工作，还在校园内专辟主要供校友活动的区域，如武汉大学、厦门大学、同济大学等高校的"校友之家"。

（二）推出众多有特色有成效的校友项目

国内许多高校除了在逢五、逢十校庆期间推出丰富多彩的校友项目之外，还根据地方政府和所在城市的需求，推出具有自身特色和优势的校友项目，如浙江大学的"缘定浙大"校友集体婚礼项目和"校友创新创业大赛"项目，武汉大学的"微爱珞珈"校友小额捐赠项目，武汉高校的"百万校友资智回汉工程"项目，西安高校的"梦回长安——百万校友回归"引智项目等。以上这些项目不仅起到了联系校友、激发校友回馈母校情怀的作用，也在推进高校人才培养工作、促进高校与社会联系以及扩大高校社会影响力等方面发挥了重要的作用。

（三）校友的捐赠收入不断增加

近年来，国内已有不少高校获得了较为可观的校友捐赠收入。据艾瑞深中国校友会网的统计数据，截至2018年12月（从1980年算起），全国高校累计接收校友大额捐赠总额突破320亿元人民币，其中北京大学以总额31.43亿元排名第一，清华大学以28.90亿元位居第二，中国人民大学、武汉大学、复旦大学、浙江大学、电子科技大学的捐赠额均突破15亿元，天津大学、南京大学和上海交通大学等40所高校校友捐赠突破1亿元。国内高校尤其是一些名校屡屡斩获的大笔校友捐赠，不仅使校友频频出现在高校文宣以及社会媒体的视线中，也反过来激发了高校开展校友工作的动力。

（四）校友工作理论研究展现新的气象

为推进我国高校校友工作全面深入发展，近年来在中国高等教育学会校友工作研究分会的组织和推动下，各高校重视开展高校校友工作理论研究。校友工作研究分会组织开展各类学术研讨会、年度论坛等学术活动，设立高校校友工作专项课题，引导和鼓励校友工作人员围绕工作实践中出现的一些热点难点问题开展科学研究。如2018年，校友工作研究分会立项资助60项不同选题和级别的研究课题。许多校友工作人员产出了包括学术专著、研究报告、科研论文在内的一系列研究成果，从而有力地提升了校友工作的专业化水平。

二、我国大学校友工作典型案例

（一）武汉高校"百万校友资智回汉工程"系列活动

2017年2月28日，在武汉市招商引资大会上，时任武汉市委书记陈一新首次提出"百万校友资智回汉工程"，并向武汉市内高校的一些校友们"喊话"："资本回汉、智力回汉，助推武汉赶超发展。"这一提议得到了武汉大学、华中科技大学、中南财经政法大学等高校的积极响应，并各自筹划和开展专场活动支持这一工程。仅就武汉大学，专场签约活动中总部项目、研究中心项目众多，如楚商金融贸易中心、中珈资本中小企业总部、中诚信征信业务总部等都将落户武汉。其中，签约的金融项目也集中体现金融服务实体经济的宗旨，如泰康集团大健康产业基金重点投资大健康产业；长江小米产业基金主要投向小米生态链产业，包括新零售、消费升级、智能家居、智能硬件等，还包含医院、体育中心、垃圾填埋场转型升级等众多民生项目。同时，还签约一批新产业、新业态项目，如金山云谷项目将打造智能医疗健康生态圈和智能制造高科技生态圈，小米人工智能研发中心联合武昌区、武汉大学共建人工智能与先进制造研究院等。在以上这些签约项目中，其中46个重大项目分四批进行现场签约，签约金额共计1 576.7亿元。截至2017年年底，包括武汉大学、华中科技大学等在内的6所高校的校友项目签约金额达1.3万亿元。

除了在引资上取得重大成效之外，这一系列活动引进了一批急需的国内外高端人才（校友），分属生物、医药、交通、光电、软件、岩土工程等领域；同时还以人才为纽带新建了一批院士工作站和研发、产业基地，助推武汉打造全国高端要素集聚的投资风口城市和"新时代校友经济"发展典范城市。

以上系列互动与武汉大学等高校紧密相关且校方自始至终都参与其中，所以站在大学的角度，它也是一项大学服务社会的行动。但与以往大学通过技术转让、校企合作等服务社会的传统方式不同，案例中的武汉市内一些高校却是通过配合武汉市政府组织操作"百万校友资智回汉工程"，即通过校友关系与政府及政府代表的地方建立起联系，从而以另样的校地合作模式，拓展了服务社会的功能；同时也在这一过程中凸显了自身的社会价值，增强了社会影响力，获得了更多外在支持。历史上，高校虽然与身处的城市有割不断的联结，并在互动中进行着资源的交换，但校友在二者关系中加入，在开创校友助推地方经济发展新局面、为城市的发展注入新的活力、为城市未来建设提供一种新思路的同时，也为大学汲取更多发展所需的资源找到了一条新的通道。为此，今后无论是像武汉大学等这样拥有众多富豪校友资源的全国名牌院校，还是地方普通院校，都可以将校友关系建设作为增强其社会影响力、辐射力以及获得更多包括当地政府在内的外在支持的新路径，即以学缘关系为纽带，积极地在校友与地方政府及其他机构之间搭建桥梁，将"大学—校友"两方关系延展为"政府—大学—校友"三方关系，把情感、政策、行政、科研、市场、产业、人才、资金等要素糅合或组织在一起，在为校友服务、为政府（地方）服务的同时获取自身发展。

（二）西安高校"梦回长安——百万校友回归"系列活动

2017年12月，为做好校友回归系列活动，西安市委、市政府出台了《梦回长安——百万校友回归活动总体方案》，并提出"设立校友回归服务中心，为校友回归项目量身打造一对一服务团队，给予土地、金融、产业等政策的精准服务"，"支持设立研发中心，给予最高500万元配套支持"，"支持创办高技术企业，给予100万~5 000万元的基金支持"等配套政策。西安市委、市政府的这一行动方案得到了西安市各高校的积极响应。西安交通大学、西安理工大学、西北工业大学、西安电子科技大学、西安建筑科技大学、长安大学、西安科技大学、陕西科技大学、西北大学、西安工业大学和陕西师范大学共11所高校成功举办了专场活动。

校友回归活动带来了可观的人才效益、经济效益和社会效益。截至目前，在校友回归系列活动已签约的275个项目中，有合同项目27个、协议项目248个，签约额达

16 198.07 亿元。所有项目中，世界 500 强企业 11 家，中国 500 强企业 5 家，中国民营企业 500 强 5 家；项目涉及金融、新能源、新材料、军民融合、环保、生物医药及教育文化等多个行业和领域。其中关联硬科技"八路军"领域项目 47 个，校地合作项目 39 个。与此同时，西安市政府在校友群体中聘请 26 位行业领军人物作为西安市政府顾问，其中科技顾问 19 位、金融顾问两位、经济顾问 1 位、招商大使两位、文化顾问两位。

"梦回长安——百万校友回归"系列活动的成功举办，让校友创富得利、让母校荣光得名、让城市发展复兴，实现了大学、校友与城市三者的融合发展。在这一活动过程中，众多校友携带技术、资金、项目、人才、企业团组甚至产业链条齐聚西安，校友也由此成为西安招商引智新的突破口和生力军。

（三）浙江大学"校友创新创业大赛"系列活动

2019 年 4 月 20 日，浙江大学"校友创业大赛"启动。该项赛事以"科技·创新"为主题，全球八大赛区联动，超 500 个创业团队参赛，100 余家知名创投机构深度参与，近 100 位上市公司创始人等知名企业家校友担任创业导师。除此之外，本届赛事还特别设置了国际名校邀请赛环节，邀请来自海内外知名高校校友创业团队同台交流，分享创业心得，展现创业风采。

浙江大学校友总会发自 2011 年起"校友创业大赛"（以下简称大赛）以来，至今已成为具有全球知名度和影响力的双创盛会。大赛成功举办了五届，融资超百亿元，项目估值超 2 500 亿元，挖掘和培养了以拼多多、美丽联合、盘石、个推、淘粉吧、酷家乐、米趣科技、衣邦人、容器云、邻汇吧等为代表的多家行业领军企业。大赛及其衍生的系列成果，不仅向社会各界充分展示了浙江大学及其校友科技创新的硬实力，也通过汇聚校友、学校和社会的创新创业资源，搭建科技链、产业链、资金链深度交融的互动平台，提升校友和师生创新创业的能力和层次，并成功助推该校构建了互联互通、融合共生的校友创新创业生态体系。2017 年 5 月，时任国务院副总理刘延东在浙江大学调研时参观学生创新设计成果展，对该校创新人才培养模式表示高度肯定；2019 年 10 月，国务院副总理孙春兰莅临"互联网+"总决赛暨颁奖典礼期间，在浙江大学紫金港校区调研师生和校友创业项目时，充分肯定了该校师生、校友共创模式和产学研合作所取得的成效。

站在校友关系的角度，浙江大学"校友创业大赛"活动可以说是我国大学校友工作的一大创举，具有重要的借鉴意义和推广价值。

第一，校友工作要善于通过搭建各方互动的平台，以凝聚社会各界关注学校发展的支持力量。如浙江大学第五届"校友创业大赛"除了全面发动全球 148 个地方校友会和海外校友会以及在校师生参与项目的征集和初选，还通过开设国际赛道、增设"国际名校邀请赛"的模式，从而使该项赛事覆盖了全球八大赛区，进而达到了汇聚全球优秀的校友创业项目、海内外知名高校创业团队代表同台交流的办赛目标。

第二，校友工作要重在服务，以形成各方充分参与、协同育人的良好机制。如浙江大学第五届"校友创业大赛"鼓励高科技技术创新和创业，聚焦半导体、信息技术、先进制造、医疗健康、互联网、大数据、人工智能、生命科技等新技术新产业，对标世界科技前沿，积极融入新一轮科技革命和产业革命，并有效整合校内外相关资源，加速创新成果转化和产业化,助推所在学校建立与世界一流大学相匹配的高水平双创服务模式。此外,该赛事还聘请近100位上市公司创始人或知名企业家校友担任大赛导师,为参赛者提供定向的创业辅导;同时通过线下举办各种形式的活动,如求是创业沙龙、"走近名师名企"以及各类主题论坛等,搭建项目、资金和人才的互联互通、融合共生的平台,为从事创业的师生和校友提供各类精准化服务。

三、近两年我国大学校友工作面临的新问题

(一) 校友工作组织的规范发展问题

长期以来,受国家政策导向、高校重视程度等因素的影响,高校校友会的依法注册一直存在"不重视""注册难""注册不均衡"的现象,只有极少数高校的校友总会和地方校友会不存在注册问题这些校友总会和地方校友会,他们面临的是在此基础上更好开展校友工作的挑战。截至2018年11月,全国共有46个高校校友会在国家民政部登记注册,仅占全国高校总数的1.6%。另外,教育部门直属的75所高校,仅有40所高校在民政部登记注册,占比53.3%,刚过半数。而事实上大学校友总会的活动很少有不跨省市地域界限的。较低的登记注册率和受限的校友活动范围与这些学校校友工作开展得如火如荼,并且未来高校都希望能进一步拓展校友工作的需求显然不符。

可以说,当前我国大学校友会的独立法律主体资格缺失现象非常严重,数量庞大的校友会亟待解决自身存在的合法性问题。事实上,由于"不重视""注册难",大量高校校友会是依附于学校的内设机构,多以校内行政部门身份组织校友活动;有些地方校友会是作为学校校友总会的报备组织,缺乏健全的管理机制,没有专职、专业的工作队伍,缺少必要的监管,反过来严重影响了校友会的健康发展。

(二) 校友工作模式单一且难以持续有效

当前,我国许多高校校友工作的模式单一,造成的结果就是高校与校友之间的关系松散,校友工作还处在一种初级或低级的阶段。具体表现为以下两方面。

一是校长和主管校领导处理校友工作上存在形式主义,往往是在口头上重视,校庆时重视,想到捐款时重视,平时基本上是不管不问。

二是在工作方法简单化,即开展校友活动的手段单一,除了组织庆典,就是配合基金会捐款,或是邀请一些知名校友来校做讲座,而忽略为校友提供帮助。对待校友的态度上基本上就是"为我所用",而缺乏对校友的服务。

以上这些高校对待大学—校友关系的态度和做法,带来的一个最显性的后果就是糟糕的校友捐赠表现:一方面捐赠额度低。如根据CAE和中国大学校友网统计的数据,我国高校从1980—2018年的28年期间,共获得校友捐赠320亿元人民币,远不及美国2016年一个财年获得的、校友仅以个人名义捐赠的99.3亿美元(合685亿元人民币,不包括校友以基金会、企业名义的捐赠);另一方面,校友捐赠率很低。国内高校仅能在逢五或逢十的校庆年获得比较高的校友捐赠率,平时捐赠来源仅限于少数富豪校友。如2016年,

电子科技大学校友熊新翔豪捐赠母校10.3亿元,从而使该校的校友捐赠额一下子以15.73亿元的累积总额跃居国内排行榜第4名,可以说是一个校友撑起的排名。此外,根据《中国教育经费统计年鉴》提供的统计数据显示,我国高校近几年获得社会捐赠收入占高校总收入的0.5%,获得社会捐赠收入最多的清华大学此项统计也不到2%,其中校友捐赠所占的比重更是微乎其微。

四、新时期我国大学校友工作改进路径

(一)以推动校友会依法注册为基础,促进校友组织规范化发展

第一,相关部门需要明确权责、划分责任,进一步完善校友会管理的政策法规。教育部目前已经明确以文件形式取消了对校友会注册登记、成立发展的限制,那么其他相关业务部门也应当相应地对校友会申请备案注册登记,予以审查办理。只要是国家教育部门认证合法的院校,不管办学层次及社会影响力如何,都应当一视同仁,无差别地予以受理登记。

第二,高校应积极为校友会注册创造有利条件。学校领导与有关部门负责人,要充分利用走访各地校友会、看望校友的机会,主动与当地政府、业务主管部门、登记管理机关沟通,为校友会在所在地区的登记注册提供支持;同时,学校校友工作部门在筹建校友会、推动校友会更新换届过程中,也要有意识地引导本地校友会同步推进注册登记工作。

第三,校友组织应多方创造校友会注册的机会和条件。一方面,针对部分地区存在教育部门或民政部门不愿受理或者批准校友会注册登记的问题,校友会可以尝试将其他部门(如科协、统战、侨联、工商)作为自身业务主管部门进行申报登记。这种做法在国内已有一些成功的先例。

(二)以"共创共享"为核心导向,形成校友工作的价值规范体系

以"共创共享"为核心的价值取向,既是高校在培育良性大学—校友关系实践进程中一切工作的出发点,也是衡量这些工作成败得失的最终标准。这一核心导向的意涵主要包括以下两个层面。

1. 共创建

大学与校友共支持、共成长、共荣辱。

(1)共支持。彼此信用、相互关心、相互给力促进。

(2)共成长。大学为校友创造并提供尽可能大的成长空间,如为校友发展提供各种支持条件和学习资源,校友则在促进母校的发展方面有所作为,从而在双方共同成长的过程中,收获双赢。

(3)共荣辱。如一些大学宣传的"今天你以母校为荣,明天母校将以你为荣",就是这种理念的体现。

2. 共分享

共分享就是彼此的情感关怀与智慧共享,即分享快乐、分享知识、分享彼此发展带来

的益处。

（1）分享不仅是分享已经创造的价值，而是积极参与、积极合作、共同创建，争取产业整个价值。

（2）分享不是追求"同质化"，而是一种互补。如在共创建的过程中，大学可以利用自己的组织特性，为校友提供一些社会资本（如工作和人际关系上的机会等），而校友则可以为大学提供个人的时间、信息、知识、经验、金钱等。

（3）分享不是搞平均主义，而是在共创成果的分配中强调公平、强调机会均等。

（4）分享不仅仅是分享物质上的利益，更是精神上的一种愉悦感、自豪感。

（三）以明确校友事务管理机构的定位为起点，推动校友组织的专业化改造

1. 校友事务管理机构

目前，校友事务管理机构（如校友工作办公室、校友工作处）在校内的地位很尴尬，要么因为没有管辖权和相配套的资源而无所事事，要么因为工作对象和内容过于庞大庞杂而只能做一些常规性、应付性的工作，要么沦为大学基金会的"筹款小帮手"，其宗旨及职能也就无法实现。校友事务管理机构要避免以上局面，就需要这一机构像教务机构统筹全校教学工作、人事部门统筹全校人事工作一样，也必须是一个具有全校统筹协调能力的机构，而不单单只具有部门内运作的权力。也就是说，校友事务管理机构要发挥好作用，就必须履行好其行政控制、管理和居中协调职能，即通过校友事务管理机构这种纽带作用，使校内的党团系统、行政系统、教学科研系统（包括院系、年级、班级）与校外的校友会系统都能在大学—校友关系结构中发挥效用。

校友工作研究分会主张各高校将校友事务管理机构明确定位为一个统筹协调结构，而不是一个具体的办事机构。它既是向各行动者发出呼吁和指令的"司令部"，也是一个协调各方关系的"秘书处"。一般来讲，当它的工作对象是在校内机构或个人时，可以以行政机构的面目出现，像校内的人事、教务、科研等机构一样，发挥它的行政控制和管理职能；当它的工作对象是校外的校友或校友组织时，它就可以社团组织（即校友总会或母校校友会）的面目出现，发挥群众性组织职能。需要补充说明的是，校友事务管理机构是兼具院校从属行政机构和独立社团组织属性的一种很特殊的机构。作为前者，校友事务管理机构的人员纳入学校行政管理人员序列，运行经费来源于学校财政拨款；作为后者，校友事务管理机构也可以根据具体情况招聘一些校友或其他专业技术人员作为人力资源补充，办公经费或部分办公经费可以来源于校友缴纳的会费或校友捐赠基金收益。

2. 校内校友组织系统

一是设在全校层面的大学董事会、理事会、校务委员会以及其他专项委员会（如战略发展委员会、咨询委员会）。高校需要把校友或校友代表纳入这些组织中，并赋予其一定的权责。通过这一组织，校友们可以将他们的经验、专业知识或资金提供给院校领导或大学基金会，为高校制定战略方向提供咨询参考，引进优质资源，促进学校与社会的交流与合作，或为大学发展注入资金等。

二是各二级学院和二级行政机构。对高校来讲，各二级学院和二级行政机构握有丰富的资源，校友工作所需的人力及物力资源都几乎集中在这些机构手中，没有这些二级学院和二级机构的支持，校友组织也就难以发挥作用，推进校友工作也就成了空中楼阁。为此，就需要高校领导更全面地看待校友工作，将其纳入学校办学的整体目标和年度考核体系之中。各二级学院有义务也有责任配合学校校友事务管理机构做好校友工作，如配合校友事务管理机构设计校友志愿者项目，招募、培训与管理（认可并表彰）校友志愿者等。至于二级行政机构，则可以指定一个工作人员负有对接校友工作事务的职责，即建立一个对接系统。

3. 校外校友组织系统

校外校友组织是高校当前以及将来开展校友活动尤其是大型校友活动的"群众基础"，也是推进校友工作的重要组织基础。对于校外校友组织的功能和使命，有学者列举了五条：

（1）识别和跟踪校友；
（2）定期告知校友有关母校的信息，使校友始终心系母校；
（3）通过交流和项目维系和发展校友对参与母校事务的兴趣和意愿；
（4）无论何时何地，尽可能地让校友参与大学校园生活；
（5）为校友提供有意义的机会以回馈母校，为未来的校友以及学校的未来投资。

高校应该通过校友事务管理机构（包括设在母校的校友总会）引导校外的校友按照地域、行业、届别、班级等建立校友分会组织，并培训分会组织领导人，帮助建立相关组织制度和操作规程。

（四）以校友项目为依托，推动校友工作的实体化发展

1. 项目设置要以满足伙伴关系方的需要为出发点

校友项目要成为大学与校友关系双方各行动者进行资源累积和交换的地方，其前提是该项目能满足相关行动者的需要。如此这样，他们才能被吸引过来，自主自愿地参与到这一伙伴关系中来。为此，在设置或开发某一项目时，不能仅仅依靠某一方的施舍或无私奉献，而应充分考虑到不同行动者的需求。当他们都能从中在精神或物质上有所收获时，这一伙伴关系才能互动中真正组建起来，并能持续下去。

仅就高校来讲，很有必要在细分不同类别需要的基础上，注入资源开发校友项目以满足校友等有关人士的不同需要。如针对一些已在社会某一领域有所建树的校友，如大型企业负责人、成功私营企业主等，这类校友往往需要母校通过校友项目（如大型捐赠项目）满足其累积个人声望的需要；针对刚毕业离校不久的年轻校友，应侧重于满足其职业发展需要；针对中老年校友，应主要满足其情感归属需要；针对大众校友，可开发能满足他们生活及休闲需要的校友项目。

从某种意义上讲，校友项目是行动者与行动者之间关系互动的结合体，为此就可以按照不同的关系设计或开发不同的校友项目。例如，可设置在校生—校友关系项目。如美国伊利诺伊州立大学的校友管理机构设置了一个校友担任在校生就业导师的校友项目。通过

这一项目，一些有意愿担任就业导师的校友通过学校校友网在线注册，这样在校生就能够从就业导师信息库中看到相关信息，结合自己的专业或职业方向，匹配自己理想的就业导师。而担任就业导师的校友，则可以凭借自身的社会阅历和工作经验，为在校生提供有关职业方面的一些指导。再如，可设置教师—校友关系项目。如普林斯顿大学通过已持续了40多年的"校友—教师论坛"项目，把来自各届别、各班级的校友和在校教师聚集在一起，一起研讨社会上的热点、难点问题。这种方式不仅纳入了在校友活动中容易靠边站的教师群体，而且也在校友与教师二者的互动中拉近了彼此的心灵距离。

2. 项目参与度的高低是衡量伙伴关系强弱的重要标尺

校友等相关人员参与度的高低是衡量校友项目质量的一个重要标准，当然也是度量大学与校友伙伴关系强弱的一个重要标尺。因为只有参与，项目才能体现其存在的价值；也只有参与，关系整体的互动、互信及互惠关系才能建构起来；也只有最广泛的参与，才能在行动者中间创造广泛、多样化的支持基础以及未来的支持渠道；也正是最广泛的参与，才能使关系各方都能在这一关系中受益，并生发出更加珍视自己在伙伴关系中的责任和义务的情感，而这种情感反过来又强化着各方之间的伙伴关系。

为此，可以将校友项目的参与度划分为四个层面。

（1）参与的深度。是指校友等相关行动者在多大程度上参与校友项目。如在大学举办的返校活动中，作为一名校友，是仅仅作为一般的嘉宾出席一下聚会，还是除此之外，还能为学校提供志愿服务乃至财物捐赠。

（2）参与的广度。即参与某一校友项目时其成员来源的广泛性。如还就返校活动这一校友项目来讲，仅仅是一些功成名就的校友来参加，还是包括众多普通的校友以及刚刚毕业离校的年轻校友参加？仅仅是母校所在区域的校友，还是来自全球各地的校友？仅仅只有校友参加，还是包括在校生及其家长在内的更大范围群体？

（3）参与的比率。如在一定时间、一定范围内，参与某一校友项目的行动者占所有符合参与条件行动者的百分比。一般来讲，参与率越高，证明校友项目的吸引力越强。

（4）参与的持久度。如果行动者能长久、多次参与某一校友项目，而不是凭一时的需求或冲动，那么这一项目的质量就是高的。

要提升校友项目的参与度，可以从以下几个方面着手。

第一，高校要利用自身组织的力量，在校友项目的设置及开展过程中发挥主导作用，并最大限度地降低各项目的进入门槛。

第二，以"没有人觉得多余"为目标，力争向每一行动者传达一种"存在感"，提高个体在群体内的自尊，避免偏见和轻视的产生。

第三，为提高有关各方参与的积极性，一些校友项目要鼓励个人以"主持+团队"形式申报。对于申报成功的校友项目，学校可给予一定的资助；同时，对于参与度高的项目，学校可表彰或奖励这一项目所涉及的组织及其个人。

第四，不追求大型校友项目一时的轰动效应，可以化整为零，调动校内二级院系、行政机构以及校外校友组织的积极性，以届别、院系、班级为单位设立校友项目。

第五，校友项目来源要多样化。有些项目由学校独自开发或在全校范围内面向全校师生公开招标，有些项目需要学校与校外某机构联合开发。校外某机构独自开发的项目经协商也可以纳入学校的校友项目系统。

第六，为了保障必要的经费来源，有些校友项目也可以收取适当费用，或对校友、在校生进行费用优惠。

附：校友工作研究分会简介

校友工作研究分会成立于2003年9月，从事高校校友工作实践与理论研究，并开展国内外相关学术交流活动。校友工作研究分会现任常务副理事长兼秘书长胡炜。分会秘书处办公地址设在浙江大学。

第十七章

压紧压实意识形态工作责任
牢牢把握高校意识形态主导权

——宣传工作研究分会专题报告

习近平总书记在全国宣传思想工作会议上指出,建设具有强大凝聚力和引领力的社会主义意识形态,是全党特别是宣传思想战线必须担负起的一个战略任务。总书记的讲话为我们指明了新时代宣传思想工作和主流意识形态的发展方向。高校是先进知识、科研力量和精英人才的聚集地,是社会进步和科技发展的催化剂和助推器,是传播、维护、建设社会主义意识形态的重要阵地,担负着研究阐释宣传弘扬马克思主义、弘扬主流意识形态的重要任务,肩负着落实立德树人根本任务、培养担当民族复兴大任时代新人的重要使命。

对任何国家、任何社会来说,意识形态都关乎旗帜、关乎道路、关乎国家政治安全。当前,加强和改进高校意识形态工作的重要性和紧迫性更为凸显,开展高校意识形态工作情况研究,是对党和国家有关决策部署的积极回应。我们通过调研了解高校意识形态工作"最后一公里"的重点难点问题,在此基础上形成专题报告,旨在进一步摸清底数、分析问题、把握重点,为进一步压紧压实意识形态工作责任提供参考。

一、高校意识形态工作面临的形势与背景

(一)高校意识形态工作面临的形势

1. 国际形势严峻与社会环境变革

意识形态工作与中华民族生存发展息息相关,是一项战略性和基础性的工作。改革开放后,尤其是我国加入 WTO 以来,国内外环境的巨大变化和国内社会转型,世情、国情发生深刻变化,在经济飞速发展的过程中产生的社会矛盾日益突出。西方的生活方式和价值观念不断向内渗透,获取知识和信息的渠道和方式方法越来越多样化、快捷化,给高校

的意识形态工作带来了新的变化和不确定性。此外，敌对势力格外关注高校师生，争夺青年一代的斗争显得异常复杂激烈。

2. 新媒体快速发展与各种思潮风云迭起

近年来国内社会思想价值观念日趋活跃，全媒体时代网络舆情迭起，海量信息爆炸导致社会思潮纷纭迸发激荡。各种新媒体袭来，人人都是发声筒，到处都能出热点，社会思潮被赋予了更加深刻和复杂的内涵。在新媒体开放环境中，外来文化的渗透渠道相较以往更加多样隐蔽。当前，在全面深化改革过程中，复杂的社会矛盾在新媒体平台上集中涌现出来，加之个别没有社会责任感的不良媒体推波助澜，选择性报道、片面性解读，使群众的思想意识受到影响。例如在新冠肺炎疫情防控期间，各种谣言通过新媒体快速传播。这些新媒体发布的信息具有极大的迷惑性，容易使人产生误导，散布虚假信息的低成本，导致"造谣一张嘴，辟谣跑断腿"。社会思潮也因新媒体的推动而出现了不确定性，对社会主义主流意识形态的话语权产生一定冲击。高校师生是网络上的活跃力量，在复杂的媒体环境中容易受到互联网、新媒体上多种社会思潮的影响。

3. 高校意识形态工作的背景

习近平总书记在十九大报告中指出：意识形态决定文化前进方向和发展道路，要牢牢掌握意识形态工作领导权，建设具有强大凝聚力和引领力的社会主义意识形态。党的十九届四中全会强调坚持马克思主义在意识形态领域指导地位的根本制度，并作出一系列重大部署。在全国教育大会上，习近平总书记强调思想政治工作是学校各项工作的生命线，必须紧紧抓在手上。高校是意识形态工作的前沿阵地，学校始终处于社会主流意识形态形成和发展的第一线、最前沿；高校是人才培养和文化传承的重要基地，承担着向师生乃至全社会传播我国主流意识形态的重要任务和历史使命。对高校来讲，做好思想政治和意识形态工作，是落实立德树人根本任务的必然要求，也是高校改革发展的重要保障，而且对于维护国家政治安全具有重大的战略意义。

二、当前高校意识形态工作责任制落实状况

当前，我国高校意识形态工作总体向好，党的领导坚定有力，教风学风清朗，阵地管理有效，舆论引导、宣传教育可靠，教育引导干部教师较为有力。

（一）意识形态工作旗帜鲜明，阵地管理较为规范

1. 坚持党对意识形态工作的全面领导

调研发现各高校能够坚持党对意识形态工作的全面领导，切实担负起管党治党、党管意识形态的主体责任。调研发现各高校坚持用习近平新时代中国特色社会主义思想武装头脑、指导实践、推动工作，通过党委常委会、党委理论学习中心组学习等形式进行专题学习。在选人用人中突出政治标准，把好干部选用"政治关"，匡正选人用人风气。

北京交通大学定期开展思想滚动调查，办好校领导接待日，畅通信访反馈渠道等工作，及时掌握教师思想动态，畅通沟通机制，主动回应需求；由校领导带队、宣传部牵

头、多部门协同开展意识形态工作专项调研,做到学院、有关部处和直属单位全覆盖,了解意识形态工作"最后一公里"的重点难点问题。

西南交通大学贯彻落实党的教育方针,旗帜鲜明提出"以一流的党建和思想政治工作带动全校各项工作实现一流"的基本工作导向;围绕加强立德树人根本任务,制定15项实施方案,努力构建"大党建""大思政"工作体制机制。

重庆大学坚持把意识形态工作作为党的建设重要内容,纳入重要议事日程,纳入党建工作责任制,与学校中心工作和党的建设工作同部署、同落实、同检查、同考核;深入贯彻党的教育方针,全面落实立德树人根本任务,切实把牢守好育人阵地。

华东理工大学用好指挥棒,在教师聘用和队伍管理环节中强化对意识形态把关的要求和措施;同时落实思想政治工作者和党务工作者"双重身份、双线晋升"政策,解决职务职级晋升问题,在专业技术职务(职称)评聘中实行单列指标、单列标准、单独评审。

2. 意识形态阵地管理较为规范

高校意识形态阵地管理较为规范得当。在课堂主渠道上,绝大多数教师能够展现积极向上的师风,能够起到树人育人作用,引领学生立德立学奋发有为。同时高校对课外育人也较为重视,加强对师生课外思想教育,牢固掌握高校意识形态宣传阵地。高校对报刊、橱窗、广播、电视、电子屏等各类宣传阵地管理日常审批备案运转都较为规范,讲座、论坛、报告会、研讨会、年会等审批管理备案制度较为健全。二级单位尤其是人文社科类学院的阵地管控意识在不断加强巩固,哲社类讲座、论坛、研讨会等报批程序愈加规范。"两微一端"等新媒体及师生自媒体管理稳中向好。

西北工业大学党委宣传部推动内部体制机制改革,成立了融媒体中心,全面融合校内各媒体平台,进一步提升新闻宣传的传播力,通过整合校内各媒介资源,基本实现了信息内容、技术应用、平台终端、管理手段共融互通,达到了媒体传播"1+1>2"的效果。

福建师范大学等高校深入实施"网络教育名师""校园好网民"培育计划,构建了学校新闻发言人、网络信息通讯员、网络文化宣传员、网络骨干评论员、网络舆情研究员、网络意见领袖、网络文明志愿者"七位一体"的网络育人共同体。

重庆大学落实哲学社会科学类讲座论坛研讨会"一会一报""一事一报"要求,增加对场地安全等环节的审批程序,通过意识形态工作领导小组办公室的名义转发重庆市委教育工委等部门的批复意见,严格规范落实意识形态工作的相关要求。

(二)关注师生思想动态,教育引导措施较为有力

调研发现,高校能够积极做好师生思想工作,较为及时地掌握师生思想动态,能发现问题和潜在的风险,做好引导教育宣传。逐步完善形成课程思政与思政课程同向同行、同频共振,增强引力、凝聚人心。

西南交通大学分层次、分类别、立体式、全覆盖开展学习培训,举办中层正职党性教育与政德教育培训班、基层党组织书记培训班、中青年干部培训班等,由领导干部带头学理论、强信念。

西安交通大学在新冠肺炎疫情防控期间,制订《师生党支部组织生活指导意见》,指导 800 余个班级团支部开展"共同战疫,爱国力行"线上组织生活会,深入学习习近平总书记关于疫情防控工作重要讲话和指示批示精神,组织辅导员开展"伟大事业,信念领航——辅导员战疫情"专题网络宣讲 50 余场,引导学生全方位、多角度深刻认识中国特色社会主义制度优势。

中国地质大学(北京)设立了课程思政专项工作组,负责统筹推进项目建设工作。组长由分管马克思主义学院的校党委副书记担任,成员由党委宣传部、教务处、马克思主义学院负责人以及 10 个学院的负责人组成。

北京交通大学软件学院留学生多,涉外人员的意识形态风险较难把控。针对此问题,学院不断强化留学生工作,开学时针对性地了解留学生对中国的看法,并强调中国的习俗文化,明确什么可以做,什么不可以做,画出红线亮出底线;同时加大文化传播的力度和强度,主动出击,送温暖,送关怀,加大对留学生思想工作的支持力度和经费支持,组织留学生参观历史文化古迹、科技场馆,增进文化交流和传播。

江南大学培育建设"宝哥"网络思政品牌。以马克思主义学院教授唐忠宝博士为主体,整合思政课教师、辅导员、专业课教师、学生骨干等多种力量,从线下教育延伸至线上教育,形成思政教育联动机制;从发挥"宝哥"个人引领延伸至"BAO"(BAO:Brain、Advance、Outlook,思想、进步、展望)品牌团队运作;从点对面引导延伸至网络化辐射,将正能量和主旋律通过互联网由高校内部延伸至全社会,使得宣传思想工作焕发出新的活力。

中国人民大学结合教师群体特点,进一步改变传统培养模式,通过"百名海归挂职计划""读懂中国"青年教师社会实践团等工作,加强和改进青年教师思想政治工作;教育引导高级知识分子群体入党前端正入党动机、提高思想觉悟;打破以集中统一培训为主的固定模式,结合不同学科、不同成长背景的教师特点,研究制定更有针对性的个性化培养培训方式,提高教育引导的精准性和有效性。

(三)建章立制落实责任,强化日常风险防控

调研发现,绝大多数高校能够拿起制度的尺子,规范把控意识形态的方方面面,能够严明党的政治纪律和政治规矩,把坚决做到"两个维护"作为首要政治纪律,持续加强对党员干部的忠诚教育。

北京交通大学制订《意识形态工作责任制实施细则》《意识形态阵地管理办法》等相关文件,使意识形态风险防控工作找到抓手、落到实处;制订《意识形态风险评估督查考核指标体系》,进一步切实加强和改进新形势下学校意识形态工作,推进校院两级党组织切实担负起意识形态工作主体责任。

西南交通大学探索建立干部政治考察评价办法,从"八小时内"延伸到"八小时外",从工作圈扩大到社交圈、生活圈、朋友圈,做到精准识别干部的政治素养;落实党委巡察制度,成立党委巡察工作领导小组和办公室,把执行党的政治纪律和政治规矩纳入巡察观测点,加强党委巡察监督。

重庆大学将网络意识形态工作领导小组调整为意识形态工作领导小组,由校党委书记担任组长,建立校领导意识形态工作联络点,进一步推动落实意识形态工作责任制。

华东理工大学制定意识形态工作责任清单、任务清单和制度清单，详细梳理了10个方面的清单，并把党的政治建设作为全面从严治党工作考核的重要内容，努力构建全面从严治党制度体系。

上海交通大学、电子科技大学等高校率先把网络育人纳入学院目标任务考核，将优秀网络文章纳入教师高级职称评定条例和学生评奖评优管理办法，激励更多师生在网络上积极发声，充分调动高校一线教师特别是学术大师、教学名师、优秀导师、专家学者参与网络育人工作的积极性。

三、高校意识形态工作存在的问题及原因分析

通过调查发现，高校意识形态工作整体平稳有序，但与新形势、新要求相比，尚存在许多共性问题，面临一定的风险挑战，需要把筑牢高校意识形态安全防线作为重中之重。

（一）高校意识形态工作中亟待改进的方面

1. 思想重视程度不够均衡

一些干部教师将意识形态工作片面、孤立地视为党务工作；部分干部存在意识形态工作本领恐慌，找不到工作抓手，难以落地；少数干部还存在责任模糊、职责不清、措施不明的情况；干部师生开展思想理论和意识形态问题研究的能力水平有待进一步提高，甄别政治原则问题、思想认识问题和学术观点问题的能力有待进一步提高；部分干部辨识错误观点和思潮的能力需要提高，旗帜鲜明地站出来批判错误观点和思潮的勇气和决心还需进一步加强。

2. 日常阵地管理责任有待落实落细

高校网络舆论斗争的方式和技巧，特别是运用网言网语引导舆论的能力还有待提高。工作中对新媒体的内容的监督把关，对突发事件的处置和舆情应对都需要进一步加强。日常工作中，对报刊、橱窗、广播、电视、电子屏等各类宣传阵地的全过程管理还需强化，日常审批管理备案和过程管理有待落细。采购、接受捐赠图书等，还需要进一步严格审核意识形态问题。中外合作办学、对外文化交流、学术交流科研合作等涉外活动项目对意识形态把关审查、涉外项目开展活动的管理备案需进一步落到实处。在意识形态各个阵地上需多部门进一步齐抓共管，打破工作壁垒，形成合力。

3. 工作规范化制度化机制还需加强

高校意识形态工作监管督查考核机制还需继续完善细化，意识形态工作流程有待进一步规范，二级党组织和基层党支部"最后一公里"工作责任还需强化，要进一步筑牢意识形态风险防控堡垒。要进一步积极开展师生思想政治状况调研，建立及时主动掌握师生思想动态的工作机制，对重点关注对象、相对重点人群的摸排、甄别和台账建立需要进一步提高精准度。把好教师聘用和考核政治关，对人才的意识形态、政治倾向考察还有待进一步增强针对性、有效性。

（二）对存在问题的原因分析

一是在国际化大背景下，中西方多元意识形态碰撞摩擦，人们思想观念和价值取向多元化，导致开展意识形态工作需要更高的水平和能力。全媒体时代下信息的极大丰富和良莠不齐现象，师生容易受到互联网多种社会思潮的影响，使意识形态工作形势更加严峻。

二是过去一段时间，高校思想教育理论讲述多，结合实践少，课堂的吸引力不够强，思政教育供给与新时代师生的需求不相匹配，尤其是在互联网时代，各种思潮对师生价值观念造成冲击，导致主流意识形态宣扬效果打折扣。此外，当前个别高校、个别课堂依旧存在思想教育浮于表面，教条主义等现象时有发生；部分高校思想教育与当前社会实际结合不够紧密，理论指导实践的具体应用不足，不能透彻解答师生深层次的思想理论困惑。

三是部分学校对教师的教育管理特别是思想政治工作不够扎实，导致部分教师对思想教育的重要性认识不足。有的教师社会实践经历不足，政治思想不够成熟，理想信念不够坚定；个别教师师德师风存在问题，在网络上造成不良影响；有的教师忽视教学责任，不能平衡好教学、科研的关系，对学生的投入和关怀不够。

四、加强高校意识形态工作的对策和思考

（一）牢牢把握党对高校意识形态工作的领导权主导权

1. 必须坚持党的领导

做好高校思想政治和意识形态工作，就要强化党的领导，坚持马克思主义在意识形态领域指导地位，加强党对宣传思想工作的全面领导，旗帜鲜明坚持党管宣传、党管意识形态。各高校党委要始终把党建和思想政治工作放在首位，不断强化政治意识，提升引领师生干部思想的工作能力，将维护好社会主义意识形态安全稳定贯穿于学校人才培养、科学研究、社会服务和文化传承等高校职能的全过程，不断提升校园主流意识形态的凝聚力向心力。

2. 弘扬主流意识形态

意识形态工作具有典型性、示范性，抓好这一工作是高校开展党的工作的前提保障。宣传思想工作是做人的工作，高校做这一工作的落脚点应落到立德树人根本任务上来。要坚持用中国故事、中国声音教育引导师生进一步增强"四个自信"，以坚定的理想信念筑牢精神之基，坚定对马克思主义的信仰和对共产主义的信念。高校哲学社科科学要坚持马克思主义的指导，不断打造传播和研究马克思主义的学术重镇和坚强阵地，擦亮社会主义大学最鲜亮的底色。

（二）建立健全高校意识形态工作体制机制

1. 固化研判评估机制

高校应结合实际情况，在实践中逐步研究、不断完善，确立固化意识形态研判评估机制，并尽可能形成常态化规范化，切实将意识形态风险防控到位，抓早抓小。高校各级党

组织需将意识形态工作列入年度工作要点,纳入重要议事日程,通过定期研判、专题研究意识形态工作,及时开展风险评估和隐患排查。如将意识形态工作纳入安全稳定工作会商研判,全面梳理评估本单位意识形态工作风险点,摸清底数,明确重点,建好台账,通过未雨绸缪结合实践,采取切实可行的应对举措,及时化解可能存在的意识形态风险。

2. 逐步细化督查考核

高校要充分认清责任与挑战,强化政治意识、责任意识、阵地意识和底线意识,着力加强意识形态阵地的建设和管理。特别要结合实际,建立健全意识形态调研督查制度,可以探索将意识形态工作与党建责任制相结合,与领导班子述职和领导干部管理相结合。有条件的高校,应安排人力物力,加强对二级单位意识形态工作的专门督查,还可以考虑开展不定期现场巡察。应重点督查考核党委落实意识形态工作主体责任,加强组织领导,贯彻中央和上级党委关于意识形态工作的决策部署,分析研判意识形态领域状况,加强意识形态阵地管理,维护网络意识形态安全,开展思想舆论宣传和责任追究等。

3. 有效加强日常监督

高校要不断增强广大干部师生政治意识、责任意识,强化对意识形态工作的日常管理。应结合实际加强意识形态教育培训,形成常态化学习。如结合干部学习情况将意识形态纳入党委中心组和党支部每年必学内容,对干部师生开展专题培训和教育,提升干部教师意识形态工作的责任感、紧迫感。高校应及时掌握师生思想动态,定期开展师生思想动态调研,加强对师生的正面引导,做好重点领域人和事的管控处置。应将网络意识形态管理作为重中之重,加强舆情引导和分析研判,对可能发生的舆情做好预案,以便应对突发事件。要进一步加强意识形态阵地的精准管理,排查各类阵地问题隐患,发现的苗头性问题可以及时向上级党组织报告并处。

4. 研究完善工作格局

高校需加强对意识形态工作的统一领导,结合实际,按照"属地管理、分级负责""谁主管、谁负责""分兵把手、各负其责"的原则,积极努力构建由高校党委统一领导、党政齐抓共管、宣传部门组织协调、相关部门和各学院分工负责的工作格局。高校宣传部门作为学校主管意识形态工作的综合职能部门,应在学校党委统一领导下,切实担负起履行指导、组织、协调、督查和抓好落实的职责;各二级党组织对本单位意识形态工作负主体责任,可探索建立由二级单位党政主要负责人任组长、其他班子成员分工协作的责任制,抓好二级单位的意识形态工作落实落地落细,真正将责任落实体现在基层一线。

(三)压紧压实高校意识形态工作责任

1. 压实主体责任

各高校党委应自觉担负起意识形态工作主体责任,充分认识做好高校意识形态工作的极端重要性和特殊紧迫性,切实落实意识形态工作责任制。高校党委主要负责同志应切实履行"第一责任人"职责,结合实际情况,要亲自部署、细化任务、制定措施、统筹推进,抓好高校党委相关文件的贯彻执行,切实做到守土有责、守土负责、守土尽责。

2. 建立追责制度

高校必须加强对意识形态问题的追责意识，逐步形成完善的追责制度，结合实际对意识形态领域问题隐瞒不报、迟报漏报、不予重视、处置不力的单位和个人实施责任追究。应研究发生的意识形态问题案例，及时总结经验教训，为今后更好地开展意识形态工作做好预案，打好预防针。

（四）持续壮大高校主流思想引领力

1. 深入理论学习研究

高校要将学习习近平新时代中国特色社会主义思想不断引向深入，在师生干部心中落地生根、开花结果。坚持有针对性地教育引导，把加强青年教师思政工作和提高理论水平、武装头脑解决实际问题相结合，更好地从思想上引导人、影响人。切实加强干部师生对"四个自信"的认同感，培育坚定的青年马克思主义者，坚守对马克思主义的信仰，并能够自觉践行；坚定不移地坚持和维护党的领导，强化广大师生对中国特色社会主义的思想认同、理论认同、情感认同，汇聚师生员工的积极性和主动性，推动高校内涵式发展。

2. 丰富思政教育形式

思政教育是高校宣扬社会主流意识形态的主渠道，应该从内容和形式等多方面入手。形式上可以考虑组织开展专题报告、辅导讲座、理论研讨、宣讲对谈、研读原著、社会实践等丰富多彩的教育活动。有条件的高校要坚持开展新入职教师岗前培训，完善岗前培训、日常教育、集中学习等教育体系。结合实际，积极依托党支部、教研室、实验室、学科系部、工会和各类文体社团等组织，通过活动团结教师，凝心聚力，让教师们组织活动有场地、横向交流有平台。要坚持推动思政课守正创新，直面学生需求与困惑，强化价值引领，解决好培养什么人、怎样培养人、为谁培养人这个根本问题。加强课程思政建设，赋予所有课程思政元素、育人功能，构建协同教育的机制与平台，形成其他学科与马克思主义理论学科发展同向同行的良好环境。要利用宿舍、学生社团等一系列第二课堂增加教育内涵，拓宽思政教育渠道，将学习贯彻不断扩大、引向深入。

参考文献

[1] 习近平. 决胜全面建成小康社会 夺取新时代中国特色社会主义伟大胜利 [M]. 北京：人民出版社，2017.

[2] 中共中央关于坚持和完善中国特色社会主义制度 推进国家治理体系和治理能力现代化若干重大问题的决定 [N]. 光明日报，2019-11-06 (01).

[3] 习近平在全国教育大会上强调：坚持中国特色社会主义教育发展道路培养德智体美劳全面发展的社会主义建设者和接班人 [N]. 人民日报，2018-9-12 (01).

[4] 习近平在全国高校思想政治工作会议上强调：把思想政治工作贯穿教育教学全过程开创我国高等教育事业发展新局面 [N]. 人民日报，2016-12-09 (01).

[5] 高芳放. 高校网络舆情管理方法及其功能探讨 [J]. 学校党建与思想教育，2019 (20)：74-75.

[6] 丁存霞,龚超. 新时代高校意识形态安全体系构建的理论思考 [J]. 思想教育研究,2020 (2):99-103.

[7] 韩丹丹,邓飞,肖丹. 大学生意识形态教育存在的问题及对策 [J]. 教育教学论坛,2019 (34):43-44.

[8] 习近平出席全国宣传思想工作会议并发表重要讲话 [J]. 学习文选,2018 (9):2.

[9]《中共中央关于坚持和完善中国特色社会主义制度 推进国家治理体系和治理能力现代化若干重大问题的决定》辅导读本 [M]. 北京:人民出版社,2019.

[10] 习近平. 在纪念马克思诞辰 200 周年大会上的讲话 [M]. 北京:人民出版社,2018.

附:宣传工作研究分会简介

宣传工作研究分会成立于 2017 年 5 月,是一个由高等学校、新闻媒体机构、其他相关组织和个人组成的全国性学术团体。宣传工作研究分会在中国高等教育学会直接领导和教育部思想政治工作司、教育部新闻办公室指导下开展工作。分会现任理事长为北京交通大学党委书记黄泰岩研究员,秘书长为北京交通大学宣传部部长蓝晓霞研究员。秘书处办公地址设在北京交通大学。

第十八章

发挥高校卫生保健机构作用
满足师生员工基本医疗需求
（以江苏省高等院校为例）

——保健医学分会专题报告

一、问题的提出

高校卫生保健机构作为高等院校的一个组成部分，是在我国计划经济特定条件下形成的由高校自主办医的医疗机构，也是具有中国特色的重要医疗模式之一。教育部颁布的《学校卫生工作条例》明确了学校卫生工作的职责，并要求各级学校设立学校卫生保健机构，普通高校设置校医院或卫生科。

《学校卫生工作条例》《高等学校医疗保健机构工作规程》规定了高校保健机构的职责和任务，在高校范围内进行卫生检查和监督，为高校师生提供医疗保健服务。为此，国内许多高校根据各自的规模特点，相应成立医院、卫生科、门诊部、医务室等医疗机构，为保障师生员工身心健康发挥了十分重要的作用；同时，高校卫生保健机构在健康教育、教书育人方面发挥着社会医疗机构无法替代的作用，就近、方便、价廉等特点，使其成为师生员工所需和首选的医疗机构。

但是，各地各高校医疗保健机构发展不平衡，总体而言，卫生技术人员数量不足、年龄老化、设备设施陈旧，制约着卫生保健工作的开展。江苏省是一个教育文化大省，有各类高等学校167所，根据规模不同，设立了医院、卫生科、门诊部、医务室等。在2003年"非典"、2009年"甲流"和2020年"新冠肺炎"防控过程中发挥了重要作用。但整体人员配备不足，功能发挥不能满足学校师生员工不断增长的医疗需求，与国家对基层医疗机构改革相脱节。

保健医学分会课题组通过调查，进一步了解普通高等学校卫生保健机构的现状，提出针对性的对策和建议,为教育和卫生行政部门决策提供参考。

二、高校卫生保健机构现状调查及问题分析

调查采用普查的方法,对江苏省167所本科院校、高职高专、独立学院进行问卷调查。实际回收问卷123份,问卷有效率为73.65%。其中本科院校52所,应答50所,应答率96.15%;高职高专90所,应答68所,应答率75.56%;独立学院25所,应答5所,应答率20%。

通过对江苏省各类高等院校卫生机构人财物配备情况、管理体制、运行机制、基本职能、服务水平等进行调查分析,目前江苏省高校卫生机构存在以下问题。

(一) 管理体制不顺,工作机制不畅

高校医疗机构是隶属于学校的非营利性卫生服务机构,其行政管理,包括人员编制、职称晋升、经费来源、日常工作等由学校负责。其业务管理包括卫生行业的法律法规、人员培训、业务指导、专项检查等由地方卫生部门负责。本次调查结果显示,医院和门诊部建制的卫生保健机构偏低,占比为19.5%,多数是卫生所和医务室。在高校内部,主管卫生保健机构的部门较多,76.42%高校医疗机构隶属于后勤处,极少数为独立单位。在行政级别上,级别相对偏低,同医疗机构相承担的责任和风险不相匹配,正处级的占2.44%,副处级的占7.31%。在卫生保健机构管理形式上,78.86%的为学校自管,11.38%的为委托管理,9.76%的为外包。在业务管理方面,没有纳入地方卫生部门日常管理,存在管理脱节、信息不畅等薄弱环节。学校和地方卫生部门的双重管理、校内的多级管理、卫生保健机构自身条件等,导致部分高校卫生保健机构的管理体制不顺,工作机制不畅,从客观上降低了卫生保健机构的工作效率,制约了职能的发挥。

(二) 高校卫生保健机构的基本医疗设施、设备不完善,不能满足高校卫生保健机构发展和高校师生卫生服务的需求

通过调查发现,高校医疗机构的基础设施建设、医疗设备配置情况不一。有些高校医疗机构的医疗设施建设较齐全;有些高校医疗机构的医疗环境较差,房屋面积太小,不能满足基本需求。基本医疗设备陈旧与配置不足,距离满足高校师生的基本卫生服务需求还有相当大的一段差距。药品的配备上差异较大,一般高校医院配备的药品相对较多,基本能满足师生员工的日常基本医疗需求;大部分规模较小的卫生所、医务室配备不足,处于应付的现状。床位配置情况不理想,床位配置不足,利用率不高,部分流于形式。

(三) 高校卫生保健机构的科室设置不科学

在科室设置上,没有考虑高校医疗服务需求与发展,一些高校卫生保健机构照搬社会医院的模式,强调各科室的齐全,没有考虑服务群体的特征,使得有些科室成为摆设,常年闲置,造成人力、物力的严重浪费。而多数高校卫生保健机构科室设置过少,特别是规模较小的医务室,只有一个科室,根本不能满足高校师生员工的医疗需要。高校卫生保健机构的科

室设置应以高校师生常见病、多发病的防治及其自身今后的发展方向为依据,并鼓励医生刻苦钻研,争取一专多能,向"全科医生"的方向发展,适应高校医院工作的客观需要。

(四) 高校卫生保健机构卫生技术人员数量不足,素质有待提高

高校医疗机构不同于社会上的医疗机构,它的主要服务对象是高度密集的青年学生和教职员工,这就要求高校卫生服务人员不仅要熟练掌握常见病、多发病、传染病的治疗知识以及医疗急救和突发事故的处理方法,还要懂得学校健康教育、心理咨询的内容和方法。高校医疗卫生服务工作,需要一支数量充足、素质较高、结构合理的医疗服务队伍。本次调查显示,江苏省高校医疗机构工作人员共 1 872 人,在编职工占 55.39%,聘用人员占 44.61%,存在人员严重不足、在编职工比例偏低的问题。人员的不稳定制约着高校医院的可持续发展。男女医务人员性别比为 1∶3.91,女性比例偏高,可能与医疗机构属于高校的直附属部门,很多工作人员是教师的家属有关。医务人员的年龄老化现象十分严重。从事预防保健的专兼职医生护士的数量偏少,与高校卫生保健机构的职能需求不相匹配。高校医疗机构医务人员的学历水平相对较低,专科学历者比例最高,其次是本科学历,具有硕士学历者仅占 10% 左右。在职称层次上,本科院校的正高级职称者仅占 1.34%,副高职称者占 23.5%,中级职称者占 64.66%,总体水平不高;高职高专与独立学院卫生保健机构医务人员的学历和职称情况更不容乐观。

(五) 卫生保健机构发挥的职能与师生需求不相适应

卫生管理和卫生服务是高校卫生保健机构的基本职能。卫生管理职能包括校内公共卫生管理、医疗费用管理、食品卫生管理、校内传染病管理、校内人员和高校社区居民的健康管理;服务职能包括医疗救治(包括校内突发事件的救助)、社区卫生服务、健康教育服务、教职工和学生体检服务等。高校教职工健康体检工作是卫生保健机构的一项重要任务,调查结果显示,本科院校由卫生保健机构承担的仅占 10.57%,89.43% 外包给校外体检机构;高职高专和独立学院基本上由社会体检机构负责。在教职工的体检费用使用上,多数为 400～599 元,也有部分高校(13 所高校,占 10% 左右)实力比较强,对教职工的健康保健重视,费用在 1 000 元以上。在体检频率上,多数每年一次,少数两年一次或者一年两次。

在大学生的健康体检方面,31.7% 的高校学校卫生保健机构承担,63.8% 的高校外包。高校不同程度地开展了健康教育和讲座,但有 17.89% 的高校没有开展健康教育选修课,影响了健康教育开展的效果。在大学生预防接种方面,有 58.54% 高校没有开展,由高校卫生保健机构承担的只有 4.88%,36.58% 的高校由当地疾控部门或合作完成。接种的种类以甲肝、乙肝、流感疫苗为主。

73.98% 的高校定期开展食品安全检查,20.33% 高校不定期检查,有 5.69% 高校没有参与食品安全卫生检查。所有高校都开展了心理健康咨询工作,但仅有 8.13% 的高校医疗机构参与了此项工作。从调查反馈的情况看,86.18% 的高校反映人力资源不足,61.79% 的高校反映医务人员年龄老化,60.98% 的高校反映医务人员培训不够。36.59% 的高校认为加强高校卫生保健机构建设非常必要,63.41% 的高校认为有必要。可见,高校卫生保健机构所履行的职能存在较大差异。部分高校卫生保健机构只注重门诊基本医疗服务,功

能相对单一，对健康教育、公共卫生等工作做得不够，有待进一步加强。

三、对策与建议

（一）加强高校卫生保健机构基本配置建设

1. 明确功能定位

高校卫生保健机构的投资主体是学校，人财物隶属于学校，服务对象的主体是师生员工和高校社区。按照实施属地化和行业化管理模式，高校卫生保健机构由所在地卫生行政部门实行统一规划、统一准入、统一监管、统一指导。因此，高校医疗机构的定位为以高校社区内，教职工、学生、离退休老同志和周边居民为服务对象，以人群健康为中心，提供常见病、多发病和慢性病的基本医疗服务和基本公共卫生服务，属于非营利性医疗机构。

2. 隶属关系和行政级别

《高等学校医疗保健机构工作规程》第十四条规定，高等学校医疗保健机构受主管校长直接领导，或由主管校长委托总务部门领导，业务上接受当地卫生行政部门的监督和指导。从管理效能而言，直接由主管校长领导，有利于作用的发挥；反之，在总务处或者后勤处领导下，因为管理级数过多，造成管理能效衰减，影响工作效率。因此，建议直接由分管后勤或者学生工作的校领导分管学校医疗机构。

医疗机构的行政级别应该与医疗机构规模、功能、任务相匹配。医院或综合门诊部规模的校医院建议为正处级或副处级；卫生科或医务室规模的建议为正科级或副科级。赋予医疗机构一定的行政级别，一方面有利于与学校其他部门沟通交流和协作，另一方面也是对医疗机构政治上的认可，有利于医疗保障服务功能作用的发挥。

3. 人员配置

根据《医疗机构设置规划指导原则（2016—2020年）》每千常住人口执业（助理）医生数为2.5人，每千常住人口注册护士数为3.14人。根据《综合医院分级管理标准》，卫生技术人员占全院职工总数之比为80%~85%（非卫生技术人员，不得从事医疗、医技和护理技术工作）；病床与医院正式职工人数之比为1:1~1.4；行政工勤行政工勤人员为15%~20%，卫生技术人员为80%~85%；各类卫生技术人员中：中西医师（士）38%，护理38%，检验4%，放射4%，药剂8%，其他8%。经测算每千人口平均需要医务人员9人。相对而言，高校学生为健康人群，建议高校医疗机构人员配置，按照医务人员与学校师生员工比例为1:200为宜。卫生技术人员应占全院职工80%以上，医、护比为1.3~1.5:1，医生、护士必须取得执业资格和执业许可。同时配备一定数量的全科医师、公共卫生医师，并配备一定比例的中医类别执业医师。

4. 科室设置

根据《高等学校医疗保健机构工作规程》第十六条，高等学校医疗保健机构的科室设置，除执行《医疗机构基本标准（试行）》中相应等级医院及综合门诊部的有关规定外，根据学校卫生工作的特点,应设立公共卫生管理科或者预防保健科,安排专人负责健康教育、公共卫生、心理咨询等工作。应配备一定的隔离观察病房(室),有条件的校医院可设置适当数量高知病房(见表18-1)。

表18-1 高校卫生保健机构科室设置

科室类别	科室设置	医务室	门诊部	一级医院	二级医院
职能科室	综合办公室	★	★	★	★
	医务科			★	★
	护理部			★	★
	院感科			★	★
	公共卫生管理科		★	★	★
	信息科			★	★
	行政科			★	★
	设备科			▲	★
	财务科			★	★
	病案室			★	★
	双向转诊办公室			▲	★
临床科室	全科医疗科	★	★	★	★
	康复医学科		★	★	★
	中医科			★	★
	内科			★	★
	外科			★	★
	妇科			★	★
	儿科			▲	★
	口腔科			★	★
	眼科			★	★
	耳鼻喉科			★	★
	老年医学科			▲	★
	皮肤科			▲	★
	急诊室			▲	★
	精神(心理)科			▲	★
辅助科室	药房	★	★	★	★
	X光室		▲	★	★
	化验室		▲	★	★
	B超室		▲	★	★

续表

科室类别	科室设置	医务室	门诊部	一级医院	二级医院
辅助科室	心电图室		▲	★	★
	手术室			▲	★
	消毒供应室			★	★
	病理科			▲	★
	营养科			▲	★
公共卫生科室	预防保健科	★	★	★	★
	预防接种门诊			▲	★
	妇儿保健门诊			▲	★
	健康教育室			★	★
	计划生育技术服务室			▲	★
	营养科			▲	★
其他科室	治疗室	★	★	★	★
	注射室		★	★	★
	输液室		★	★	★
	处置室	★	★	★	★
	观察室		★	★	★

5. 基本设备配置

根据《医疗机构基本标准（试行）》相应等级配备相应设备（见表18-2），满足师生员工基本医疗、健康教育、健康监测、康复等需求。

表18-2 高校医疗机构设备配置

器械类别	名称	医务室	门诊部	一级医院	二级医院
一般医疗器械	血压计	★	★	★	★
	听诊器	★	★	★	★
	体重秤	★	★	★	★
	氧气瓶（袋）	★	★	★	★
	对数灯光视力表箱	★	★	★	★
	人工呼吸器（呼吸球囊）	★	★	★	★
	开口器	★	★	★	★
	牙垫	★	★	★	★
	口腔通气道	★	★	★	★
	体温表	★	★	★	★

续表

器械类别	名称	医务室	门诊部	一级医院	二级医院
一般医疗器械	压舌板	★	★	★	★
	方盘	★	★	★	★
	纱布罐	★	★	★	★
	药品柜	★	★	★	★
	紫外线消毒灯	★	★	★	★
	污物桶	★	★	★	★
	处置台	★	★	★	★
	高压灭菌设备	★	★	★	★
	肺活量计	★	★	★	★
	胸围尺	★	★	★	★
	握力计	★	★	★	★
贵重医疗器械	彩色多普勒		▲	★	★
	数字化X光机		★	★	★
	心电图机		★	★	★
	24小时动态心电图仪			★	★
	24小时动态血压仪			★	★
	血球计数仪		★	★	★
	尿液分析仪		★	★	★
	生化仪分析仪			★	★
	电解质分析仪			★	★
	免疫发光仪			▲	★
	心电监护仪			★	★
	自动除颤仪	★	★	★	★
	口腔综合治疗机		★	★	★
	验光仪			★	★
	裂隙灯			★	★
	检眼镜			★	★
	耳喉镜		★	★	★
	牵引床			★	★
	微波治疗仪等理疗设备			★	★
	洗胃机			★	★
	电动吸引器			★	★

续表

器械类别	名称	医务室	门诊部	一级医院	二级医院
贵重医疗器械	呼吸机			★	★
	胃、肠镜			★	★
	显微镜		★	★	★
	离心机			★	★
	恒温培养箱			★	★
	万能手术床			★	★
	无影灯			★	★
	必要的手术器械			★	★
	麻醉机			▲	★
	气管插管			▲	★
	妇科检查床			★	★
	冲洗车			★	★
	CT			▲	★
其他器械	诊桌	★	★	★	★
	诊椅	★	★	★	★
	诊查床	★	★	★	★
	诊察凳	★	★	★	★
	计算机等	★	★	★	★
	出诊箱	★	★	★	★
	病床		▲	★	★
	医用床头柜		▲	★	★
	每床单元设备		▲	★	★
	医用电冰箱	★	★	★	★
	救护车			▲	▲

注：以上★为必备项目，▲为可选择项目，空格为不选择项目。

（二）进一步提高政治站位，增强大局观念

新时代学校卫生与健康教育工作，是中国特色社会主义事业的重要组成部分，是中国特色社会主义卫生和教育事业的重要组成部分，必须从贯彻落实健康中国战略、落实《健康中国2030规划纲要》、推进《师生健康中国健康》主题教育活动、实施《健康中国行动》的角度，提高对新时代学校卫生与健康教育事业重要战略意义的认识。办好人民满意的教育，学生健康素养的提升必不可少，师生健康既是民生问题，更是政治问题。在实施健康中国战略和推进健康中国建设的大局中，学校卫生必须加强，卫生保健机构建设必须强化。

(三)进一步树立"大卫生""大健康"理念,完善政策和制度体系

高校是一个特殊的社区,高校师生应该享受到政府医改的健康福利,高校卫生保健机构应纳入所在地卫生行政部门统一规划。高校可采取自建、与政府共建等形式加强卫生保健机构建设,明确标准,规范建设。在人员编制、设施设备、经费投入方面落实到位。医务人员职称晋升可参照社区卫生服务机构评审条件执行,给高校卫生保健机构医务人员应该享受的待遇和尊严。

(四)进一步强化高校卫生保健机构公共卫生管理体系建设,提高突发公共卫生应急处置能力

高校卫生保健机构是高校公共卫生管理的常设机构和具体职能部门,要建立学校突发公共卫生事件应急预案、传染病和突发公共卫生事件报告制度,明确学校报告责任人;建立学生晨午检制度、因病缺勤缺课登记追踪制度,完善公共卫生三级网络;开展经常性培训演练工作,提高应急处置能力和水平;进一步加强学校食品安全卫生督查工作,加强培训教育、督导检查,从采购、验收、利用、加工、销售等实行全过程管理,确保师生"舌尖上的安全"。

(五)进一步加强师生健康管理,落实健康中国行动,提升师生健康素养

提高学生健康素养是实现学生健康和可持续发展的基础。坚持预防为主,大力抓好健康教育与健康促进,严格落实《普通高等学校健康教育指导纲要》要求,完善课程设置、师资配备、制度保障、评价体系,改进健康教育教学方式方法;深化"互联网+"健康教育,在校园深入开展"师生健康中国健康"主题健康教育活动;开展健康教育专项督导检查,保障健康教育教学质量;以健康监测为抓手,定期对教职工和学生开展健康体检,针对发现的问题,针对性开展饮食、运动、药物等健康干预手段,针对性开展健康教育;充分利用新媒体手段,采取师生喜闻乐见的方式,开展健康知识的普及工作,全面提升师生健康素养和健康水平。

(六)进一步做好师生的基本医疗保障

做好院前急救、重大活动保障等工作,加强与地方医院的合作,建立健全绿色通道,发挥医联体作用,开展师生常见病、多发病防治和康复等工作。充分利用现代科技手段,加强"互联网+"医疗建设,为师生提供更加便捷、优质的医疗服务。

(七)加强督查调研工作,强化检测调研结果的应用

教育部门和卫生健康部门要加大对高校卫生保健机构的培训、督查和指导,建立定期通报机制,总结经验,加强交流,宣传高校保障师生健康方面的典型经验和做法,加强多部门协作联动,共同推进高校公共卫生事业健康发展。

参考文献

[1] 李建丽. 浅谈高校医院规范化管理对构建和谐校园的作用 [J]. 保健医学研究与实践, 2009, 6 (3): 70-72.

[2] 陈建. 高校医疗机构现状及其发展方向与对策 [J]. 中国校医, 2008, 22 (3): 357-361.

[3] 高等学校医疗保健机构工作规程 [OL/DB]. 教育部门户网站, 1998.

[4] 医疗机构设置规划指导原则（2016—2020年）[OL/DB]. 国家卫生健康委员会门户网站, 2016.

[5] 综合医院分级管理标准 [OL/DB]. 国家卫生健康委员会门户网站, 1989.

[6] 医疗机构基本标准（试行）[OL/DB]. 国家卫生健康委员会门户网站, 1994.

[7] 普通高等学校健康教育指导纲要 [OL/DB]. 国家卫生健康委员会门户网站, 2017.

附：保健医学分会简介

保健医学分会成立于1989年10月，从事中国高等学校公共卫生、预防保健、健康教育、医疗卫生理论与实践研究，是发展高校医学保健科学的全国性学术团体。保健医学分会现任理事长为清华大学副校长吉俊民，常务副理事长为清华大学医院党委书记郭建丽，秘书长为北京交通大学校医院原院长李海红。分会秘书处办公地址设在北京大学。

后　　记

　　中国高等教育学会已经正式出版了《高等教育改革与发展专题观察报告2015》《高等教育改革与发展专题观察报告2017》《高等教育改革与发展专题观察报告2018》，在高等教育领域获得了较好的反响。2019年3月，学会新一届理事会立足新时代，面向新目标，系统总结学会36年来的实践经验，提出了学会发展战略构想。学会领导班子明确提出，要围绕中心、服务大局，坚持问题导向、聚焦研究重点，建设高等教育新型智库，为政府宏观决策、高等学校办学治校、高等教育改革发展和国际交流合作建言献策，成为高等教育领域的重要研究基地。专题观察报告是学会的"精品工程"之一，学会持续划拨专项经费予以支持，并计划长期开展下去，力争使专题观察报告能够为资政、资教、咨询服务。

　　本年度《高等教育改革与发展专题观察报告》共收录了17家分支机构和1家行业高教学会提交的专题报告。18家单位和撰稿人分别是：

保健医学分会，撰稿人胡勇；
大学素质教育研究分会，撰稿人庞海芍、芦雅洁、隋艺；
辅导员工作研究分会，撰稿人夏晓虹、田丹丹、王海宁；
高等财经教育分会，撰稿人贲志红、徐建宁、董海婷；
高等教育管理分会，撰稿人杨晓丽、从春侠；
高等商科教育分会，撰稿人陈适；
工程教育专业委员会，撰稿人张炜、吕正则；
国际政治研究专业委员会，撰稿人张建新、余博闻、朱杰进；
数字化课程资源研究分会，撰稿人张启明、贾巍巍；
特殊教育研究分会，撰稿人边丽、滕祥东、吕淑惠；
外语教学研究分会，撰稿人张朝意、崔玉晶；
校友工作研究分会，撰稿人胡炜、罗志敏；
薪酬管理研究分会，撰稿人曹峰、刘雨濛、刘婉华、王佳；
宣传工作研究分会，撰稿人张安梅、岳成龙；
学生工作研究分会，撰稿人李忠人、薛智、李俊华、闫佳欢；
医学教育专业委员会，撰稿人俞思伟、张牡丹；
职业技术教育分会，撰稿人周建松、郭福春、王玉龙；

中国林业教育学会高教分会，撰稿人田阳。

本书编撰工作的每一个环节，都凝聚着参与人员的智慧与心血。高教学会副会长、秘书长姜恩来，副秘书长郝清杰等领导亲自把关，学会秘书处学术与交流部做了大量细致的工作。尽管如此，本书依然可能存在诸多瑕疵和不足之处，欢迎读者多提宝贵意见。

编　者

2020 年 9 月